사라진
나의
중국
친구에게

사라진 나의 중국 친구에게

베이징에서 마주친 젊은 저항자들

홍명교 지음

빨간소금

장정아 (인천대학교 중어중국학과 교수)

이 책은 저자가 지친 마음으로 간 중국에서 1년간 청년들과 만난 기록이다. 자신과 한국 사회에 대한 성찰로 시작된 여정에서 저자는 서툰 중국어로 낯선 사람들과 대화를 이어간다. 매번의 만남은 저자의 일방적인 질문이 아닌 끊임없는 상호 질문과 토론이었다. 서로 다른 역사와 문화, 운동 조건에 관해 토론하며 때로는 다름을, 때로는 놀라운 비슷함을, 때로는 같은 절망을 느꼈다. 상대에게 힘을 얻기도 했다. 앞으로 더 많이 이야기하며 서로를 배워나가자고 약속했지만, 그 약속은 이제 지키기 어렵게 되었다. 그들 대부분은 잡혀갔거나, 자취를 찾을 수 없거나, 목소리를 낼 수 없다.

저자는 '실패청년파티'에서 동아시아 청년문화가 다른 점보다 닮은 점을 더 많이 공유한다고 느끼며, '706청년공간'을 통해 서울이나 제주에 아시아 각국 청년들이 함께하는 공간을 만드는 꿈을 품는다. 한국에서 노동자의 지난한 투쟁을 경험하며 갖게 된 운동관을 조심스럽게 전하는 저자에게 중국 청년들은 절박한 상황에서 자신들은 이렇게 싸울 수밖에 없음을 토로하기도 한다. 그들은 점점 높아지는 벽 앞에서 물러나고 포기하기보다 한 발짝 더 내딛는 모습을 보여준다.

"사회운동은 자신의 이야기를 제대로 전달할 매개를 가진 적이 없다. 아마도 중국을 비롯한 동아시아에 대한 이해 부족과 편견도 그런 '매개 없는 상태'에서 기인했을 것이다." 저자는 이런 생각으로 지금도 최선을 다해 조직을 만들고 매체를 만들며 사람들 사이를 잇고 있다. 이 책도 그 일환일 것이다. 동아시아 곳곳에서 싸우는 이들에 관해 기록하는 것조차 결코 쉽지 않은 시대다. 한국과 중국의 젊은 저항자들이 함께 나눈 경험을 기록한 이 책이 더욱 소중하게 느껴지는 이유다.

책 속의 등장인물들은 살아 숨 쉬듯 때로는 힘차게 때로는 낮고 무겁게 목소리를 들려준다. 동아리 유지를 위해 가짜 연극을 해서라도 소중한 공동체를 지키려 분투하는 학생들, 학내 노동자를 위한 야학을 열어 연대를 만들어내는 학생들, 낮에는 엔지니어로 일하고 밤에는 마오주의자로 활동하는 G매체 편집장, 《전태일 평전》과 한국 노동운동의 어려움에 대해 묻는 이들, 마오쩌둥의 가르침을 따라 노동자·농민과 연대해야 한다고 외치는 청년들, 영화 상영회를 열어 토론하는 노동자들, 다양한 마르크스주의를 공부하고 싶다는 청년…….

저자가 말하듯 점점 강해지는 원천 차단으로 저항이 사라진 것처럼 보이는 이 순간에도, 그들은 여러 이름의 마오쩌둥과 마르크스를 고민하며 각자의 길을 만들어내고 있을 것이다. 그 길들과 함께 기록도 계속 이어질 것이다.

책을 펴내며

2018년은 내게 이전과 이후의 삶을 나누는 단절의 시간이었다. 학생운동부터 노동조합, 사회운동단체에 이르기까지 다양한 활동을 거치면서 쫓기듯 살고 있다는 느낌을 지울 수 없었다. 열정적이지만 성미가 급하고, 집요하지만 헐거운 내 삶을 돌아보려면 모종의 단절이 필요했다. 2018년 3월, 나는 베이징으로 떠났다.

나는 이 낯설고 거대한 도시에서의 일상이 좋았다. 늦은 밤 노점상에서 양꼬치나 마라탕을 사 먹는 게 좋았고, 골목과 시장을 걸으며 평범한 삶의 풍경을 관찰하는 게 좋았다. 때로 일하는 사람들의 표정을 멀리서 보거나 그들과 실없는 대화를 나누었다.

그러다 우연히 따뜻하고 진지한 사람들과 마주쳤다. '사회주의'라는 간판을 걸어놓은 대국에서 일어나는 자본의 탐욕에 맞서 싸우는 청년들이었다. 그들은 중국공산당이 원하는 '삼호학생(三好学生: 사상과 품성이 좋고, 공부를 잘하고, 건강한 학생)'의 길을 따르거나 취업 경쟁에 뛰어들지 않고 노동자와 함께하는 길을 택했다. 소속과 생각은 조금씩 달랐지만, 하나같이 중국을 평등하고 자유로우며 민주적인 사회로 변화시키고자 밭을 일구는 사람들이었다.

베이징 외곽 피촌의 활동가들은 어떻게 하면 농민공과 그 자녀가 주체적으로 삶을 이끌어나갈 수 있을지에 집중했다. 쉐위안로에 작은 해방구를 만든 청년들은 국가와 자본으로부터 독립된 공간을 만들어내기 위해 끊임없이 새로운 파티를 기획하고 사람들을 모았다. 그리고 베이징대학 등의 학생운동가들은 노동자와 연대해, 착취와 불평등이 심화되고 있는 중국 사회의 변혁을 꿈꾸었다. 2018년 초부터 불붙기 시작한 미투운동(#metoo)의 대열에 선 영페미니스트들은 대학과 일터에 만연한 성차별과 성폭력에 맞서 투쟁했다. 그해, 다양한 저항이 바람 많고 건조한 메가시티를 달구었다.

2018년 중국 정부는 카를 마르크스 탄생 200주년을 맞아 베이징 곳곳에서 성대한 행사를 치를 예정이었다. 그런데 저 멀리 대륙의 남쪽 자스커지 공장에서 시작된 예기치 못한 사건들은 이런 겉치레를 무색케 했다. 한쪽에선 마르크스 관련 대형 전시회가 열리고, 다른 한쪽에선 마르크스주의 관련 학회 대학생들이 노동자운동 탄압에 맞서 시위를 벌이는 아이러니를 어떻게 이해해야 할까.

나는 공교롭게도 자스커지 투쟁이 시작돼 끝난 시기에 중국에 머무르면서 그 저항의 한복판에 있던 몇몇 청년을 만났다. 그들은 내게 자신과 다소 다른 견해를 지닌 젊은 활동가들과의 만남을 흔쾌히 주선했다. 이런 열린 마음 덕분에 우리는 중국과 한국의 사회 상황과 운동에 관해 폭넓게 이야기 나눌 수 있었으며, 빠르게 친구가 되었다. 나는 평생 잊을 수 없는, 이 세상 누구도 할 수 없는 진귀한 만남을 이어가고 있다고 느꼈다. 하지만 안타깝게도 내가 중국에 있던 2018년 봄부터 이듬해 내가 만난 이들을 포함한 130여 명의 활동가가 체포됐다. 이들은 다른 미래를 꿈꾸었다는 이유만으로 재판받을 권리조차 빼앗긴 채 구속 또는 연금 조치됐다. 그래서 나는 기록했다. 이 상황과 그들의 이야기를 한국에 꼭 전해야겠다고 생각했다. 이 책은 내가 중국에서 보낸 뜻밖의 여정에 관한 기록이자, 사라진 나의 중국 친구들에게 보내는 약속이다.

주관적인 기행문 형식을 빌렸지만 그들의 뜨거운 눈빛, 몇 시간이고 차를 마시며 토론하는 열정, 타국에서 온 낯선 활동가와 나누는 진심 어린 우정은 충분히 담아내지 못한 것 같다. 그 열정과 우정, 혹독한 탄압으로 잠시 멈춰버린 그들의 꿈을 독자가 알아보고 좀 더 가까이 느낄 수 있다면 조금은 덜 부끄러울 것 같다.

자스커지 투쟁 이후 중화권의 민간좌파들 사이에는 많은 논쟁이 있었다. 혹자는 이 투쟁을 높게 평가하는가 하면, 이름 없는 많은 활동가는 이 투쟁이 왜 실패했는지 냉정하게 분석하는 보고서를 발표했다. 너무나 뼈아픈 패배였고, 눈동자가 반짝반짝 빛나는 청년 활동가를 너무 많이 잃었기 때문이다. 이 지난한 논쟁의 구도와 내용에 대해 소개하는 글을 부록으로 싣고 싶었지만, 지면상의 문제로 싣지 못했다. 다른 기회를 통해 꼭 소개하고자 한다.

　스무 살 이후 학생운동·사회운동의 흐름에 함께했지만, 또 래들처럼 나 역시 항상 좌충우돌했고 종종 다른 삶을 생각했다. 따라서 100년의 시간을 돌아보며 미래의 세계 혁명에 대해 이야기하는 대륙의 친구들을 만난 것은 내 인생에서 매우 뜻깊은 기회였다. 그 친구들이 마음을 열고 솔직하게 깊은 이야기를 해준 까닭은 오랜 시간 많은 사람의 희생 속에서 성장한 한국의 사회운동을 존중하기 때문이었다. 젊은 시절의 기억을 훈장처럼 여기는 정치인들이 많은 것을 훼손하고 있지만, 여전히 한국에는 노동조합과 지역사회라는 밭을 일구는 이름 없는 활동가들이 있다. 우선, 그들에게 존경과 연대의 인사를 보낸다.

　2019년 봄 이후 동아시아 정세는 크게 요동치고 있다. 2018년 자스커지 투쟁과 노동운동에 대한 탄압은 2019년 홍콩 범죄인송환조례 추진으로 이어졌고, 이는 거대한 저항의 물결을 낳았다. 저항은 2020년 방콕, 2021년 미얀마로 이어지고 있다. 동아시아 국제연대가 크게 강조되어야 할 이유다. 작년에 나는 동료들과 사회운동단체 '플랫폼C'를 만들어 새로운 실험을 하고 있다. 동아시아 사회운동에 관한 리서치와 연대, 뉴스레터 작업은 이런 실험의 하나다. 베이징에서의 위험하고 설레는 만남이 나의 방전된 배터리를 충전시킨 셈이다. 동아시아책읽기모임 성원들과 플랫폼C 활동을 지지하고 응원하는 연구자, 저널리스트 선생님들의 가르침, 주변 활동가 친구들의 격려가 이 책을 쓰는 데 큰 힘이 됐다.

마지막으로 서울북인스티튜트(sbi)에서 만난 '편집혁명조'와 '백만부가능하조' 학생들, 초고를 읽고 자신의 저항 경험을 떠올리며 메일을 보내준 익명의 독자, 지난 시절 학교, 노동조합, 사회운동단체 활동에서 함께 울고 웃었던 많은 친구들, 지금 맞은편에서 고심하며 키보드를 두드리고 있는 승이, 그리고 부모님과 동생에게 감사하다.

중국 사회 변화를 위해 싸우다 사라진 내 친구들의 안전과 재기를 빈다. 그대들이 대륙의 희망이고, 우리가 함께 살아가는 동아시아, 아니 세계의 희망이다.

2021년 8월
홍명교

차례

나오는 사람

이 책에는 각각의 공간에서 다양한 방식으로 활동하고 있는 여러 청년이 나온다. 일부는 실명으로, 일부는 익명으로 표기했다. 현재 중국의 정치적 조건에서 실명이 밝혀지는 건 중국 실정법 위반 여부와 무관하게 그 자체로 위험하기 때문이다. 이미 체포된 사람들은 가급적 실명으로 소개했고, 나머지는 가독성과 논리 전개를 해치지 않는 선에서 하나의 인물을 둘로, 둘을 셋으로 나누었다. 필요에 따라 조직명도 다르게 적었다.

따지엔 ● 노동자 자주경영에 관심이 많고 가라타니 고진과 에티엔 발리바르를 좋아한다. 친절하고 매사에 진지하다. 대화를 나눌 때 상대방의 말을 메모하는 습관이 있다.

량스위안 ● 대학 졸업 뒤 대학원 진학을 준비하고 있다. 홍콩과 벨기에 중 한 곳에 가고 싶어 하며, 어서 중국을 뜨고 싶어 한다.

리카이동 ● G그룹의 실질적인 리더. 현직 대기업 엔지니어이지만 퇴근 후 민간좌파 그룹을 양성하는 일에 전념한다.

샤오장 ● 좌파 그룹의 멤버이자 화학 전공 대학원생.

샤오쉔 ● 대학에서 교육학을 전공했지만 선생님이 되기보다 활동가가 되고 싶어 한다. 민간 기구의 상근 활동가로 일하다가 그만두었다.

션위쉔(沈雨軒) ● 베이징대학 의과학원 4학년으로 마르크스주의학회의 선배 활동가 중 한 명이다.

쉐린 ● 베이징에서 활동하는 청년 활동가이자 자신의 성정체성을 밝힌 오픈리 게이.

야메이 ● 베이징노동자의집에서 만난 20대 여성 활동가. 대학 졸업 뒤 여성학을 공부하기 위해 대학원에 진학할 계획이다. 베이징 활동가들과 두루 알고 지낼 정도로 발이 넓다.

14

왕신 ● G그룹이 발행하는 인터넷 독립매체의 편집장. 산둥성의 한 도시에 거주하면서 이따금 베이징을 방문한다.

웨이잉 ● 막 대학을 졸업했다. 지방에서 왔고 많은 학생운동가들과 알고 지낸다.

위에신(岳昕) ● 마르크스주의자이자 페미니스트. 자스커지 공장 투쟁에서 가장 널리 알려진 인물이다. 자스커지노동자성원단의 단장이었고 가장 먼저 구속된 활동가다. 베이징대학 마르크스주의학회 회원. 이공계 연구생.

천리페이 ● 피촌의 베이징노동자의집 활동가들이 참여하는 연극 〈우리(我们)〉에 관한 다큐멘터리를 촬영하는 청년 활동가.

천커신(陈可欣) ● 런민대학 신광평민발전협회 리더로 매우 열정적이다. 연설을 잘하며 런민대학에서 매우 유명하다.

추광(楚狂) ● 이제 막 대학을 졸업해 비정규 사무직으로 일하고 있는 베이징의 평범한 청년 여성.

펑칭 ● 대학 2학년생으로 외국어 공부에 관심이 많다. 전형적인 시골 출신 청년이면서 영락없는 지우링허우(90년대생).

A ● 좌파적인 관점에서 퀴어 이론을 공부하는 청년 연구자.

B ● 대학에 다니면서 거의 매주 베이징노동자의집 세미나에 참가하는 청년.

C ● 매사 시니컬한 태도로 반문하는 무직 청년. 주말마다 베이징노동자의집에 온다.

L ● 인디음악과 사진 찍기를 좋아하는 청년 활동가.

T ● 꽤 많은 사람이 찾는 서평 블로그를 운영하는 청년 독립연구자.

Y, Z ● 투더우코뮌에서 활동하는 활동가들.

골방에서 만난 혁명가

뼛속까지 시린 날이었다. 옷장 안 겨울옷을 죄다 껴입었지만 역부족이었다. 그래도 난 밖으로 나가 그들을 만나야 했다. 도시 곳곳에서 마르크스 탄생 200주년 기념 행사의 요란함과 개혁개방 40주년의 성취에 대한 찬사가 넘쳐흐르던 그해, 2018년이 끝나가던 어느 겨울날이었다.

나는 베이징 외곽의 작은 아파트 안 골방에서 그들을 만났다. 반년 뒤인 2019년 5월 초 실종된 베이징대학(北京大学) 학생 션위쉔(沈雨轩), 런민대학(中国人民大学)에서 학생운동을 하다가 지금은 어딘가로 사라진 천커신(陈可欣)이었다. 내게 두 사람을 소개한 23살 청년 활동가 웨이잉도 함께했다.

나는 이른 시각부터 골방 근처 한 카페에 앉아 있었다. 입에 모카빵을 욱여넣으며 떨리는 가슴을 가라앉혔다. 두 학생을 만나 무슨 얘기를 나눌지 생각해야 했다. 그들을 좀처럼 만나기 어려운 데다, 내게 한국 상황을 물으면 중국어로 제대로 대답해야 했기 때문이다.

문득 걱정거리가 몰려오기 시작했다. 누군가 그들을 미행하고 있으면 어떡하지? 내 스마트폰이 추적되고 있으면 어쩌지? 걱정이 지나치다고 할 수 있지만, 금순공정(金盾工程)*과 사회신용체계(社会信用体系)**를 통해 빅브라더 사회를 향한 위태로운 행보를 하고 있는 중국에선 전혀 불가능한 일이 아니다. 만남을 주선한 친구에게 메시지를 보냈다.

'웨이잉, 오고 있어? 혹시 모르니까 스마트폰 끄고 만나자. 추적당하고 있을지도 모르잖아.'

그러자 이내 답장이 왔다.

'걱정 마. 얘네 스마트폰은 대포폰이니까.'

괜한 걱정을 했나 보다. 하긴 친구들이 죄다 잡혀가고 있는 동아리의 핵심 멤버들이니 그 정도 방비는 했겠지.

카페를 나오자마자 스마트폰 전원을 껐다. 위험 요소를 가급적 차단해야 했다. 골방까지 어떻게 가야 하는지는 이미 알고 있었다. 물음표가 맴돌았다. 동아리 활동하는 대학생들이

---

* 금순공정은 중국식 인터넷 통제 시스템을 일컫는다. 정부에 비판적이거나 뭔가 불순하다고 판단된 웹사이트, 나아가 유튜브나 페이스북 등 해외 소셜미디어의 접속을 봉쇄한 시스템이다. 인터넷 우회 접속에 관한 지식이 부족한 사람들은 이런 사이트들을 이용할 수 없다.

** 2014년 중국 정부는 2020년 말부터 빅데이터 기반 포괄적 신용평가시스템인 사회신용체계를 본격 도입하겠다고 예고했다. 일부 도시에서의 시범 시행 과정에서 이 제도가 금융만이 아니라 사회 전면에 적용될 위험이 크다는 우려가 쏟아져 나왔다. 사람들의 신용이 점수로 매겨지고, 신용 점수가 낮은 사람은 항공권이나 기차표를 살 수 없으며, 위험분자로 분류된 이들은 일거수일투족을 감시당할지 모른다는 것이다.

왜 이렇게 극심한 감시를 받을까?

사건은 2018년 7월로 거슬러 올라간다. 베이징과 난징, 우한 등에 위치한 대학에서 마르크스주의 동아리를 만들고 활동해온 대학생들이 여름방학을 맞아 노동자들과 연대하기 위해 광둥(广东)성 선전(深圳)시로 모였다. 자스과학기술주식유한공사(佳士科技构分有限公司: 이하 자스커지) 선전 공장 노동자들을 만나기 위해서다. 자스커지 공장의 노동자들은 억압적인 노무 관리와 저임금을 해결하기 위해 공회*에 가입하려 했다. 공장이 위치한 지역 공회의 안내에 따라 노동자들로부터 가입원서를 모았다. 그러나 이들의 도전은 실패로 끝났다. 사측으로부터 극심한 탄압을 당했기 때문이다. 노동자들은 발길로 차이며 공장에서 쫓겨났다.

학생들은 또래 노동자들과 함께 싸웠다. 거리와 광장에 나가 시민에게 부당한 사실을 알렸다. 노동자의 요구가 정당할 뿐만 아니라 국가가 노동자를 보호해야 한다고 소리쳤다. 마르크스주의와 현대 중국의 혁명 역사에서 배운 대로 실천했을 뿐이지만, 학생들이 맞닥뜨린 현실은 극심한 탄압이었다. 방학이 끝나기 직전 베이징대학 마르크스주의학회의 대표적 활동가 위에신(岳昕)이 체포됐고, 새 학기가 되자 동아리 재등록이 불허됐다.

---

* 중화권에서는 노동조합을 '공회(工会)'라고 부른다. 하지만 중국 대륙과 홍콩, 타이완의 정치 시스템 및 노동법이 달라서 공회의 특성도 다르다.

길을 만드는 사람들

카페를 나설 즈음 며칠 전부터 적어둔 글을 스마트폰에 옮겼다. 중국어로 몇 차례 읽어보긴 했지만 막상 그들을 만나면 이대로 말할 수 있을지 자신이 없었다. 그래도 하고 싶은 말을 미리 읽어보는 게 아무 준비를 하지 않는 것보다 나을 듯했다. 되도록 많이 이야기하고 많이 듣고 싶었다.

한겨울 베이징 거리는 마른 얼음 창고 같았다. 기분 탓일까. 거처에서 북서쪽으로 오니 바람이 더 차고 세게 몰아치는 느낌이었다. 사람들이 두꺼운 옷을 껴입고 횡단보도를 건넜다. 이 동네엔 확실히 젊은 사람이 많다. 와자지껄 수다 떠는 사람, 표정 없이 빠르게 보도를 걷는 사람, 오토바이를 타고 음식을 나르는 배달(外卖) 노동자, 공유자전거를 끌고 달리는 아주머니, 무엇 하나 새롭지 않았다. 오직 나만 특별한 기분에 사로잡힌 것 같았다. 서울이나 베이징 같은 대도시에서 이런 기분이 들 때면 가끔 외로움을 느낀다. 혼자 멀리 동떨어져 부질없는 세상 고민에 빠져 있는 건 아닐까. 그러다 도망치듯 멜랑콜리에서 빠져나온다.

약속 장소가 있는 건물 안으로 들어가서야 비로소 안도의 숨을 내쉬었다. 얼마나 고개를 두리번거렸는지 모른다. 문을 열고 안으로 들어서니 웨이잉이 나를 맞았다. 오늘 만나기로 한 션위쉔과 천커신은 아직 오지 않았다. 골방 안으로 들어가 그들을 기다렸다. 보름 전쯤 이 방에서 기타를 연주하는 사람을 봤다. 방 안에 온갖 잡동사니와 목재 스툴 몇 개, 작은 쇼파, 티테이블이 있다.

15분쯤 지나자 오늘의 주인공이 도착했다. 둘 다 마른 체형의 여성이었다. 깊은 피로감 때문인지, 아니면 긴장해서인지 눈은 퀭하고 표정이 좋지 않았다. 확실히 산리툰(三里屯) 쇼핑가나 클럽, 고급 백화점에서 만날 수 있는 모습은 아니었다.

테 없는 안경을 쓴 션위쉔은 22살 의대생이다. 키가 작고 엄청 똑똑해 보였다. 베이징대학 마르크스주의학회를 대표해서 왔다고 밝힌 그녀는 조용한 목소리로 또박또박 자기 이야기를 했다. 함께 온 천커신은 런민대학 4학년으로 신광평민발전협회(新光平民发展协会)라는 야학 동아리 대표다. 커신을 보자마자 나는 어디선가 많이 본 듯한 느낌이 들었다.

"네 얼굴을 트위터에서 봤어! 탄압 규탄 발언 영상 찍었잖아, 맞지?"

커신은 쑥스럽게 웃으며 "맞다"고 대답했다.

나는 얼굴을 잘 기억하는 편이다. 자스커지노동자성원단 계정에 올라온 커신의 영상은 꽤나 인상적이었다. 런민대학 학생 3명이 나란히 서서 학교 당국의 탄압을 규탄하는데, 표정과 말투가 강경하고 어찌 보면 고전적이었다. 마치 옛날 다큐멘터리 영상 속에서 튀어나온 선동가 같았다.

모든 중국인이 그러한지는 알 수 없지만 활동가들은 으레 이렇게 모여 앉아 하염없이 대화를 나눈다. 짧을 땐 세 시간, 길 땐 여섯 시간도 이야기한다. 한번 그렇게 대화하고 나면 온몸에 기운이 쭉 빠진다. 중국어가 아주 능숙한 편이 아니라서 온 신경을 집중해야 하기 때문이다. 중국 고전소설에 나오는 영웅들의 '담소'란 이런 문화를 배경으로 한 게 아닐까 싶다.

우리는 한국을 화두로 대화를 시작했다. 2000년대 이후 중국의 진보적 학생들은 한국의 1980년대 민주화운동이나 노동자운동에 관한 책과 영화로부터 어느 정도 영향을 받았다. 조영래의 《전태일 평전》과 구해근의 《한국 노동계급의 형성》의 중국어 번역본을 대학생과 활동가가 많이 읽는다. 전자는 해적판이고 후자는 정식판인데, 실제로는 두 책 모두 PDF 파일로 돌아다닌다.

2018년 중국에 몰아닥친 학생운동 탄압 사건이 한국 언론에 보도됐을 때 《전태일 평전》이 아주 결정적인 영향을 끼친 것처럼 알려졌다. 꼭 그렇지는 않지만 일부 좋은 영향을 끼친 것 같다. 중국 인터넷의 진보 매체들에서 전태일에 관한 칼럼이나 언급이 빈번한 것을 봐도 알 수 있다. 서울로 돌아온 뒤 샤오장이라는 중국인 친구를 만난 적 있다. 우린 2019년 봄에 개관한 전태일기념관에 함께 갔다. 그 역시 전태일의 생애를 잘 알고 있었다. 나보다 훨씬 최근에 책을 읽어서인지 전태일의 고향이나 살던 곳 등을 자세히 기억하고 있었다.

션위쉔은 한국의 대학생도 《전태일 평전》을 읽는지 물었다.

"흠…… 모든 학생이 읽는다고 할 수 없지만, 아직까지 꽤 많이 읽는 것 같아. 청소년 필독서 목록에도 있고. 전태일 열사는 민주화운동 이후에 꽤 정식화되고 영화나 만화책 등으로도 나와서 많이 보급됐어."

그러나 위쉔이 진짜 궁금해하는 주제는 그보다 진지하고 급진적인 운동에 관해서였다.

星星之火：全泰壹评传

韩文作者：赵永来（Cho Young-Rae）
英文翻译：全顺玉（Chun Soon-ok）
出版组织与赞助：韩国民主基金会（Korea Democracy Foundation）
出版发行：韩国石枕出版社（Dolbegae Publishers），韩国，首尔
中文翻译：刘建洲

本书被美国社会学会评为"2001～2003年亚洲问题最佳著作"

韩国工人

——阶级形成的文化与政治　〔韩〕具海根　著
Hagen Koo

KOREAN WORKERS:
The Culture and
Politics of Class F...

《전태일 평전》의 중국어판 표지. 홍콩에서 출판된 판본을 간체자로 옮긴
해적판이 대륙 안에서 널리 읽히고 있다(왼쪽).
구해근의《한국 노동계급의 형성》을 중국어로 번역한《韩国工人》(오른쪽).

"한국 노동자운동이 어떤 상황인지 궁금해. 왜냐하면 1980년대 한국에서 노동자 계급이 급성장했잖아. 그때 민주노조가 급속도로 늘어났다고 들었어. 지금 상황은 어떤지 궁금해."

"너희가 알고 있는 건 언제까지야?"

"사실 《韩国工人(한국 노동계급의 형성)》을 읽어본 것 외에 거의 아는 게 없어."

무슨 책이었더라? 기억을 더듬다가 번뜩 떠올랐다.

"아~ 혹시 저자 이름이 쥐하이건(구해근의 중국어 발음)이야?"

"맞아. 아마 그런 것 같아."

"그 책 좋지! 대학 들어가자마자 선배들이 추천해서 읽었어. 내 기억에 그 책이 다루는 시대는 1990년대 후반에서 끝났던 것 같아. 그 뒤에 정말 많은 일들이 있었어. 내리막길도 있었고 격렬한 투쟁도 많았지. 현재 상황이 아주 좋다고 할 순 없어. 하지만 다행히 최근 몇 년 사이에 조합원 수만큼은 늘고 있어. 특히 비정규직, 청년, 여성의 비중이 예전보다 많이 늘었어."

"그렇구나. 그건 분명히 좋은 일이네. 어떤 과정을 거쳐서 그렇게 되었는지 궁금해."

'아차' 싶었다. 틀린 얘긴 아니지만, 이렇게 이야기하면 한국 사회운동이 엄청 잘되고 있는 것처럼 들리지 않겠는가. 그건 사실이 아니다. 심지어 그즈음 나는 절망적이란 생각마저 하고 있었다. 겉을 이야기하는 것과 곪을 대로 곪은 민낯을 이야기하는 게 이렇게 다르다.

물론 중국 노동운동가가 겪는 절대적 곤경이나 일본 사회운동이 수십 년째 마주하는 냉소와 무기력보다는 낫다고 할 수 있을지 모르겠다. 게다가 타이완으로 눈을 돌리면, 좌파의 명맥은 희미해졌고 노동자운동은 이제 막 태동하는 상황이다. 베트남 역시 시민사회가 형성되었다고 보기 힘들며, 노동조합은 정부가 인정하는 공식 노조인 베트남노총만 존재한다. 다행히 2019년 봄 국제노동기구(ILO) 협약 체결로 독립적이고 민주적인 노동조합운동을 합법적으로 모색할 수 있게 됐지만 아직 갈 길이 멀다. 이처럼 동남아시아로 시선을 뻗치면 더욱 많은 설명이 필요하다.

나는 두 학생운동가에게 한국에서 민주노조의 개념, 민주노총과 한국노총의 차이, 1987년 이후 노동자운동의 역사부터 설명해야 했다. 한국 노동운동가들이 민주노총을 만든 이유, 산별노조운동을 둘러싼 쟁점, 노동운동 내 정파 갈등, 그리고 최근 노조 조직률이 낮은 비정규직 노동자 조직 사업까지 여러 가지를 설명했다.

둘은 한국 사회운동에 관해 궁금한 게 많았다. 한국에 얼마나 많은 사회주의자 혹은 마르크스주의자가 있는지, 그들은 어느 곳에서 어떻게 활동하는지, 마르크스주의가 학생운동에 끼치는 영향은 1980년대처럼 강력한지, 그렇지 않다면 뭐가 문제인지, 그리고 한국 사회에서 어떤 과정을 거쳐야 마르크스주의자가 되는지 등 예상하지 못한 질문이 쏟아졌다. 그렇게 몇 시간을 물만 마시며 이야기했다.

이런 주제들을 중국어로 심층 토론해본 적이 없어서 답변이 쉽지 않았다. 어떤 주제는 속 시원히 이야기하지 못했고, 어떤 주제는 온전히 알아듣지 못했다. 그럼에도 꾸역꾸역 이야기할 수 있었던 건 20살 이후 내가 줄곧 학생운동과 노동운동, 사회운동에서 부딪히며 고민해온 이슈들이었기 때문이다. 웨이잉도 많은 도움이 됐다. 웨이잉과는 이전부터 한국의 운동에 관해 이야기를 많이 나눴기 때문에 내가 하고 싶어 하는 이야기가 뭔지 잘 알았다. 어려운 말도 웨이잉을 거치면 잘 설명됐다. 그렇게 한국에 대한 궁금증을 한참 풀어주고 나서야 중국의 사회운동에 관해 물어볼 수 있었다.

나는 최근 논란이 되고 있는 중국 학생운동에 대해 내 생각을 서슴지 않고 던졌다. 이를테면 청년 마오주의자들이 충분히 준비되지 않은 상태에서 투쟁을 감행한 건 아니었을까 하는 의문을 떨치기 어려웠다. 난 그들이 지나치게 무모하다고 생각했다. 하지만 초면에 그렇게 말하는 건 예의가 아닐뿐더러, 내가 모르는 다른 내막도 있을 터였다. 나는 그들의 이야기를 더 많이 듣고 싶었다.

그날 밤 우리는 프롤레타리아 독재나 '당'이라는 형식에 대해 격하게 논쟁했다. 꽤나 심오하고 논쟁적인 주제지만 나는 아무래도 좋다고 생각했다. 같은 좌파 혹은 마르크스주의자라고 해도 이견이 있는 건 너무 당연하고, 더구나 이들과 나는 다른 역사와 문화, 운동 조건을 지닌 이국인이 아닌가.

한국에서 나는 사소한 차이를 첨예한 쟁점으로 만드는 문화 속에서 활동했다. 대개 인간은 서로의 차이에 대해 토론하다가 감정적으로 격화되면 어느새 차이는 이야기하지 않고 상대의 인성을 두고 싸운다. 그 순간 논쟁의 좋은 취지는 사라진다. 나 역시 의도치 않게 그렇게 논쟁한 적이 있다. 이런 태도는 의견이 다른 사람과는 거리를 두고 의견이 같은 사람과만 가까이하게 만든다. 모두에게 손해다. 나는 차이를 선명하게 드러내기보다 솔직하고 존중하는 마음으로 듣고 말해야겠다고 다짐했다.

근대 이후 중국의 빛나는 지성 루쉰(魯迅)은 소설 《고향》에서 이렇게 썼다. "내 생각에 희망이란 본래 있기도 하고 없기도 하다. 이는 땅 위의 길과 같아서, 기실 지상에는 본래 길이 없지만 많은 사람이 걸어가면 길이 되는 것이니까." 셴위쉔과 천커신은 지금은 존재하지 않는 그 길을 만드는 청년들이었다.

혼란스러운 귀갓길

2018년 봄부터 이듬해 봄까지 나는 그 겨울 밤 골방에서만이 아니라 여러 곳에서 다양한 청년 활동가들을 만났다. 그들은 소속이 다르고 활동 방식도 제각각이었지만, 하나같이 오늘날 중국 사회를 비판적으로 바라보고 어떤 행동을 통해 희망을 만들고자 했다. 그들과 이야기하면서 내 지난날과 한국 사회의 과거를 돌아봤다. 한국과 중국은 엄연히 다른 사회이며 차이가 많다. 중국에서 만난 '지하'의 좌파들, 그리고 그들이 마주한 중국 사회에 대한 내 기억을 이렇게 기록으로 남겨야겠다고 생각한 까닭은 대단히 고귀한 경험이어서가 아니다. 그것

숙소 발코니에서 바라본 베이징의 밤.

을 통해 나를 돌아보고 한국 사회를 들여다볼 수 있다고 생각하기 때문이다.

이 책은 중국에서 보낸 1년의 여정에 관한 여행기이자 일기, 관찰기다. 다분히 선택적이고 우연한 만남 속에서 보고 느낀 나란 사람의 소회로 이루어진 사적 기록이다. 짧다면 짧고 길다면 긴 시간 동안 동세대의 다양한 청년 활동가들과 교류할 수 있었던 까닭은 순전히 내가 그들과 같은 '실패청년(失敗靑年)'이며, 열린 마음으로 듣고 솔직하게 이야기했기 때문이 아닐까 싶다.

그날 밤 우리는 11시 무렵에야 대화를 마쳤다. 내가 먼저 인사하고 밖으로 나섰고, 셴위쉔과 천커신은 얼굴을 잔뜩 가리고 나설 채비를 했다. 베이징 지하철은 서울보다 빨리 끊기기 때문에 서둘러 집으로 돌아가야 했다. 다른 노선으로 환승하려 할 때 지하철이 끊겨 갈아타지 못하고 후이신시제난커우(惠新西街南口)역에서 내렸다. 거리로 나오니 앞이 보이지 않을 정도로 캄캄하고 조용했다. 나는 오포 자전거(ofo: 중국에서 가장 많이 알려진 공유자전거 서비스)를 타고 어두운 베이징 거리를 달렸다. 찬바람이 매섭게 내리꽂았다.

아름다운 사람들을 만나 가슴이 벅찼지만 희망보다는 절망을 깊이 느꼈다. 더욱 차분하고 안전한 투쟁 방향으로 선회했으면 좋겠다고 한 말을 후회하면서도 더 적극 설득해야 했던 건 아닐까 생각했다. 무엇이 옳았을까. 알 것 같으면서도 혼란스러웠다.

마음방어법

아직 겨울코트를 벗어선 안 될 만큼 추운 2018년 3월. 하루하루 손꼽으며 초조하게 출국일을 기다리던 나는, 오랫동안 가까이 지내던 이들을 뒤로하고 홀로 베이징으로 떠났다. 그즈음 서울은 얼음장같이 차갑긴 해도 비가 왔던 것 같은데 베이징은 겨울 사막처럼 건조하기 짝이 없었다. 북서쪽에 광활한 사막이 펼쳐진 냉대건조 기후라 그렇단다. 15세기 초 명나라의 기틀을 닦은 성조는 당시 연경(베이징)을 몽골 세력을 몰아내고 세운 왕국의 수도로 삼았다. 몽골족의 기세를 이어가겠다는 포부다. 하지만 '정벌의 꿈'을 제외한다면 베이징은 수도로 별로 적합해 보이지 않는다.

기분 탓인지 바람마저 날카롭고 차가웠다. 서울에서 파카를 챙겨 오지 않은 걸 후회했다. 나는 베이징 도심에 있는 모 대학 유학생 기숙사에 짐을 풀었다. 생각보다 기숙사는 쾌적했다. 엘리베이터가 두 개 있는 18층짜리 건물이었는데, 내 방은 그 중간인 9층에 있었다. 갈색 목재 책상과 옷장, 침대가 전

부인 깔끔하고 넓은 2인실이었다. 이 방에 묵을 다른 한 명은 보이지 않았다.

이 나이에 다시 학교에 오다니. 수능 이후 공부엔 영 취미가 없었는데 어쩌다 이렇게 됐을까. 이곳저곳 싸돌아다니고 가까운 사람들과 술 마시는 걸 더 좋아했지, 진득하니 책상 앞에 앉아 연필 굴리는 건 체질에 맞지 않았다. 하지만 나는 베이징에 오기 전 몇 해 동안 미치도록 중국어를 배우고 싶어 했다. 무슨 영문인지 모르지만 자신감이 충만했다. 또한 끊임없이 소진되며 조금씩 바보가 되어가는 것만 같은 기분을 참기 어려웠다. 지인들은 "어떻게 그런 용기를 낼 수 있느냐"며 격려의 말을 건넸다. 어느덧 35살이 가까워진 데다 별로 믿을 만한 구석도 없었으니 무모하다고 여길 만했다. 하지만 사실 대단히 큰 용기를 낸 것은 아니었다. 한편으로는 낯설고 넓은 세계로 가고 싶다는 열망이 있었고, 다른 한편으로는 지금 처지에서 도망치고 싶은 마음이 있었다. 분명 나는 서울에서의 투박하고 숨 가쁜 삶에 지쳐 있었다.

그즈음 난 그런 복잡한 마음을 사람들에게 일일이 설명할 만큼 충만한 에너지를 갖고 있지 못했다. "갑자기 왜 중국에 가려고 하느냐"는 질문을 워낙 많이 받았기 때문에 일종의 모범답안을 준비했을 뿐이다. "지금껏 너무 열심히 살아온 것 같아요. 충전하는 시간을 좀 가지려고요"라며 소시민적인 답을 하거나, "세계적으로 우익 포퓰리즘이 득세하고 이주민 혐오가 만연한 지금과 같은 시대에는 인접한 나라 사람들과의 국제연대가 중요한데, 중국 쪽으론 전혀 준비가 되지 않는 것 같아서요"라며 퍽 허무맹랑한 포부를 밝히는 식이었다. 내가 생각해도 두 대답 사이의 정서적·이념적 간극이 너무 컸다. 두 버전의 대답을 모두 들은 사람들은 황당한 표정으로 나를 쳐다봤다.

이런 질문은 중국에 와서도 그치지 않았다. 일단 35살짜리 외국인이 어학 공부하러 왔다는 사실이 상대에게 궁금증을 일으켰다. 가장 쉬운 대답은 "어릴 때부터 중국 문화를 좋아해서 중국어를 배우고 싶었거든요"였다. 이 흔하디흔한 답변에 상대는 어렵지 않게 고개를 끄덕였다. 마치 내 속내를 죄다 알아차린 것처럼. 태국, 인도네시아, 러시아에서 온 친구들이나 중국인 선생님에게는 조금 친해지고 나면 약간 친절한 혹은 한 번 듣고 나면 추가로 질문하지 않을 것 같은 설명을 보냈다.

"저는 원래 잡지 만드는 일을 했거든요. 중국어 배워서 나중에 동아시아를 주제로 하는 잡지를 만들고 뉴미디어 사업을 할 생각이에요!"

이 역시 딱히 틀린 말은 아니다. 내가 품은 꿈도 일종의 사업이라면 사업이랄 수 있으니까.

베이징에 온 지 8개월쯤 지나 11월 말에 만난 한 대학생에 겐 이렇게 말하기도 했다.

"너도 알다시피 중국이나 한국의 사회운동에는 국제주의라는 개념이 거의 사라졌잖아. 100년 전에 비해 통신이나 교통이 훨씬 발달했지만, 오히려 지금 국제연대를 위한 실천은 더 적어졌어. 나는 그런 걸 다시 한번 시작해보려고 왔어."

상대방은 "와우! 멋지다. 정말 대단해. 나도 그런 생각에 동의해. 정말 중요한 일 같아!"라고 대꾸했다. 이 역시 엉뚱한 얘기는 아니다. 내겐 그런 거창한 꿈이 있다.

이를테면 지금으로부터 100년 전인 20세기 초에는 꽤 많은 조선의 지식인이 빼앗긴 나라를 되찾기 위해 반도를 떠나 대륙으로 향했다. 만주나 상해, 북경에서 자신의 활동 공간을 만들고, 중국인만이 아니라 세계 각국 사람과 교류하며 목숨을 걸고 싸웠다. 당시 상당수의 독립운동가가 조직을 결성해 중국인과 함께 일제에 맞서 싸웠고, 중국공산당에 가입해 수많은 전투에 참가했다. 광저우 한복판에는 1927년 12월 광저우기의(广州起义)를 기념하는 공원이 있다. 이곳에 투쟁 과정에서 목숨을 잃은 조선인 청년들을 기리는 추모비가 있다. 이 200여 명의 조선인 청년보다 훨씬 많은 이들이 이국땅에서 청춘을 바쳤다. 민족이나 국적이라는 틀만으로는 설명할 수 없는 헌신이었다. 저널리스트 님 웨일스(Nym Wales)가 혁명가 김산(본명 장지락)을 만난 경험을 바탕으로 쓴 《아리랑(Song of Ariran)》만 봐도, 당시 김산을 비롯한 조선인들이 어려운 환경에서 얼마나 고군분투하며 살았는지 알 수 있다.

맞다. 물론 이건 옛날이야기일 뿐이다. 하지만 100년이라는 격동의 시간을 거친 오늘날, 중국에 있는 유학생과 거류자 중 한국인이 가장 많은 수를 차지한다. 그리고 한국에 온 유학생 및 이주민 중에는 조선족을 포함한 중국인이 압도적으로 많다. 이렇게 많은 한국인이 중국어를 배우고 중국에 가고 있는데도, 한국인이 중국에 대해 갖는 이해는 그리 깊지 않은 것 같다. 한국 사람들은 중국과 관련해 일만 터지면 중국을 혐오하거나 악으로 취급하기 일쑤다. 중국 정부의 권위주의적인 통치가 그런 인식을 강화하는 데 한몫했지만, 때로는 한국 사람들의 편견이 실제보다 과장되어 있다고 느낀다.

잘못된 일을 세상에 알리고 함께 맞서 싸우자고 호소하기. 학생운동을 접한 2003년부터 지금까지 내 주된 관심사다. 2007년 예술학교에 새로 입학해 극영화를 배운 까닭도, 틈만 나면 잡지나 신문을 만들어 배포한 까닭도 그 때문이다. 중요한 순간마다 한국 사회의 판을 뒤흔드는 축이었지만 언제나 소수파에 불과했던 사회운동은 자신의 이야기를 제대로 전달할 매개를 가진 적이 없다. 아마도 중국을 비롯한 동아시아에 대한 이해 부족과 편견도 그런 '매개 없는 상태'에서 기인했을 것이다.

물론 우리에게 중국 소식을 전하는 미디어가 없지 않다. 요즘 전문가 이외의 사람이 중국 관련 소식을 가장 많이 접하는 곳은 한 대형 포털 사이트의 중국 관련 페이지와 유튜브의 중국 관련 채널이다. 전자는 인터넷 포털과 보수 언론의 합작 기업이 운영하는 인터넷 매체로, 검색 포털이라는 플랫폼에 몸을 싣고 빠르게 성장했다. 여기엔 몇몇 중국 전문가뿐만 아니라 블로그를 이용하는 유학생과 주재원의 콘텐츠, 여러 블로거가 올린 중국 여행기가 실린다. 그만큼 물량이 많으며 콘텐츠의 깊이가 천차만별이다. 이곳에 올라오는 글이나 영상은 꽤 선정적이고 단편적이다. 가벼운 정보 전달 차원에서 유용하지만, 중국 사회를 깊게 분석한 기사는 영미권 외신이나 국내 보수 언론의 시선과 차이가 없다. 때로는 사람들이 지닌 편견을 한껏 조장하거나 오해의 벽을 더 두텁게 만들기도 한다. 댓글 반응은 격론 일색이다. 조회 수가 많은 글의 댓글 창에서 추천수가 가장 많은 건 '짱깨'라는 단어가 들어간 근거 없는 비난이다. 어떤 글에는 조선족 혐오 표현도 심각하다. 국가만이 아니라 민족과 종교, 다른 문화 간의 교류와 연대의 토대는 상대방에 대한 온전한 이해일 텐데 우리는 그마저도 부족하다.

나는 이 거대하고 복잡하며, 가깝지만 꽤 멀게 느껴지는 중국과 그곳에 사는 사람들을 이해하기 위해 베이징으로 떠났다. 어학 공부라는 실용적이고 사적인 이유든, 동아시아 국제연대나 사회운동 같은 거시적이고 거창한 이유든, 숨은 사정까지 죄다 밝혔다고 하긴 어렵다. 어떻게 그런 생각을 갖게 됐나 곱씹어보면, 정치적인 욕망과 일상의 피로, 열악한 사회 현실과 전망 없는 미래에 대한 답답함, 30대라는 생애주기에서의 고민 등 겹겹의 계기가 있었다. 나 역시 30대 전반기를 거치며 많은 사람이 겪는다는 고뇌를 겪었다. 생각만 해도 한숨이 나오고 가끔은 기분이 더러워지는, 여전히 식을 기색을 모르는 팔팔 끓는 어려움 말이다. 그리고 나는 이 어려운 시간을 있는 그대로 마주하고 싶어 '정지 버튼'을 눌렀다.

마음방어법

20살 이후 내 인생은 점차 이상한 루트로 바뀌어왔다. 운 좋게 소위 명문 대학 경영학과에 입학했지만 처음부터 내게 어울리지 않았다. 수업에 가지 않고 데모에 참석하거나 "빨갱이들이

나 읽는 책"만 읽었다. 시간이 나면 고전 영화를 보거나 친구들과 술을 마셨다. 1990년대 중반 이래 이미 위기에 빠졌다는 학생운동의 끝물에서 어떻게든 뭔가 해보려 했던 셈이다. 지금 와서 생각해보면, 대학에 갔건 대학에 가지 않았건 있을 법한 일이 아니었나 싶다. 이후 한동안 방황하면서도 영화에 대한 꿈을 놓고 싶지 않아 예술학교에 새로 입학했다. 하지만 영화 연출을 배우고 졸업한 뒤 다시 사회운동 한복판에 뛰어들었다.

노동조합에서 일하며 또래의 비정규직 노동자가 스스로 목숨을 끊으면서까지 저항하고, 재벌 권력은 경찰과 공모해 그 시신을 탈취하는 모습을 두 눈으로 똑똑히 목격했다. 지하철 스크린도어에 치어 목숨을 잃은 청년 노동자의 죽음이 다시는 반복되지 않길 바라며 시민사회대책위원회 활동도 했다.

본 것은 많고 분노가 컸으니 어떻게든 소화시켜야 했다. 여러 차례 기소돼 재판장에 다녀야 했을 때에도 몸을 이리저리 굴리며 열심히 살았다. 그때였던 것 같다. 일종의 냉소와 피로가 내 몸을 지배하기 시작했다. 그 뒤 3년 동안 월간 잡지와 30분짜리 영화를 만들었지만, 내 안의 답답함은 풀리지 않았다.

이쯤이면 그리 평범한 일상을 살았다고 말하긴 어려울 것 같다. 그러나 곰곰 생각해보면 서른 넘어 겪은 어려움이 그렇게 특별하지도 않다. 흔히 '운동판'이라고 부르는 활동가의 세계에도 역시 평범한 직장인이 겪는 것과 비슷한 어려움이 있다. 예컨대 사회운동은 어느 영역보다 혁신적인 시도가 펼쳐져야 하지만, 한국에서 혁신은 거의 일어나지 않는다. 혁명이라는 이상과 구조의 변혁을 지향하지만 행동이나 토론 방식,

베이징 날씨가 조금이라도 맑은 날엔 이렇게 빨래를 널어놓은 풍경을 쉽게
볼 수 있다.

의사결정 구조는 매우 보수적이다. 그러니 혁신으로 뚫고 나가야 하는 어려움이 닥쳐도 그 안의 수만 가지 이유들 때문에 혁신과 실험이 거의 이뤄지지 않는다. 그래서 많은 사람이 "운동권은 너무 후졌어!"라고 비난하기도 한다. 그런 말을 들으면 나는 "그건 49퍼센트 맞는 말이지만, 51퍼센트 정도는 그렇게 쉽게 말하기 어려워요"라고 말한다. 하지만 이런 선입견은 쉽게 깨지지 않는다. 아니, 거의 깨질 리 만무하다.

세상은 결과 값을 수집할 뿐 결과를 만들어낸 내면의 고통이나 인고의 과정은 말하지 않는다. 조금이라도 몸부림치지 않으면 아무도 모른다. 어떤 조직이든 목소리 큰 사람이 좌지우지하고, 어떤 사람이든 그가 내린 결정에 의해 평가된다. 그게 억울하고 부당한 평가일지언정 말이다. 권한이 높은 사람, 목소리 큰 사람에 의해서 좌지우지되지 않도록 모든 사람이 앞에 나서고 망가지지 않도록 애써야 하지만 쉽지 않다.

언젠가 사무실에서 일하다가, 피로에 절어 꾸벅꾸벅 졸고 있는 한 선배 활동가를 쳐다본 적이 있다. 이제 막 쉰이 넘은 그는 시도 때도 없이 몸이 노곤하다며 점심식사 뒤 의자를 뒤로 젖히고 한두 시간쯤 낮잠을 잤다. 옛날이야기를 많이 했으며, 모든 시도들이 "실패할 경우의 수"를 이야기했다. 나는 종종 10년 뒤 내 삶을 상상하곤 했는데, 저 선배처럼 살아야 한다면 정말 꿈에도 싫었다. 내게 이 선배 활동가는 개인이 아니라 '선배들'의 상징이었다. 포기하거나 지쳤거나.

또래들이 하나둘 사회운동을 떠날 때마다 더 냉소적으로 변해가는 내 모습을 발견했다. 사회에서 가장 적극적인 기질

의 소유자일 것만 같은, 그래야만 하는 전업 활동가가 냉소적
으로 변한다는 건 뭘까. 주위 사람의 죽음, 부패한 경찰에 의한
시신 탈취, 믿었던 조합원의 배신, 떠나가는 사람들……. 이런
일들을 계속 목격하다 보면 어떤 심각한 일이 터져도 충격 받
지 않을 마음이 필요하다. 냉소와 경멸, 포기는 기대치를 제로
로 수렴시키는 가장 용이한 마음방어법이다. 나는 그런 쉬운
방법을 택했다.

국회의원과 대기업 임원 등 출세한 86세대가 득세하는 시
대에 "사랑도 명예도 이름도 남김없이" 노동운동을 30년씩 한
사람들을 보면 말로 표현하기 어려운 존경심이 들 때도 있다.
그들 역시 나와 비슷한 고민을 겪었을까. 아니면 세대가 다르
니 고민도 달랐을까. 어쨌든 나는 그렇게 버틸 수 있을 것 같
지 않았고, 그리고 싶지 않았다. 모두들 내게 인내의 위대함과
분투의 절박함을 말해주었다. 하지만 어떻게 하면 이 어려움
을 극복할 수 있을지, 번뇌로 가득한 시간을 어떻게 통과해야
할지 알려주지 않았다. 그들 역시 모르거나 단념한 것이었고,
내 스스로 발견하고 알아내야만 하는 것이었다.

그러니 내가 중국에 가야만 하고 큰일을 해야 한다는 식으
로 뱉었던 모든 말들은 내 자신의 고통에서 벗어나기 위해 사
후적으로 만들어낸 것일지 모른다. 일단은 벗어나야겠으니 근
거를 만들어야 했으며, 또래들에게 상처 주고 싶지 않았다. 내
가 뱉은 말들을 배반하고 싶지 않았다.

어쩌면 생각이 너무 많아서 문제인지 모르겠다. 하지만 어
쩌겠는가. 그렇게 생겨 먹은걸. 어차피 인간은 잘 안 바뀐다.

별 볼 일 없는 인간성의 소유자이면서 번민은 많은 피곤한 스타일이라 꽤 오랫동안 죄책감을 안고 살았다. 신문이나 잡지에 쓴 글, 회의나 집회에서의 발언, 술자리에서 뱉은 말이 내 발목을 잡는 것은 어쩔 수 없다. 이를 마냥 무시하며 살 뻔뻔함은 없으니 안고 살 수밖에. 내가 인간에 대해 믿는 점이 하나 있다면, 뼈저리게 반성하고 노력하다 보면 운 좋게 한두 번은 바뀔지 모른다는 것이다. 이는 이따금 '파렴치하다'고 느끼는 스스로를 경멸하지 않기 위해 만든 희망사항이기도 하다.

연암처럼?

처음엔 그저 쉼과 생각하는 시간을 갖기 위해 중국으로 떠났다. 그런데 그곳에서 저항하는 청년들을 만났다. 한국으로 돌아와 중국의 사회운동 소식을 전하니, 어떻게 그런 사람들을 만날 수 있었는지 많이 물었다. 나 역시 예상치 못했다. 그저 시간 될 때마다 무언가 의미 있는 일이 있음직한 곳을 찾아다녔고, 활동가를 만나면 먼저 나에 관해 이야기하려 애썼다. 그리고 그들의 이야기를 들었다.

베이징 후통(胡同: 자금성 주변의 옛 골목) 거리를 정처 없이 헤매던 어느 날, 문득 18세기 조선의 박지원이나 홍대용 같은 이들이 떠올랐다. 북학파 실학자들도 이 바람 많은 먼 땅에 5년, 10년씩 머무르지 않았지만 누구보다 탁월한 견문을 남겼다. 내겐 연암 박지원 같은 천재성이 없다. 하지만 그때의 연암보다 중국어를 잘하고(당시 그는 중국어 회화가 되지 않아 필담으로

베이징 사람들이 흔히 "고궁(故宮)"이라고 부르는 자금성. 시골에서 단체로
고궁을 보러 온 것으로 보이는 노인들이 줄지어 앉아 있다.

소통했다고 한다), 연암이 조선을 변화시켜야 한다고 품었던 것 만큼의 열망이 있다.

베이징 날씨는 3월 내내 싸늘했다. 미세먼지가 가린 뿌연 하늘의 우울함은 소문만큼이나 심했다. 나는 여기저기 돌아다니며 다양한 사람을 만나는 걸 좋아하지만, 혼자 생활도 즐긴다. 기숙사 입주 뒤 제발 룸메이트 없이 혼자 방 쓰길 간절히 기도했다. 그러나 보름 뒤 다른 한국인 룸메이트가 나타났다. 첫날부터 그는 중국 여자를 사귀려면 어떻게 해야 하는지 떠들기 시작했다. 같은 얘기를 몇 번이고 반복해서 귀를 막고 싶을 정도였다. 그리고 중국어 단어를 외운다는 이유로 방 안에만 있을 수 없었다.

집을 떠나는 사람들

4월이 되자 몸이 근질거리기 시작했다. 중국어 귀도 조금 트이고 낯선 곳에서의 두려움도 잦아들었다. 베이징의 한국인 유학생들은 주말에 쇼핑가로 놀러 나가거나 기숙사 방에서 시간을 보냈다. 책상에 앉아 공부하는 사람은 그리 많지 않았다. 나는 책상에 앉아 있긴 했지만 방 안에 틀어박혀 지내는 게 능사는 아닌 것 같았다. 낯선 곳에 왔으니 어디든 나가봐야겠다고 생각했다.

둘째 주 일요일, 몇 차례 노선을 확인하고 983번 버스를 탔다. 비교적 도심인 4환(四环) 안쪽에서 출발해 베이징 동쪽으로 향하는 버스였다. 초행길인 데다 혼자 꽤 멀리 가는 것이어서 어지간히 긴장됐다. 중국에 대한 은근한 공포 탓도 있지만 행선지가 멀다 보니 조심스러웠다. 혼자 베이징이라는 거대 도시의 외곽 마을에 가서 맞닥뜨릴 상황을 좀처럼 예측할 수 없었다.

베이징은 자금성에서 시작하는 순환로로 구분된다. 2환에서 시작해 멀리는 6환까지 확대된다. 베이징은 극심한 부동산 버블을 앓고 있다. 베이징에서 집값이 가장 비싼 곳은 2환 안쪽의 고급 아파트다. 49.5제곱미터(15평)짜리 아파트 한 채 시세가 300만 위안(5억 원)이 넘고, 월세는 5,000위안(82만 5,000원)에 달한다. 3환이나 4환에서는 동북쪽이 좀 더 비싼 편인데, 4환 안쪽에만 살아도 꽤 잘사는 중산층이라고 한다. 한국인은 4환 동북부에 위치한 왕징(望京)에 많이 거주한다. 대기업 주재원은 도우미와 운전기사를 두고 살기도 한다. 물론 사드(THAAD) 미사일 배치 이후 줄어든 한중 경제 교류 탓에 꽤 많이 철수했다.

이런 베이징에서 5환 밖으로 나가면 조용한 농촌 같은 풍경이 펼쳐진다. 베이징은 면적이 1만 6,412제곱킬로미터로 한국 수도권보다 넓다. 강원도와 비슷하다. 베이징의 5환 바깥에는 농민공* 집단 거주지가 곳곳에 펼쳐 있다. 피촌(皮村)도 그중 하나다.

도심에서 피촌으로 향한 첫 여정은 '이상한 나라의 앨리스'가 토끼굴에 들어간 것과 같은 생경함의 연속이었다. 버스를 타고 베이징 동부 교외로 향하자 어느 순간 높은 건물이 거의 보이지 않았다. 잠깐 딴생각에 잠겼다 정신을 차려보니 전쟁 직후의 풍경을 방불케 하는 드넓은 폐허가 나타났다. 스마트폰 지도 애플리케이션을 보면 분명 5환 언저리였으나 도심의

---

* 중국의 호적제도상 농촌에 적을 두고 있으면서 도시로 이주해 살고 있는 노동자를 가리킨다. 2020년 기준, 약 2억 9,000만 명에 달한다.

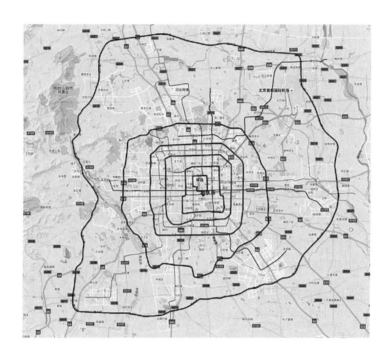

베이징은 자금성에서 시작하는 순환로로 구분된다. 2환에서 시작해 멀리는
6환까지 확대된다. 도심 쪽으로 갈수록 부동산 가격은 천정부지로 치솟는다.

화려함과 거리가 멀었다. 나는 버스를 갈아타기 위해 폐허가 된 마을의 정류장에 잠시 내렸다. 작은 건물이 몇 개 남아 있었지만 안은 텅 비어 있었다.

다싱구 화재 사건

베이징 외곽의 이 주거 지역은 왜 폐허가 되었을까? 그 원인을 찾으려면 내가 베이징에 오기 4개월 전인 2017년 11월로 눈을 돌려야 한다. 11월 18일 오후 6시 베이징 남쪽 외곽에 위치한 다싱구(大興区)의 한 사구(社区)*에서 큰 화재가 발생했다. 먹고살기 위해 대도시로 온 사람, 이른바 농민공이 밀집해 있는 낡은 사구가 불타 19명이 목숨을 잃었다. 대형 재난으로 번져 한국 언론에도 여러 차례 보도됐다.

당시 전소된 건물은 3층짜리 허름한 아파트였다. 이곳에는 택배 기사나 가정부 등 저임금을 받고 일하는 노동자가 살고 있었다. 베이징 경찰은 아파트 지하에서 공사 중이던 냉장 설비를 화재 원인으로 지목했다. 건물 관리자 7명, 전기 노동자 7명, 건설 노동자 4명이 체포됐다.

다싱구는 내가 지내는 차오양구(朝阳区)에서 버스를 타고 한 시간 반 정도 가야 있는 베이징의 가장 남쪽에 위치한 행정

---

* 중국의 하급 행정 단위이자 기초 자치 단위. 행정 지위는 촌과 동일하다. 영어 'community'에서 유래했다. 중국 사회 체계 특유의 함의를 지니기 때문에 상응하는 한국어로 옮기기 쉽지 않다.

구역이다. 인구는 약 150만 명인데 2009년 기준 44퍼센트가 외지인이었다. 66만여 명이 베이징에 호적을 두고 있지 않은 농민공이었던 것으로 짐작된다.

대형 화재가 일어나자 베이징시의 차이치(蔡奇) 시장은 곧바로 "40일 안에 도시 전반에 걸친 비공인 건축물을 철거하겠다"고 공언했다. 창고, 공장, 시장뿐 아니라 관광명소 등 공공장소도 철거 대상에 포함됐다. 화재 이튿날인 11월 19일 각 마을에 빨간색 종이쪼가리가 나돌았다. 퇴거명령서였다. 날인도 없는 익명의 명령서도 횡행했다. 작은 종이에는 불에 탄 마을을 포함한 시훙먼(西红门) 지구 주민들에게 "3일 내 퇴거"하라는 명령이 적혀 있었다. 모든 공인받지 않은 구조물의 철거도 함께 예고했다. 사흘이 지난 11월 22일 이후에도 떠나지 않은 이들은 공권력의 진압을 마주하게 될 것이라는 경고가 덧붙었다.

하지만 이 불도저 같은 공고에 적힌 기한은 지켜지지 않았다. 퇴거명령이 떨어진 지 단 하루 만인 20일, 시내 곳곳에서 강제 퇴거가 시작됐다. 전기와 수도가 예고 없이 차단됐고, 120여 개 도소매 시장의 철거가 예고됐다. 어찌나 전광석화였는지 25개의 농산물 시장은 2017년이 끝나기 전에 철거됐다. 갑작스러운 퇴거 조치에 상인들은 어떤 대책도 세우지 못한 채 전전긍긍하며 사라지는 생존 수단을 바라봐야 했다.

중화권 언론 〈단전매(端傳媒)〉의 보도에 따르면, 베이징 빈민 거주지 135곳의 강제 철거 조치가 이뤄진 지 1년 뒤인 2018년 11월 400여 곳의 꽃 시장과 과일 시장이 문을 닫았다.

2018년 10월 31일에는 2환 안에 남아 있던 마지막 소상품 시장이 문을 닫았다. 그 자리에 대형 백화점이 들어설 예정이었다. 바야흐로 부자와 중산층 위주의 도시 정돈이 완비된 셈이다.

"정말이지 지금 세상은 사람을 살 수 없도록 몰아붙이고 있어요."

시장이 철거된 뒤 일용직을 전전하는 농민공의 한탄만 남았다.

경고장이 붙은 뒤 시훙면 지구에 살던 17만 5,000여 명의 거주자 중 얼마나 많은 이들이 쫓겨났는지 정확한 숫자를 알기 어렵다. 하지만 당시 목격자들의 증언과 소셜미디어에 게시된 영상들에 따르면, 수천 명의 주민이 그곳을 떠났다. 이런 퇴거 고지는 펑타이(丰台)나 창핑(昌平), 하이뎬(海淀) 등 베이징의 135개 지역에서 벌어졌다. 퇴거 기한인 11월 22일, 소셜미디어와 언론의 영상에는 철거 대상 지역의 주민들이 이주하기 위해 필사적으로 움직이는 모습이 담겨 있다. 가방을 메고 이동하는 사람들, 빈 상점과 공장, 대기 중인 경찰과 철거 장비 등 무척이나 혼란스럽다.

당시 〈베이징일보(北京日報)〉의 보도에 따르면, 차이치 시장은 안전 문제에 관한 정부 회의에서 "도시의 안전을 위협하는 요소들을 강제 퇴거 조치하며, '회색 코뿔소'를 우리에 가두겠다"고 약속했다. 무슨 말일까? 회색 코뿔소는 덩치가 커서 달려오면 땅이 흔들릴 정도다. 부딪히면 위험하다. 이처럼 예상 가능하고 사고가 나면 파급력도 크지만, 쉽게 무시하다간 통제 불능의 위험에 빠질 수 있는 상황을 '회색 코뿔소'라고 일컫

는다. 2013년 다보스포럼에서 미셸 부커(Michele M. Wucker)
가 처음 언급했고, 중국에선 2017년 중앙재정경제영도소조(中
央财政经济领导小组) 회의에서 나왔다. 그 뒤 위기의식을 강조할
때 종종 쓰인다.

  당연히 화재 위험이 큰 낙후된 주거지를 아무 조치 없이
방치해선 안 된다. 안전 점검이 필요하며, 가능하다면 보강 공
사를 해야 한다. 그곳에 살던 사람을 위한 대책이 있어야 한다.
며칠 안에 집을 비우라는 명령에 생존 대책을 강구할 수 있는
도시 빈민은 아무도 없다.

  강제 철거에 맞선 저항

당시 베이징 시장은 "퇴거 조치가 지나치게 성급해선 안 되며,
인도주의적 보호 아래 주민들의 어려움을 도우며 진행해야 한
다"고 말했다. 하지만 현실은 반대로 전개됐다. 베이징시의 퇴
거 조치는 강력하고 조급했으며, 주민을 전혀 배려하지 않았
다. 며칠 뒤 차이치 시장이 "기층 민중을 대하는 데는 진짜 총
칼을 빼 들고 총검으로 피를 보듯 강경하게 대응해야 문제를
해결할 수 있다"고 발언한 사실이 드러났다. 걱정스레 사태를
지켜보던 시민들은 분노했다.

  그때 베이징의 관료들을 깜짝 놀라게 한 사건이 일어났다.
런민대학, 칭화대학(清华大学), 베이징대학 등 베이징에 있는
대학의 학생들이 나섰다. 학생들은 베이징시가 '디돤런커우(低
端人口: 하층민) 정리 작업'이라고 이름 붙인 강제 퇴거에 반발

하며 "잔혹한 디퇀런커우 퇴출 즉각 정지"를 호소하는 서명운동을 전개했다. 시 정부의 하층민 퇴거를 강하게 비판하고 차이치 시장의 퇴진을 요구하는 서한도 발표했다. 서한에서 학생들은 "이번 강제 퇴거는 베이징이란 도시가 세워진 뒤 3,062년을 통틀어 가장 악랄한 행정 조치"이며, "중국공산당의 당헌과 헌법, 관련 법규에 어긋나는 조치"라고 비판했다. 국가행정학원 왕위카이(汪玉凱) 교수는 관영 매체인 〈신화사(新華社)〉 기고문에서 "책임을 인정해 하층민 강제 퇴거 피해자에게 보상하고 공개적으로 사과해야 한다"고 주장했다. 하지만 당국은 '디퇀런커우'를 소셜미디어 금지어로 지정하고 관련 게시물을 모두 삭제하는 방식으로 대응했다.

퇴거에 내몰린 주민들의 산발적인 시위가 일어났다. 당시 〈사우스차이나모닝포스트(South China Morning Post)〉 보도에 따르면, 세계인권의날인 12월 10일 베이징 동북부 페이자촌(費家村)에서 주민 1,000여 명이 일방적 강제 퇴거에 반발해 거리로 나섰다. 추운 겨울에 갑자기 갈 곳도 없이 쫓겨나야 하는 상황에 부닥친 주민들은 '폭력 퇴거는 인권 침해!'라고 적은 현수막을 들고 전단을 뿌리며 거리를 행진했다. 이런 시위가 시내 곳곳에서 벌어졌다. 페이자촌은 상주 인구 342명, 농민공 8,500명의 명실상부 농민공 마을이다.

주거권을 지키고자 하는 농민공의 시위에 베이징시는 민감하게 반응했다. 당시 철거 지역 사진들을 보면 경비가 매우 삼엄했음을 알 수 있다. 한 네티즌은 "예전엔 아무도 신경 쓰지 않다가 이제는 그들을 쫓아내고 있다"며, "이건 누구 잘못

많은 농민공이 모여 사는 베이징 동북부 페이자촌에서 벌어진 강제 퇴거 항의 시위.

이죠? 세입자들은 아무 잘못 없어요"라고 썼다.

결국 대다수 주민은 베이징을 떠났다. 철거는 아주 말끔하고 단호하게 이뤄졌다. 하지만 흔적은 남아 있다. 피촌으로 가는 길에 내가 맞닥뜨린 텅 빈 폐허가 강제 철거된 농민공 거주지 중 하나다. 서쪽과 북쪽은 가보지 않아 모르겠지만, 동쪽과 남쪽 교외엔 이런 폐허가 허다했다. 피촌과 비슷하거나 좀 더 작은 규모의 마을 135개가 없어졌다고 생각하면 된다.

소강사회

물론 베이징시가 아무런 대책을 내놓지 않은 것은 아니다. 여론이 악화되자 퇴거자를 위한 '긴급 취업 박람회'를 열었고, 집을 잃은 이들에게 임시 숙소와 귀향 열차표를 제공하겠다고 밝혔다. 하지만 얼마나 충분히 제공했는지 아무도 알 수 없다. 더구나 한겨울에 쫓겨나 잘 곳도 먹고살 돈도 없는데 취업 박람회에 참석할 수 있는 노동자가 얼마나 될까.

중국 대륙 어디를 가든 곳곳에서 아파트를 짓고 있는 풍경을 볼 수 있다. 지방 도시에 새로 지은 아파트들은 여지없이 텅텅 비어 있다. 주택 공급은 결코 부족하지 않다. 하지만 버블이 심해 부동산 가격이 천정부지로 솟아 있다. 2017년 말 기준 70개 도시 부동산 가격은 전년 대비 무려 10.3퍼센트 올랐다. 시간이 지나면 이 폐허를 부동산 개발의 물결이 점령할 것이다.

중국에서 땅은 국유지, 집체 소유지, 미지정 토지 세 가지로 나뉜다. 대체로 농촌 토지는 농민 집체 소유이고, 도시 토지는 국가 소유다. 여기서 집체 소유란 현실사회주의 역사가 낳은 공유제를 말한다. 소련으로부터 유래했지만 시간이 지나면서 점차 변화했다. 한편 개혁개방 이후 대도시는 농촌 토지를 수용해 국유화함으로써 도시를 확대해왔다. 토지관리법상 토지 수용 목적은 공익에 한정되어 있기 때문에 사회 인프라 건설이나 공공시설을 위해서만 토지를 수용할 수 있다.

하지만 현실은 다르다. 빠른 도시화는 공익의 의미를 퇴색시켰다. 개발은 상업 목적이 주를 이루며 수용된 땅은 시장가로 매매된다. 도시 토지의 소유권은 이제 담보, 재임대, 전매 등을 포함하는 자본주의적 의미에 가까워졌다. 다만 보상이 제한돼 있을 뿐이다. 중국의 도시 인근에서 토지 수용을 둘러싼 시위가 급증하는 이유다. 토지 수용으로 지방정부가 거두는 이익은 보상비의 10배가 넘는다. 농민은 수용 전 3년 평균 연작물의 6~10배의 보상금과 4~6배의 정착보조비를 받는다. 수용되지 않는 것보다 낫다. 하지만 수용 뒤 자기 땅 값이 천정부지로 솟는 걸 알게 되면 가만히 있기 어렵다.

2005년 전국인민대표대회는 "토지관리법을 일시적으로 조정·시행"할 33개 시범 구역을 지정하는 결의안을 채택했다. 다싱구는 이때 시범 구역으로 선정됐다. 베이징시는 철거 지역별로 개발 할당량을 설정했다. 이를 두고 한 연구자는 말했다. "아마 일정 수의 도시 거주자를 위해 구역별로 필요한 가정부와 배달부 숫자도 정할 겁니다. 그들(집이 철거되지 않고 요행히 남은 농민공)에게는 거주 등록을 해주고, 알맞은 정도의 거처를 마련해주겠죠."

　이런 일이 왜 벌어질까? 중국 정부는 조화사회와 소강사회(小康社會: 누구나 인간다운 삶의 질을 보장받는 사회)를 지향한다고 밝히고 있다. 일찍이 공자는 만백성이 차별 없이 공유하는 사회를 대동사회(大同社會)라 했다. 개혁개방 이후 중국의 지도자들이 밝혀온 소강사회는 대동사회의 전 단계를 뜻한다. 시진핑 주석은 2020년까지 "전면적 소강사회"를 건설하고, 2050년에는 사회주의 현대화 강국을 달성하자고 공언했다. 하지만 중국에는 여전히 불평등이 만연하다.

　2018년은 덩샤오핑의 개혁개방이 40년을 맞는 해였다. 그 사이 중국은 연평균 성장률 10퍼센트에 육박하는 고속 성장을 이뤘다. 이와 함께 팽창한 부동산 개발의 병폐는 중국에 심각한 모순을 안겼다. 오늘날 중국에서 벌어지는 집단 시위의 주요 요인으로 토지 수용, 강제 철거, 보상금 미지급 등 부동산 개발을 둘러싼 불만이 꼽힌다.

　1978년 시작된 개혁개방 이전까지 중국의 부동산은 시장에서 거래되는 상품이 아니었다. 개혁개방 뒤에도 정부가 주택을 건설하고 도시의 단위와 농촌의 생산대별로 계획적으로 공급하는 방식을 유지했다. 하지만 1991년을 기점으로 토지제도가 크게 바뀌었다. 토지의 무상 공급이 유상 공급으로 바뀌었고, 무기한 사용권 제도가 폐지됐으며, 토지의 양도와 임대가 허용됐다. 토지 소유권에 눈 뜨기 시작한 중국인이 가장 갈망한 것은 바로 집이었다. 도시로 떠난 1세대 농민공은 돈을 버는 족족 고향의 가족이 살 집을 짓는 데 사용했다. 농촌 마을마다 3~4층 주택들이 들어섰다. 그러나 정작 살 사람이 없어 텅 비어 있다. 공사가 마무리되지 않은 곳도 부지기수다.

2000년대 접어들어 지방정부 차원의 토지 임대와 부동산 개발은 더욱 확대됐다. 지방의 경제성장률 유지와 당·정 간부의 사적 이익을 위해 토지사용권이 공격적으로 매각됐기 때문이다. 개발용지를 최대한 늘려 부동산 개발업자에게 팔아넘기면 지방정부 부채를 손쉽게 해결할 수 있다. 그렇게 지방의 경제성장률을 높이면 간부 승진이 쉬웠다. 거품은 말할 것 없이 커졌다.

그 결과 2010년 이후 후진타오는 강력한 부동산 투기 억제 정책으로 부동산 거품을 가라앉히는 데 주력해야 했다. 그런데 오히려 시진핑은 이른바 '신형 도시화'라는 명목으로 규제를 완화했다. 지방정부와 개발업자가 막대한 개발 이익을 얻을 수 있는 여건이 만들어진 셈이다. 이러한 난맥상은 중앙정부의 강력한 힘이나 아래로부터의 대중운동을 통해서만 통제할 수 있다. 그러나 현재 중국에서는 둘 다 쉽지 않아 보인다.

집을 떠나는 농민공

토지제도와 도시화 등을 연구해온 허쉐펑(賀雪峰)은 2008년 세계 금융 위기 당시 2,000만 명에 달하는 농민공의 대량 실업이 중국에서 왜 큰 문제로 나타나지 않았는지 설명했다. 고향 혹은 농촌으로 돌아간 신노동자들은 비교적 나이가 많았으며, 이들은 이미 생산 라인에서 오랫동안 일했기 때문에 고향으로 돌아가겠다는 소망을 품고 있었다. 금융 위기는 그들의 계획을 3년 정도 앞당기는 것에 불과했다.

농민공의 도시 이주에는 두 가지 논리가 존재한다. 하나는 도시에서 돈을 벌어 고향으로 돌아가는 것이고, 다른 하나는 도시에 완전히 정착하는 것이다. 1세대 농민공은 귀향을 원하지만, 1980년대 이후 도시에서 태어나 한 번도 본적지에 가본 적 없는 신세대 농민공은 도시에서 정착하길 원한다. 이런 기준으로 본다면, 베이징에서 쫓겨나도 돌아갈 고향이 있는 이들은 대체로 연령대가 높은 농민공에 한정될 것이다. 농사 한 번 지어본 적 없는 신세대 농민공이 수십 년 만에 고향으로 돌아간들 제2의 삶을 시작하기란 거의 불가능하다.

2017년 말 기준 농민공의 숫자는 2억 9,000만 명에 육박한다. 중국은 태어난 지역에서 호적을 옮기는 게 제도적으로 거의 불가능하다. 1958년 시행된 호구제도에 따라 농촌에서 도시로 호구 이적이 엄격히 제한돼 있다. 과거 농민은 인민공사나 생산대 안에서 평생을 살았으며, 비농민은 '단위'를 통해 보호받았다. 농민은 국가가 제공하는 교육, 의료, 주택, 직장 등 복지 혜택을 호구에 따라 제공받았다. 그러다 1978년 개혁개방 이후 이동이 가능해지고 도시 산업경제가 개발되자 농민이 대거 도시로 유입된다. 도시 인구의 폭발적인 증가를 감당할 수 없었던 중국 정부는 자본주의적 발전에도 불구하고 호구 이동을 불가능하게 놔두었다. 농민공은 바로 이런 과정에서 만들어진 불안정 노동자다.

도시에 빈 집이 많지만 노동자가 머물 수 있는 집은 없다.

강제 철거로 주거지를 떠나는 사람들.

극도의 임금 착취를 당하는 노동자는 평생 일해도 비싼 대도시에 집을 마련하기 어렵다. 호적이 농촌에 남아 있는 한 다른 성(省)에서 집을 매입하는 것 역시 불가능하다. 스스로 '주택의 노예'라 자조할 정도로 불만이 많다. 여기에 토지 수용과 강제적인 주택 철거, 아주 미비한 보상 시스템이 불만을 배가시키고 있다. 사회학자이자 베이징노동자의집(北京工友之家) 활동가 뤼투(呂途)는 중국의 신노동자를 "남아 있을 수 없는 도시"와 "돌아갈 수 없는 농촌" 사이에서 진퇴양난에 빠져 있다고 말했다. 인생 대부분을 도시 노동자로 보냈는데도 농촌 호적을 바꿀 수 없는 게 이들의 처지라는 얘기다. 그녀는 "1세대 품팔이에게 중요한 것은 노동 대우와 생활 조건인 데 반해, 신세대 품팔이에게 중요한 것은 도시에서의 주거권과 노동권"이라고 말한다. 이처럼 열악한 임금과 노동 조건, 안정적이지 못한 주거의 모순은 중국 사회의 거대한 시한폭탄이다.

농민공이 아닌 베이징 시민의 처지도 그리 다르지 않다. 어학연수를 하면서 만난 선생님들조차 베이징 집값을 한탄하며 "베이징은 살 만한 곳이 아니"라고 말했다.

베이징, 상하이, 청두, 충칭 등 초대형 도시의 외연은 너무나 화려하다. 대도시 서울에서 오랫동안 살아온 나조차 놀랄 정도다. 하지만 도시의 화려함 뒤에 숨은 진짜 면모를 보려면 도시의 외곽, 도시의 어둡고 더러운 골목에 가봐야 한다. 그곳이 드러내는 모호함과 의문을 쫓다 보면 도시가 안고 있는 모순을 마주할 수 있다.

시훙먼 지역을 비롯해 펑타이, 창핑, 하이뎬 등 베이징의

135개 지역에서 벌어진 이 퇴거 조치는 수십만 명에게 영향을 줄 것이라는 보도가 있을 정도로 대대적이었다. 최대 10만 명이 강제 퇴거됐다는 보도가 있었고, 서울에 일하러 온 한 중국인 친구에 따르면 20만 명이 넘는다고 했다. 모두 어디로 떠났을까? 고향으로 갔을까, 아니면 다른 마을로 갔을까?

메가시티의 오아시스, 피촌

피촌으로 가는 길에 마주친 폐허가 된 마을에서 989번 버스를 갈아탔다. 버스 안은 대도시 사람이라고 느껴지지 않는 승객들로 채워졌다. 도시 사람의 외양이 어디 따로 있겠냐만, 베이징 도심의 크고 화려한 빌딩과는 어울리지 않는 것처럼 느껴졌다. 하지만 이들 역시 세계 거대 도시 중 하나인 베이징에서 함께 살아간다. 서울이나 홍콩, 뉴욕이 그렇듯 베이징의 얼굴 역시 하나가 아니다. 최첨단 기술특구 중관촌(中关村)과 시진핑 주석이 있는 중난하이(中南海), 고급 브랜드가 몰린 쇼핑가 산리툰이 있는가 하면, 어둡고 비좁은 골목과 성중촌(城中村)*, 낡은 농촌 마을이 있다. 어쨌든 989번 버스에서 마주친 사람들이 산리툰이나 왕징에서 마주할 수 있는 사람들과 다르게 보

---

* 말 그대로 '도시 속 촌락'이다. 주로 도시 밖에서 온 농민공들이 밀집 거주한다. 계획경제 시기의 유산과 개혁개방 이후에 도입된 시장경제 원리가 발현된 공간이라 할 수 있다. 2000년 전후로 급격히 늘어나다가 이후 점차 도심에서 사라지고 있다.

거리에서 카드놀이를 하는 노동자들.

이는 건 확실하다. 피부는 까맣고 꾀죄죄하며, 옷차림은 남루하다. 집으로 돌아가는 그들의 얼굴에 피곤함이 역력하다. 혼자 질문을 던져본다. 이들은 누굴까? 아마 대부분 농촌에서 온 농민공일 것이다. 이들은 낮에는 도심이나 주변 공장에서 일하고, 밤에는 수천에서 수만 명이 거주하는 구역의 작은 셋방에서 잠을 잔다.

피촌 정류장에 다다라 버스에서 내리자 생각보다 깨끗하고 넓은 거주 구역이 나타났다. 커다란 아치 입구를 지나 피촌 한복판으로 들어서면 사막에 오아시스가 나타나듯 갑자기 활기찬 시장이 펼쳐진다. 피촌 사람들이 '홍콩거리'라고 부르는 곳이다. 왜일까? 네온사인이 있는 편이지만 '화려한 쇼핑의 도시'와 비슷하다는 느낌은 전혀 들지 않는다. 우리나라 면사무소 소재지와 비슷한 풍경으로, 옷가게와 슈퍼마켓 등 저가의 생활필수품 가게, 작은 음식점이 모여 있다. 중국의 한 네티즌이 한국으로 따지면 '지식in' 같은 인터넷 게시판에 "피촌 홍콩 거리에서 맛있는 음식점은 어디 있나요?"라고 묻자 이런 답변이 올라왔다. "쓸데없는 질문이네요. 이 거리엔 맛있는 음식점이란 게 없어요! 먹고 싶은 게 있음 걍 들어가서 먹으면 되죠."

피촌은 농민공 마을이다. 2018년 피촌 거주자는 약 2만여 명인데, 이곳에 등록되지 않은 외지인이 1만 8,000여 명에 달한다. 즉 실제 호적 인구는 2,000명 정도이고, 나머지는 농민공이다. 대부분 '공위(公寓)'라 불리는 복층 건물에 산다. 우리로 따지면 아파트라 할 수 있는데, 너무 허름해 그 이름이 무색할 정도다. 주민들은 건물마다 있는 공동 화장실을 쓰며, 건물 안

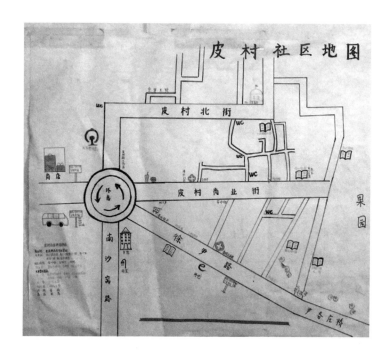

베이징노동자의집 사무실 벽에 붙어 있는 피촌 지도.

에는 한국의 여인숙과 닮은 작은 방들이 빼곡하다. 방세는 적게는 800위안(13만 원), 많게는 1,500위안(25만 원) 정도다. 시장 물가는 대체로 저렴하다. 이곳에서 찾은 한 산시(山西)풍 국수집의 우육탕은 도심에서 먹은 어떤 국수보다 맛있고 깔끔했는데, 가격은 절반인 10위안(1,650원)밖에 되지 않았다.

　베이징노동자의집은 바로 이 피촌에 위치한 노동자 문화 공간이자 풀뿌리 운동 조직이다. 2002년 5월 1일 "스스로 창조하고, 스스로 표현하며, 스스로 교육하고, 스스로 일한다"를 기치로 결성됐다. 초기 험난한 활동을 거쳐 2005년 7월 피촌으로 옮겨 자리 잡고 왕성하게 농민공 교육 운동을 펼쳐왔다. 2005년 8월엔 한마음실험학교(同心实验学校)를, 2006년엔 한마음호혜공익상점(同心互惠公益商店)의 첫 번째 가게를 열었다. 공익상점에서는 베이징 시민들이 쓰다 버린 옷이나 생활물품을 모아 농민공에게 아주 저렴하게 판매·보급한다. 2008년 5월 1일에는 품팔이문화예술박물관(打工文化艺术博物馆)을 개관했는데, 중국에서 유일한 노동자 문화 예술 박물관이다. 2009년엔 한마음창업교육센터를 세웠다. 이곳 사람들은 모두 '노동자대학(工人大学)'이라 부른다. 한마음창업교육센터의 지향은 일반적인 취업 훈련과 다르다.

　현재 노동자의집 활동은 다양한 교육·문화 사업으로 확대되고 있다. 활동 영역은 피촌이라는 2만 명 규모의 농민공 마을이지만 유명세는 전국적이다. 농민공 문제에 관심 있는 사람이라면 누구나 안다고 해도 과언이 아니다. 활동 공간으로 사용하는 건물은 과거에 작은 공장이나 창고였을 것으로 짐작되는 건물을 개조한 것이다. 니은자 형태의 단층 건물 두 채에 사무실과 품팔이문화예술박물관·영화관·실내 공연장·강의실·식당 등 공공시설이 있고, 그 밖에 활동가와 수십여 명의 노동자가 함께 생활하는 숙소가 있다.

노동자의집 활동가 가운데 한국에 가장 많이 알려진 인물은 뤼투다. 네덜란드에서 발전사회학 박사학위를 받은 그녀는 2003년 잠시 베이징에 들렀다가 늦은 밤 한 건설 현장에서 노래를 부르는 신노동자예술단(新工人艺术团)을 만나면서 노동자의집과 인연을 맺었다. 신노동자예술단은 쑨헝(孙恒)과 쉬뚜어(许多) 등 지방에서 올라와 베이징을 표류하던 음악가들이 결성한 품팔이 문예운동 그룹이자 록밴드다. 2004년 낸 앨범 〈천하의 노동자는 하나다(天下打工是一家)〉가 10만 장 넘게 팔리면서 그 수익금으로 품팔이자녀학교를 세워 전국의 활동가와 농민공 집단으로부터 유명세를 얻었다.

나는 중국에 오기 몇 년 전 독서 모임에서 읽은 책에 실린 쑨헝의 인터뷰를 통해 신노동자예술단을 알게 되었다. 쑨헝은 허난성 출신으로 1998년 가을 베이징에 왔다. 지하철역이나 도로변, 작은 라이브클럽에서 노래를 부르며 근근이 먹고살던 그는 2002년 농우의집품팔이청년문예공연단(农友之家打工青年文艺演出队)을 결성한다. 건설 현장이나 공장, 농민공 거주 지역 등을 돌아다니며 순회공연을 했다. 노동자의 삶과 결합된 형태의 문화예술운동을 펼쳐 "노동자 계급의 정신문화를 재건하겠다"는 포부를 가지고 있다. 신노동자 활동가들의 이야기를 다룬 다큐멘터리 영화 〈흉년지반(凶年之畔)〉에 쑨헝이 등장한다. 신노동자예술단은 노래운동을 통해 사람들을 노동자의 집이라는 거점, 또는 그것의 가치로 연결시켜주는 고리인 셈이다.

4월 15일과 30일, 노동자의집에서 청년 활동가 2명을 만났다. 한 명은 상근자인 샤오쳰이고, 다른 한 명은 대학 4학년 야메이다. 샤오쳰은 대학에서 중국문학과 교육학을 전공했지만 연극이나 노동자운동에 관심이 많아 피촌에 와서 활동한다. 야메이는 페미니즘과 사회학에 관심이 많으며, 중국 사회에서 억압받는 사람들을 위해 무언가 하고 싶어 한다. 피촌은 이런 고민을 하는 베이징 청년들에게 사막의 오아시스 같은 곳이다.

사막의 오아시스

샤오쳰은 내게 노동자의집 이곳저곳을 소개했다. 사무실, 박물관, 영화관 등을 차례로 보여주며 친절하게 설명했는데, 가장 손꼽을 만한 공간은 품팔이문화예술박물관(打工文化艺术博物馆)이었다. 여기서 '다공(打工)'의 사전적 의미는 '품팔이 노동'이다. 농민공이 하는 힘든 일, 일용직, 혹은 파트타임 일자리를 가리킨다. '농민공'이 더욱 공식적이고 제도적인 용어라면, '품팔이'는 평범한 사람들이 사용한다. 최근 일부 지식인이 농민공을 '신노동자(新工人)'로 바꿔 부르자고 주장하는 데에는 그만한 이유가 있다. 일단 품팔이는 노동 형태를 지칭하므로 모든 농민공을 아우를 수 없다. 그렇다고 농민공으로 부르자니, 언젠가는 자신의 호적이 등록된 고향으로 돌아갈 사람의 이미

지가 떠오른다. 뤼투에 따르면, 대다수 신노동자는 가능하다면 계속해서 대도시에 머무르기를 원하지 고향으로 돌아갈 생각이 없다.

"당시 우리는 '노동자대학'의 가장들과 인터뷰했습니다. 왜냐하면 가장이 우리를 매우 신임하고 있어서 신뢰도가 높았죠. 그게 2009년입니다. 당시 가장들의 평균 연령은 38살이었는데, 10년이 지났으니 48살이 됐겠네요. 그건 곧 그들이 농민공 1세대임을 의미하기도 하죠. (……) 그들은 베이징에 이미 평균적으로 7년간 살았고, 피촌에서도 4년 넘게 살았어요. 적지 않은 수의 사람이 이미 피촌에서 5년, 심지어 10년간 살고 있었습니다. 한곳에서 4년, 5년, 10년을 사는 것을 '체류'라고 말할 순 없겠죠."

신노동자는 이 농민공을 더욱 주체적으로 호명하기 위한 고민의 소산이다.

피촌에 있는 품팔이문화예술박물관은 신노동자 집단의 역사와 정책, 문화, 생활양식, 아동과 여성 문제 등을 이슈별로 방을 나눠 전시하고 있다. 신노동자를 주제로 한다는 점도 흥미롭지만, 이를 역사적으로 풍부하게 다룬다는 점도 인상적이다. 더불어 10여 년간 신노동자의 정치적·계급적 성장을 위해 고군분투해온 노동자의집 활동을 소개한다.

4월 15일 내가 처음 피촌에 갔을 때 베이징대 마르크스주의학회 학생들이 단체 관람하고 있었다. 활동가 샤오첸의 열정적인 소개가 모두의 귀를 사로잡았다. 샤오첸은 두 시간이 넘도록 작은 박물관에서 연설과 대화를 이어갔다. 이런 공간이 빛날 수 있는 시간은 바로 이런 만남이 이뤄질 때가 아닐까. 당시 나는 학생들을 주의 깊게 관찰하며 '중국의 학생운동은 어떤 상황일까' 궁금했지만 대화를 나누지 못했다. 몇 달 뒤 이들이 중국 사회를 뒤흔든 논란의 주역이 될지는 꿈에도 몰랐다.

박물관 옆에 작은 영화관이 있었다. 20평 남짓한 공간 한쪽 벽면을 스크린이 가득 채우고 있었고, 쇠락한 옛날 영화관에서 가져왔음직한 의자 80여 개가 있었다. 노동자들이 자유롭게 오갈 수 있는 이런 작은 영화관을 만들고 싶어 했던 오랜 꿈이 새삼스레 떠올랐다. 좋은 영화를 평범한 사람들과 함께 보며 이야기하고 싶다는 꿈이 그 당시엔 너무 아득했는데, 그걸 실제로 아무렇지 않게 실행하고 있는 피촌의 모습을 보니 내가 너무 어렵게 생각했나 싶었다. 노동자의집은 매주 토요일 저녁에 무료 상영회를, 일요일에 다큐멘터리 상영회를 연다. 중국 사회를 사실적이고 비판적으로 묘사한 극영화나 당대 사회에 대한 비판적 시선이 담긴 해외 영화를 상영한다. 그땐 몰랐다. 몇 달이 지난 가을 어느 날, 내가 연출한 단편영화를 이곳에서 상영하게 될 줄은.

노동자의집의 주요 행사가 열리는 공간이 바로 이 영화관이다. 4월 30일 저녁, 노동절 기념 만회(晚会: 저녁 문화제)가 이곳에서 열렸다. 처음 만회에 갔을 때 과연 얼마나 많은 노동자들이 참여할지 의심스러웠다. 노동자의집이 피촌 외곽에 있거니와 아주 작은 동네에서 개최하는 행사이기 때문이다. 하지만 뉘엿뉘엿 해가 지고 저녁이 되자 모두 기우에 불과했단 걸 깨달았다. 행사 시작 두세 시간 전부터 마실 나오듯 모여든 마을 주민들은 저녁 7시가 되자 마당을 가득 채웠다. 마당에선 전국 각지에서 노동자의집 활동을 지원하기 위해 기부한 물건들을 저렴하게 팔고 있었다. 몇몇 주민은 자기 물건을 가져와 펼쳐놓고 팔았다. 딱지치기나 인형놀이를 좋아하는 꼬마 아이들이 이곳저곳을 뛰어다녔다. 하늘에선 인근 베이징수도공항을 이착륙하는 비행기들이 수시로 지나갔다. 문득 7~8살 어린 시절 의왕시 포일리의 작은 아파트 단지 앞에서 뛰어 놀던 생각이 났다. 하루 종일 야구를 하거나 팽이를 치고, 청계산의 박쥐 떼가 날아오면 집으로 줄행랑치던 그때가 베이징 외곽의 작은 농민공 마을에서 떠오를 줄이야.

저녁 7시 30분이 되자 만회가 시작됐다. 극장 안은 이미 발 들이기 어려울 정도로 빼곡했다. 남녀노소 가리지 않고 300여 명이 모였는데, 아이들이 눈에 띌 정도로 많았다. 언뜻 보면 어린이 장기자랑대회에 가족이 참관하러 온 것 같았다. 청년 노동자와 중학생이 공동 사회를 맡았다. 놀라울 정도로 공연 구성이 다양했다. 정치적이기보다 가족적이고 지역 축제 같은 분위기였다. 노동절의 의미를 환기하거나 신노동자의 자부심을 강조하는 멘트가 심심치 않게 들렸지만, 사회주의를 표방하는 나라인지라 위화감을 주지 않는 것 같았다. 이곳 소학교·중학교 아이들의 공연이 많았고, 지역 주민의 노래 공연 및 활동가들의 연극 공연이 펼쳐졌다. 연극 공연을 가장 기대했지만 음향 시설에 문제가 있어 제대로 경청하지 못했다.

공연에 참가한 사람들은 이곳에 오기 전까지 전국 대도시

피촌의 베이징노동자의집에서 열린 노동절 문화제에 참석한 어린이.

노동절 문화제에서 노래 부르는 신노동자예술단 보컬이자 노동자의집 활동
가 쉬뚜어.

를 전전하던 농민공이다. 피촌의 평범한 주민도 있고 이곳에서 왕성하게 활동하는 이도 있다. 평상시에는 문학소조('소조'란 말 그대로 '소규모 팀'이란 뜻의 한자어다) 세미나에 참석하거나 이곳의 다양한 활동을 함께하다가 이렇게 문화제가 열리면 가족과 함께 참가한다. 별것 아닌 마을 잔치였지만, 매우 특별한 오아시스처럼 느껴졌다.

90분에 걸쳐 진행된 문화제는 신노동자예술단 소속 쉬뚜어의 공연으로 끝났다. 그는 〈산다는 것은 싸우는 것이다(生活就是一场战斗)〉를 불렀다. 쉬뚜어가 직접 작사·작곡한 노래로, 머나먼 타향에서 살아가는 신노동자의 거친 삶과 절망, 의지를 표현하고 있다.

그의 노래가 끝날 즈음 아이들과 부모들은 자리를 뜨고 20~50대 노동자들이 남아서 유행가처럼 노래를 따라 불렀다. 신노동자예술단은 신노동자의 삶과 노동을 노래한 음악들이 인기를 얻으면서 매년 전국 투어 공연을 한다. 2018년엔 구이저우(貴州)와 윈난(云南) 등 남쪽 중심으로 공연했는데, 마을마다 수백 명이 모여 관람했다.

최근 들어 한국의 사회운동이 부쩍 노쇠한 것처럼 보이는 데 반해, 이곳의 활동은 이제 막 태어난 생기 넘치는 운동 같은 느낌을 준다. 노동자의집에서 사람들은 때로 한국의 1970~1980년대 노동운동을 공부하고, 〈아름다운 청년 전태일〉 같은 영화를 보며 토론한다. 그러면서 자주적이고 민주적인 노동자운동의 가능성을 고민한다. 열정 넘치는 활동가들이 피촌의 노동자의집으로 모여드는 이유다.

베이징노동자의집 정문.

피촌에서 처음 만난 샤오첸은 다음 날 위챗(대다수 중국인이 사용하는 소셜미디어) 모멘트(朋友圈: 트위터로 따지면 뉴스피드)에 이런 글을 남겼다.

"어제 지원 활동 온 한국 친구는 중국어를 배우려 엄청 노력하고 있다. 한국의 노동조합에서 활동했으며, 지금은 중국에 유학을 왔다. 동아시아 노동자의 단결을 도모한다는 점에서 그의 이상과 우리의 이상은 같다. (……) 그 역시 대학 때 노동자 문제를 마주하면서 이 활동에 뛰어들었다. 비록 언어가 통하지 않았지만 나는 충만한 동지애를 느꼈다. 이와 같은 사랑은 모든 담장을 뛰어넘는다."

중국어로 소통하는 데 큰 어려움을 느꼈지만, 그 어느 때보다 깊게 소통한 것 같았다. 우리는 국경을 뛰어넘어 만났고 민족이나 국적에 갇히지 않고 교감했다. 이전에는 거의 느껴본 적 없었다. 그때부터다. 피촌만이 아니라 베이징 곳곳을 찾아다니며 이곳에서 '다른 세계'를 상상하고 실천하는 사람들을 더 부지런히 만나야겠다고 작정했다. 피촌 방문은 순전히 심심한 주말의 호기심 같은 것이었지만, 또다시 20~30대 내내 갖고 있던 '움직이고 보자'는 식의 마음이 꿈틀거렸다.

베이징에서 이렇게 진지하게 고민하는 청년들을 만나는 것은 꽤 특별한 일이다. 그렇지만 아주 어려운 일은 아니다. 생각보다 많은 이들이 마음속에 열망을 안고 작은 행동들을 하고 있다. 그러나 그 만남이 쉽지는 않다. 중국인이 먼저 공개적으로 중국 사회에 대한 비판적 생각을 표현하는 건 그리 간단하지 않기 때문이다. 이방인인 내가 먼저 마음을 열고 이야기해야 점차 알아갈 수 있다.

　내가 이들을 하나둘 만날 수 있었던 건 피촌이라는 공간이 있었기 때문이다. 피촌은 2만여 명에 가까운 농민공이 '다른 삶'을 고민하는 터전일 뿐만 아니라, 사회 변화를 진지하게 고민하고 무언가 기여하려는 청년들이 모이는 공간이다. 무엇보다 베이징노동자의집 스스로 자신의 경험을 전국 곳곳으로 전파하고 있다는 점이 희망적이다.

　노동절 전야제가 끝났다. 이미 피촌 하늘은 아득히 어두워진 뒤였다. 집으로 돌아가려면 버스를 타고 다시 지하철을 두 번 갈아타야 했다. 가는 길은 피곤했지만 마음만은 두근거렸다. 이국땅의 무언들 새롭지 않겠냐마는 피촌 골목의 풍경과 사람들의 표정이 하나하나 떠올랐다.

　문득 그런 생각이 들었다. 피촌은 비록 인구 3,000만 명의 메가시티 베이징에서 0.1퍼센트의 비중을 갖는 외곽의 작은 마을에 불과하지만 진보적 청년들의 오아시스라고. 이 오아시스가 아직 남아 있어서 참 다행이라고. 앞으로 피촌에서 펼쳐질 다른 만남이 기대되는 밤이었다.

봄날의 번개처럼

야메이를 처음 본 건 4월 말 피촌에서였다. 야메이는 피촌을 자주 찾는 대학생 자원봉사자 중 한 명이었다. 야메이 말고도 몇 명의 20대가 더 있었는데, 일본에서 대학원 유학을 거의 마친 퀴어 연구자 A, 대학에 다니면서 거의 매주 노동자의집 세미나에 참가하는 B, 매사 시니컬한 태도로 반문을 던지는 무직 청년 C, 노동자의집 활동가들이 직접 만든 연극 〈우리(我们)〉의 다큐멘터리를 찍는 천리페이 등이었다. 하루는 A와 C가 페미니즘 이슈에 관해 아주 격렬하게 논쟁한 적이 있다.

C는 페미니스트들이 농민공의 처참한 현실에 대체로 무관심할 뿐만 아니라 배부른 운동을 하는 것 같다고 이야기했다. 그러자 A는 거친 조롱조로 반박했다. 그렇게 언성이 높아지고 날카로운 논쟁이 오갔다. 둘이 먹살 잡고 싸우는 건 아닐까 싶을 정도였다. 어쩌면 내가 중국인의 논쟁에서 오가는 거센 억양 때문에 괜히 쫀 것인지도 모르겠다. 어쨌거나 페미니즘을 둘러싸고 이렇게 격앙해 토론하는 걸 보면 한국과 그리 다르

지 않다는 생각이 들었다. 페미니즘은 중국의 지식 청년들 사이에서도 뜨거운 화두 중 하나임이 분명했다.

야메이는 학부 졸업을 앞둔 4학년이었다. 우리는 베이징노동자의집에서 우연히 만났고, 야메이의 친절한 성격 덕분에 금방 친해졌다. 야메이는 차분하고 남들 앞에 나서지 않는 성격이었지만, 나를 베이징의 활동가들과 연결하는 일에는 매우 적극적이었다. 게다가 학교가 내가 사는 곳과 가까워서 근처 백화점 푸드코트에서 만나 식사하기도 했고, 어느 날은 캠퍼스에 놀러 가기도 했다.

야메이는 케이팝 팬까진 아니어도 한국 드라마를 꽤 보는 편이었다.

"최근에는 〈밀회〉랑 〈치즈인더트랩〉을 재밌게 봤어. 알지?"

제목은 들어본 적 있다고 대답했다. 둘 다 꽤 인기 있는 드라마였지만 평소에 드라마를 잘 챙겨 보지 않아서 어떤 내용인지는 몰랐다. 야메이 말에 따르면, 두 드라마는 여성이 주도적인 역할을 한다는 점에서 비슷하다고 했다. 최근 중국에도 〈베이징여자도감(北京女子圖鑑)〉 같은 드라마가 등장했지만, 그 전엔 그런 드라마가 별로 없었단다. 난 둘 다 보지 않았기 때문에 별로 거들 말이 없었다. 고작해야 "나 김고은이랑 같은 학교 나왔어. 학교에서 본 적 있어!"라고 약간의 부심을 섞어 답할 뿐이었다. 중국에서 한류스타를 이야기할 땐 항상 이런 식이었다. 중국이나 인도네시아, 태국 친구들이 케이팝이나 한국 드라마, 영화에 관해 이런저런 이야기를 해도 할 말이 없었다. 심지어 세계적으로 인기 있는 방탄소년단(BTS)도 거의 알지 못했다.

대학 미투의 신호탄

물론 야메이와 나눈 대화의 주된 화두가 한류는 아니었다. 우리는 농민공 문제뿐 아니라, 미투(#metoo)운동에 대해서 많은 이야기를 나누었다. 한국에는 거의 알려지지 않았지만 2018년 중국에서도 미투운동이 벌어졌다. 그중 가장 많이 알려진 건 베이징대학 선양(沈阳) 교수 성폭력 사건과 베이징항공우주공학대학 천샤오우(陈小武) 교수 사건이다. 두 사건은 한국에서 미투운동이 폭발하기 시작한 시점과 거의 비슷한 때에 일어났다.

미국 샌프란시스코에서 연구교수로 일하던 뤄첸첸(罗茜茜)은 2006년 베이징항공대 박사학위 과정에 있을 때 지도교수 천샤오우가 자신에게 성폭행을 시도했다고 인터넷에 공개했다. 당시 천샤오우는 자기 누나 집에 뤄첸첸을 데려가 방문을 잠갔다. 그러곤 "아내와 사이가 좋지 않다"고 늘어놓으며 성폭행을 시도했다. 뤄첸첸이 격렬히 저항하자 천 교수는 포기하며 "네 품행을 시험해본 거니 신경 쓰지 말라"고 뻔뻔하게 둘러댔다.

이후 뤄첸첸은 10년 넘게 우울증과 환청, 환각에 시달렸다. 오랜 고통의 시간이 지속되던 중 전 세계 곳곳에서 미투운동이 일어났다. 뤄첸첸은 운동의 분위기에 힘입어 2018년 새해 첫날 웨이보(微博)에 '베이징항공대 교수 천샤오우의 성폭행을 실명 제보한다'는 제목의 글을 썼다. 이어 가해자인 천 교수를 베이징항공대 기율검사위원회 감찰처에 고발하고 다른 피해 여성 7명의 증언을 녹음해 제출했다. 그중 한 명은 자신이 성폭행으로 임신했고, 천 교수가 돈으로 입을 막으려 했다고 폭로했다. 뤄첸첸은 한 언론과의 인터뷰에서 "비록 공소시효는 지나버렸지만, 모교를 비롯한 중국의 대학들이 이와 같은 성폭력을 방지할 수 있는 기제를 만들기 바란다"고 말했다. 또 "중국에서 미투운동은 더 커질 거예요"라고 예견했다.

가상현실과 증강현실 등을 연구해온 천 교수는 교육부가 학문 성취가 뛰어난 학자에게 수여하는 창장학자(長江學者) 칭호를 받았다. 뤄첸첸의 폭로는 인터넷을 뜨겁게 달궜다. 순식간에 300만 조회 수를 기록하는 등 파문을 낳자 베이징항공대는 천 교수의 직무를 정지시키고 사건을 조사하겠다고 밝혔다. 가해자로 지목된 천샤오우는 가해 사실을 부인했다. 하지만 피해자가 너무 많았고, 정황상 그의 부인을 믿어주는 사람은 아무도 없었다.

뤄첸첸은 한 외신 언론과 인터뷰에서 이렇게 말했다.

"대학에는 성폭력을 막을 기제가 없어요. 교수들은 학생들의 학술 이력에 대한 부결권이 너무 크죠. 대학은 교수들을 바꿔야 하지만 현행 제도에선 참 어려워요. 대학에서 학생은 절대적으로 약자예요. 미국만 해도 이런 방면의 규범과 제보 제도가 꽤 엄격하잖아요. 하지만 우리 중국엔 없죠. 어떻게 성폭력이 발생하기 전에 잠재적 가해자를 억지할 수 있을지, 어떻게 성폭력을 당할 때 가해자에게 용감하게 '노'라고 말할 수 있을지, 어떻게 성폭력 이후에 이를 검증하고 자신을 지킬 수 있을지에 관해 방법을 찾아야 해요."

한국 대학에서 일어난 사건이라 해도 믿을 수 있을 정도로 비슷하다.

뤄첸첸은 여러 위험에도 불구하고 실명을 걸고 싸움에 나섰다. 자신은 그나마 해외에 있으니 피해자로서 사건을 폭로해도 위험이 덜하다고 생각했기 때문이다. 그는 이번 싸움이 더욱 많은 사람이 용기를 갖고 목소리를 낼 계기가 됐으면 좋겠다고 소망했다.

20년 전 죽은 친구를 위해

뤄첸첸의 바람은 숨죽여 고통받던 이들에게 울림이 됐다. 야메이는 얼마 전 베이징대학에서 벌어진 사건을 이야기했다. 사건은 4월 초, 그러니까 내가 피촌에 찾아가기 전에 일어났다. 베이징대학 95학번 리여우여우(李悠悠)는 인터넷에 실명 폭로 글을 올렸다. 난징대학 교수 션양이 20년 전 베이징대학에 재직하던 시절, 여학생 가오옌(高岩)을 성폭행한 사건이었다. 성폭력 사건 뒤 가오옌은 스스로 목숨을 끊었다. 고발자 리여우여우는 "20년 동안 아무도 우리를 아랑곳하지 않았다"며, 가오옌이 자살할 당시 베이징대학 당국은 사건을 감추고 윽박지르기에 급급할 뿐 아무런 조치도 취하지 않았다고 비판했다.

이 글은 이전의 어떤 글보다 폭발적이었다. 션 교수 역시

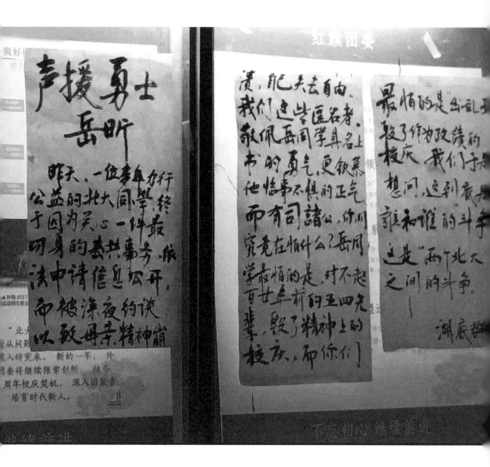

베이징대학에 수년 만에 대자보가 붙었다. 이 오랜 침묵을 깬 것은 미투운동과 조우하고자 했던 청년 마르크스주의자들이었다(출처: 베이징대학 마르크스주의학회).

천샤오우처럼 창장학자였다. 제보 이후 여론은 뜨겁게 달아올랐고 격렬한 반응을 이끌어냈다. 중국 최고 대학의 고귀한 껍데기와 참혹한 현실 사이의 괴리가 드러났다. 사건이 일어난 베이징대학만이 아니라, 션양 교수가 겸직하고 있는 난징대학과 상하이사범대학은 곧바로 입장을 발표해 션 교수에게 사직을 권고했다.

신속한 대응이었지만 사람들은 대학 당국과 교수들이 가해자를 감싼다고 여겼다. 조사는 이뤄지지 않았고, 피해자를 죽음으로 내몬 가해자를 처벌하지 못하는 것에 대한 공분이 일었다.

베이징대학에 30년 가까이 보이지 않던 대자보가 붙었다. 리여우여우의 폭로가 있고 이틀이 지난 4월 9일, 베이징대학 외국어학원의 위에신 등 8명은 학교 당국에 성폭력 사건과 관련한 정보를 공개하라고 정식으로 요청했다. 이는 교칙에 의거해 행사할 수 있는 학생의 권리였다. 하지만 학교 당국은 피해자와 연대한 학생들을 억압했다. 이런 사실은 4월 23일 위에신이 붙인 대자보로 드러났다. 정보공개 청구 이후 위에신은 두 차례에 걸쳐 학공(学工)들의 면담을 받아야 했다. 학공이란 학생공작의 줄임말로, 중국 대학에서 중국공산당의 지침에 따라 학생의 사상 교육, 일상 관리 등을 지도하고 감시하는 공작원을 일컫는다. 예전에는 공장 실습생을 학공이라 불렀지만 지금은 당에서 파견한 감시자를 가리키는 말이 됐다.

"이래서 졸업할 수 있겠어?"

"네가 이런 일을 계속하면 네 어머니랑 외할머니가 어떻게 생각하실까?"

새벽까지 이어진 면담에서 학공들은 위에신을 협박했다. 당시 졸업 논문을 쓰고 있던 위에신은 심각한 위압감을 느낄 수밖에 없었다. 뿐만 아니라 정보공개 청구에 대한 학교 당국의 답변은 옹색하기 짝이 없었다. 20일 점심시간, 외국어학원 당서기와 학공, 주임 교수 등이 위에신을 찾아와 "선양 교수의 규범 위반 여부에 관해 토론한 회의 기록이 충분하지 않고", "학교의 관리 범위 안에 공안국 조사 결과 역시 존재하지 않는다"는 내용의 회신을 읽어줬다.

학교 당국의 압박은 여기서 끝나지 않았다. 폭풍 같은 한 주가 끝나가던 4월 22일 밤 11시, 학공 지도원 직책을 지닌 이로부터 전화가 걸려왔다. 시간이 너무 늦어 전화를 받지 않은 위에신은 새벽 1시, 갑자기 기숙사 방에 찾아온 어머니와 학공 때문에 잠에서 깼다. 학공 지도원은 그녀에게 스마트폰과 PC에 있는 정보공개 청구 관련 자료를 싹 지우라고 요구하고, 아침에 학공 사무실로 와 앞으로 더는 이 사건에 개입하지 않겠다는 서약서를 쓰라고 강요했다. 억울하게 죽은 성폭행 피해자 가오옌과, 리여우여우의 폭로에 호응하려 했던 베이징대 학생의 행동은 이렇게 아무렇지 않게 짓밟혔다. 그것도 학생 일상을 지도한다는 이들에게서 말이다. 왜곡된 사실을 전달받은 위에신의 부모는 겁이 난 나머지 위에신을 압박하고 집에 가두었다. 어머니는 딸 앞에서 무릎을 꿇고 "차라리 같이 죽자"며 울부짖었다.

하지만 위에신은 포기하지 않고 세상 밖으로 나왔다. 베이

징대학 외국어학원의 폭력과 위법 행위를 폭로했고, 대자보로
탄압 중단과 재발 방지를 요구했다.

내가 일련의 사건을 알게 된 것은 그즈음 샤오쳰이 위챗에
공유한 사진을 통해서다. 처음엔 수년 만에 베이징대학에 대
자보가 붙었다는 사실에 주목했고, 나중엔 무소불위로 학생들
의 요구를 탄압하는 대학 당국의 행태에 놀랐다. 베이징대학
에서의 미투운동에 함께하는 연대는 좌절됐지만, 2018년 중국
대학가를 휩쓴 미투의 물결은 멈추지 않았다.

하늘의 절반?

이쯤 되면 물음표 몇 개가 떠오르지 않을 수 없다. 흔히 한국
사람들은 중국 사회에 비판적이건 우호적이건, 그래도 한국
보다는 여성이 평등한 지위를 누릴 것이라 짐작한다. 이를테
면 1955년 마오쩌둥은 구이저우성민주여성연합회(贵州省民主妇
女联合会)가 제기한 "여성이 하늘의 절반을 떠받치고 있다(妇女
能顶半边天)"는 구호를 보고나서 이를 전국 모든 마을로 확산시
키라고 지시했다. 당시 중국의 도시와 농촌에서는 생산력 향
상을 위해 노동력이 절박했으며, 그에 따라 전근대적 가부장
제 질서에서 소외받던 여성들의 사회 진출이 필요했다. 의도
야 어찌 됐든 이 구호는 중국 여성해방운동의 상징이 됐다. 실
제 중국공산당은 1949년 건국 이후 성매매와 전족 등을 불법
화함으로써 가부장 사회에서 여성들이 겪던 고통을 줄여주는
개혁을 실시했다.

한국에서 "중국 남자는 여자 앞에서 꼼짝도 못 한다더라" 는 식의 속설을 아주 쉽게 접할 수 있다. 그러니 설령 여성의 지위가 다시 후퇴했다고 해도 한국이나 일본보다는 낫지 않을 까 싶은 것이다. 2018년 발표된 〈2017년 여성, 직업과 행복감: 디지털 시대 여성의 직장 영향력 보고(2017 女性, 职业与幸福感: 数字时代女性职场影响力报告)〉에 따르면, 중국 여성의 노동 참여율은 63.3퍼센트로 OECD 평균 57퍼센트보다 높았다. 국내총생산 기여도 역시 41퍼센트로 세계 최고 수준이다.

하지만 과거 중국 여성의 권리가 지금보다 높았다는 속설 에 기대 현재 상황을 가늠하는 것은 무용해 보인다. 야메이는 "내가 한국과 일본이 어떤지 정확하게 알 수 없지만, 중국 여 성들 역시 가부장제적 억압이나 성폭력 등으로부터 절대 자유 롭지 않다"고 말했다. 단적으로 직장 안에 만연한 성폭력과, 미 디어에서 상품화되는 여성의 모습만 봐도 알 수 있다고 한다. 야메이의 설명은 틀리지 않았다. 한 예로 중국에서 여아 100명 당 남아 수는 한국보다 압도적으로 높다. 성비 불균형이 심각 해 결혼하지 못한 농촌 노총각이 즐비하다. 정치·사회·경제계 의 지도자는 대부분 남성이다. 중국 혁명 과정을 보더라도 성 평등이나 가부장제 이슈는 계급 모순에 비해 부차적으로 취급 되곤 했다. 물론 이는 다른 나라에서도 대동소이하다.

일터로 시선을 돌리면, 수치적 통계에 가려진 현실은 더욱 냉혹하다. 2009년 한 연구소의 조사에 따르면, 응답자 중 38.8 퍼센트의 여성이 '직장 안에서 성희롱을 경험한 적 있다'고 답 했다. 2017년 베이징에서 발표된 자료에서도 직장 안에서 성희롱을 당한 경험이 있는 여성은 43.8퍼센트에 이르렀다. 하지만 피해자 중 26.6퍼센트만이 거부 의사를 밝혔고, 직장에 피해 사실을 알린 여성은 24.1퍼센트에 불과했다. 대다수 여성은 별수 없이 침묵하거나 일터를 떠나야 한다.

여성의 불평등한 삶은 농민공 등 비공식적이고 열악한 노동자에게로 눈을 돌리면 더욱 심각하다. 야메이가 활동하는 사회운동단체에서 발표한 보고서는 어느 통계 수치보다 현실을 잘 설명해주고 있다. 2013년 광둥성의 여성 농민공을 지원하는 NGO가 광저우 즈웨이(知微)테크놀로지유한공사와 선전의 셔우치엔셔우(手牽手)유한공사 여성 노동자를 상대로 한 조사에 따르면, 공장에서 성폭력 피해를 당한 비율은 각각 69.7퍼센트와 71.2퍼센트에 이르렀다. 그중 70퍼센트 정도의 피해 여성이 문제 제기하거나 반발했지만, 46.6퍼센트가 처리 과정에서 흐지부지되어 아무 결과를 얻지 못했다. 가해자가 잘못을 인정하고 사죄한 것은 고작 10퍼센트였고, 퇴사 처리한 것은 1퍼센트에 지나지 않았다.

2011년 노동자들의 연쇄 자살 사건으로 익히 알려진 폭스콘(Foxconn) 공장에서도 직장 내 성폭력 문제가 심각했다. 널리 알려져 있다시피 이 공장은 세계 시장으로 출하되는 모든 애플 아이폰을 찍어내는 곳이다. 2018년 1월, 폭스콘의 일부 여성 노동자가 사측에 공개서신을 제출했다. 이들은 성폭력 문제 해소를 위한 사내 제도를 정비하고 성폭력 피해 신고를 접수할 수 있는 통로를 설치하라고 요구했다. 노동자들의 요구는 여성 농민공 인터넷 플랫폼 지엔자오부락(尖椒部落: 야메이

2018년 여름 시작되어 이듬해 1월까지 지속된 직장 내 성폭력 방지 체계 제정 촉구 편지 쓰기 운동의 모습(출처: 여성주의행동파 헌하오츠(女权行动派很好吃) 계정).

에 따르면, 이 단체는 중국에서 가장 훌륭한 일을 하는 사회운동단체다)과 소셜네트워크를 통해서 발표됐다. 특히 웨이보에 '여공 미투'란 제목으로 올린 글은 조회 수 60만, 공유 1,000개가 넘었다. 이는 여성 노동자운동에서 눈에 띌 만한 성과였다. 은폐하기만 했던 문제를 대중적으로 공개한 첫 번째 사례다.

그뿐만 아니라 지엔자오부락은 여러 도시에서 18~30살 여성 노동자들을 만났다. 오프라인에서 무료 법률 자문을 제공하고, 여성 노동자의 피해 신고를 접수받았다. 많은 여성 노동자가 자신이 당해온 성폭력 경험을 진술했다. 일자리를 잃을까 두려워했지만 하나같이 "더 이상은 참을 수 없다"며 분노했다.

앞서 말한 보고서에서 지엔자오부락은 몇 가지 사례를 소개했다. 남성 동료로부터 성폭력 피해를 당한 한 여성 노동자가 상급자에게 이를 알린 사건이 있었다. 그런데 몇 주 뒤 회사는 어처구니없는 처리 결과를 내놨다. 공장 안에 게시된 통지서에는 '어깨동무를 금지한다'고 쓰여 있었다. 이는 피해 여성이 거둔 작은 승리처럼 인식될지 모르겠지만, 모호하고 단편적이어서 근본적 해결이 될 수 없다. 사측이 여성 노동자가 겪는 성폭력 구조를 제대로 인식하지 못하고 있다는 걸 알 수 있다. 이와 같은 해결 방식은 여성이 성폭력 사건을 겪었을 때의 대처를 어렵게 만든다. 가해자에게 구두로 경고하거나 투서를 쓰는 등 대응을 시도할 수 있지만, 일터의 환경은 이미 여성에게 억압적이다. 특히 가해자가 상급 관리자라면 위계에 의한 강압적 분위기 때문에 저항과 폭로는 훨씬 곤란하다.

특히 직장 내 성폭력은 저임금으로 오랜 시간 일해야 하는 농민공에게 가중되어 있다. 2006년에 실시한 한 조사에 따르면, 여성은 남성에 비해 27.2퍼센트가량 적은 임금을 받는다. 남성 농민공의 평균 수입이 월 1,068위안(17만 6,000원)이라고 했을 때 여성 농민공은 777위안(12만 8,000원)에 그쳤다. 게다가 여성 농민공은 퇴근 뒤 가사노동 탓에 일상을 기록하거나 사회적 관계를 넓히거나 제도적 보호를 받을 권리조차 빼앗기고 있다. 따라서 지엔자오부락이나 녹색장미 같은 여성 농민공 지원 단체의 활동이 매우 중요하다.

이 단체들은 공장의 가부장적 문화를 어떻게 극복할 수 있을지 함께 모여 토론하는 공간을 확장해왔다. 그 결과 쑤저우(苏州)의 한 여성 노동자는 남성 엔지니어로부터 생산 라인에서 성희롱을 당했지만 전과 다른 상황을 마주할 수 있었다. 곁에 있는 동료 노동자들이 함께 항의했기 때문에 지치지 않고 싸울 용기를 얻었다. 폭스콘 여성 노동자들 역시 직장 내 성폭력을 멈추기 위해 반성폭력 선전 간판을 등에 지고 공장 안을 돌아다녔다. 많은 노동자가 인증 사진을 찍으며 지지했다.

여성 농민공 미투운동의 폭발적 잠재력 때문이었을까? 인터넷을 통해 직장 내 성폭력에 맞선 집단적인 운동을 촉구하는 글이 발표되자 당국은 통제에 나섰다. 투더우코뮌(土逗公社)*과 샤오메이리(削美丽)의 위챗 계정에 '여공 미투: 공단 지역은 '반성폭력 운동'의 불꽃으로 크게 불타올라야'라는 제목의 글이 게시된 지 몇 시간 만에 삭제됐고, 두 계정은 폭파됐다. 해당 페이지에는 "법률법규 위반으로 계정 사용이 정지됐다"는 메시지만 보일 뿐이었다.

2000년대 중국 여성운동의 짧은 역사

2000년대 이후 중국 여성운동을 이끌어온 사람은 뤼핀(吕频)이다. 뤼핀은 15살에 대학에 입학하고 31살에 간쑤성 장현(漳县)의 부현장을 역임한 입지전적 인물이다. 2008년 쓰촨대지진 때 재난 지역에서 홀대받는 여성의 처지를 연구해《재난 지역 여성의 요구와 권리(关注灾区妇女的需求和权利)》를 출판했다.

〈중국여성신문(中国妇女报)〉에서 일하던 1995년 뤼핀은 베이징에서 열린 제4차 세계여성대회에 참가한다. 이 자리는 뤼핀을 비롯한 여성 지식인에게 신선한 충격을 안겼다. 세계 곳곳에서 이어져온 여성운동의 실천과 이념, 구호를 접한 이들은 중국에서 이러한 페미니즘 실천이 필요하다고 생각해 이듬해인 1996년 여성미디어모니터링네트워크(妇女传媒监测网络)를 결성한다. 성차별 언론 보도에 대한 모니터링과 비평이 주요 활동 방향이었다.

뤼핀은 2004년 사직 뒤 프리랜서 활동가로 활약하다가 2009년 〈여권의 목소리(女权之声)〉를 설립한다. 이후 2018년까

* '공사(公社)'는 프랑스어 commune을 중국어에 맞게 의역한 단어로, 넓게는 최소 행정 단위를 뜻하지만, 좁게는 공산주의적인 대안 공동체를 뜻한다. 한국에서는 중국 현대사에 존재했던 '人民公社'를 '인민공사'로 번역하는데, 청년 활동가 조직인 이 단체의 색채를 더 잘 드러내기 위해 '코뮌'으로 표기했다.

89

지 약 9년 동안 〈여권의 목소리〉는 웨이보와 같은 소셜네트워크를 통해 왕성한 비평 활동을 벌인다. 중국에서 가장 영향력 있고 유일무이한 여성주의 대안 미디어였다고 해도 지나치지 않다. 특히 2015년 춘절 연휴 직후에는 중국 방송사들의 춘절 특집 프로그램이 여전히 여성차별적인 언어를 쏟아내고 있다고 비판해 큰 호응을 얻었다.

2011~2012년은 '영페미니스트행동파(青年女权主义行动派)'라 불리는 운동이 시작된 시기다. 2011년 7월 뤼핀을 비롯한 페미니스트들은 민간 여성운동센터 이위안코뮌(一元公社)을 설립해 시민 교육과 캠페인을 기획한다. 이곳은 최근 중국 사회를 떠들썩하게 했던 젊은 페미니즘 활동가의 산실이다. 여성에게 지극히 차별적이고 폭력적이었던 중국 사회에 깊은 실망감을 느낀 많은 젊은 여성이 이위안코뮌에 모여들었다. 중국 사회의 성차별과 가부장성에 어떻게 맞서 싸울지 막막했던 많은 20대 여성에게 페미니즘은 버티며 저항할 수 있는 무기가 됐다.

이위안코뮌은 2012년부터 베이징, 광저우를 비롯한 대도시의 영페미니스트를 위한 활동을 전개했다. 주로 인터넷에서 조직된 영페미니스트들은 공중화장실에서 여성화장실 줄이 길어질 수밖에 없는 문제를 환기시키기 위해 남자화장실 점령 퍼포먼스를 펼치고, 가정 폭력과 교육 불평등에 맞서 항의 시위를 벌였다. 이는 이전에 없던 높은 관심을 불러일으켰다.

광저우 뉴미디어여성네트워크 활동가 리스판(李思磐)에 따르면, 영페미니스트는 이전 세대 여성운동과 많은 부분에서 달랐다. 전 세대 여성이 정부와의 합작 사업에 더 높은 관심을 가졌던 것에 반해, 영페미니스트는 국가의 책임을 물었다. 전 세대가 여성 의제를 전국인민대표대회 안건으로 올리고 입법의 방식을 고민함으로써 중국공산당 간부의 관념을 바꾸는 문제에 관심을 기울였다면, 영페미니스트는 대중과 가까운 곳에서 미디어의 관심을 불러일으키는 운동 방식을 선호했다.

물론 두 세대가 단절되어 있진 않았다. 전 세대 선배들은 영페미니스트에게 여성주의라는 무기를 제공하는 스승이었다. 오늘날 중국 대학의 여성학 커리큘럼은 모두 전 세대 페미니스트들이 싸워 얻은 성과이다. 학문의 거점에서 각성해 페미니즘운동의 길에 들어선 영페미니스트는 앞 세대가 성취한 사상적 자원과 기금회 등의 물질적 자원을 활용하며 성장했다.

새로운 운동과 더불어 광범위한 문화도 만들어졌다. 바로 넷페미니즘이다. 이는 한국 등 세계 각국에서 비슷하게 나타나는 현상이다. 중국은 웨이보 같은 소셜미디어나 즈후(知乎), 바이두티에바(百度贴吧) 같은 지식·교양 사이트에서 활동이 이루어진다. 물론 한국과 중국의 넷페미니즘 형성 배경은 다르다. 한국은 사회운동의 퇴조 속에서 인터넷 커뮤니티 문화와 아이돌 팬덤 문화가 혼합돼 형성됐다면, 중국은 정치적 통제를 우회할 필요성 때문에 만들어졌다. 땅덩어리가 크고 지역별 문화 차이가 큰 탓도 있다.

하지만 이런 왕성한 활동은 당국의 탄압으로 위기를 맞는다. 2015년 3월 세계여성의날 하루 전 베이징과 광저우, 항저우 등에서 활동하던 리팅팅(李婷婷), 웨이팅팅(韦婷婷), 정추란(郑楚然), 우롱롱(武嵘嵘), 왕만(王曼) 등 5명의 여성운동가가 사회질서를 어지럽혔다는 혐의(寻衅滋事控罪: 사회질서혼란죄)로 체포됐다. 이들은 가부장제와 가정 폭력을 비판하고 중국 사회에 존재하는 남녀 불평등 현상, 동성애자에 대한 편견과 폭력에 맞서 다양한 퍼포먼스와 미디어 비평, 교육 등 왕성한 활동을 펼치고 있었다. 그해 여성의날에는 공공교통 내 성폭력을 규탄하는 캠페인을 준비 중이었다. 5명의 페미니스트가 체포됐을 때 마침 뤼핀은 유엔에서 열린 여성지위위원회 행사에 참석하고자 뉴욕에 체류하고 있었다. 그는 영페미니스트들의 배후조종자로 지목됐고, 경찰은 베이징에 있는 뤼핀의 집을 압수수색했다. 그 뒤 뤼핀은 고국으로 돌아올 수 없었다.

이 사건은 국제사회의 뜨거운 관심을 불러일으켰다. 서구의 페미니스트들과 정계 인사들이 중국 정부의 탄압을 강하게 비판했다. 힐러리 클린턴 미 국무장관과 바우어 유엔주재 미국대사 부부가 성명서 명단에 포함돼 있을 정도였다. 이런 국제적인 압력 덕분인지 5명의 활동가는 4개월 뒤인 7월, 재판을 통해 3년 연금 판결을 받고 석방된다. 리팅팅은 영국 〈BBC〉가 선정한 '2015년 100인의 여성'에, 정추란은 '2016년 100인의 여성'에 선정됐다.

뤼핀 역시 뉴욕에서 활동과 연구를 이어가고 있다. 2017년 초 그녀는 미국에 있는 중국인 청년 여성을 규합해 중국여권(中国女权: Chinese Feminism Collective)을 조직했다. 중국 여성주의 운동의 국제적 연대를 구축하겠다는 목적이었다. 창립

직후 워싱턴 D.C.에서 열린 여성행진(Women's March on Washington)에 함께했다. 비록 해외에서의 활동이지만 페미니스트 조직과 교육, 모금 등의 방식으로 중국 대륙의 여성주의 운동을 지원한다.

현재 중국 내 영페미니스트가 퍼포먼스를 비롯한 여성운동을 펼칠 공간은 거의 사라졌다. 2019년 10월, 31살의 독립 저널리스트이자 여성운동가 황쉐친(黃雪琴)은 광저우에서 사회질서혼란죄로 체포됐다. 2018년 중국에서 미투운동이 불붙은 이후 그는 이 운동을 지지하는 가장 유명한 인플루언서였다. 그는 여성 인권만이 아니라, 사회 불평등과 기업에 의한 환경오염 문제도 열심히 고발했다. 그러다가 2019년 홍콩에서 벌어지고 있던 범죄인송환조례개정(逃犯條例修訂草案) 반대 시위에 참가한 기록을 블로그에 게시했는데, 이게 빌미가 되어 체포됐다.

2018년 이후 중국의 민간 영역에서 나오는 목소리는 급격하게 위축됐다. 소셜미디어에서는 여전히 페미니즘이 유행으로 남아 있지만, 여성운동가 개개인은 심각한 탄압에 직면해 있다. 그들의 목소리는 금지되고 삭제되고 있다.

2018년 11월 말, 베이징노동자의집에서 열리는 베네수엘라 '볼리바리안 혁명'에 관한 강연을 들으러 피촌에 갔다. 이미 여러 번 갔던 터라 이때 마주한 피촌의 풍경은 꽤 익숙하고 편안했다. 야메이와 나 그리고 화산(华山)이라는 활동가까지 셋이서 산시풍 우육면을 파는 작은 식당에서 식사했다. 이런저런 이야기를 나누던 중 야메이는 최근의 우울함을 길게 토로했다.

그즈음 베이징대학 학생운동가들에 대한 탄압은 최고조였고, 피촌의 상황 역시 밝지 않았다. 이런 상황들이 야메이를 비롯한 청년 활동가들을 무기력에 빠지게 했다. 무엇보다 야메이를 힘들게 하는 것은 여성으로서 겪는 사회적 굴레, 그리고 이에 맞서 싸우는 페미니스트들이 겪는 당국의 탄압이었다. 베이징대학 위에신은 8월 말 선전에서 체포된 뒤 변호사 접견조차 불가능했고, 다른 페미니스트들의 활동은 크게 위축됐다.

《82년생 김지영》이 베스트셀러가 된 이유

미투운동 열풍이 세계를 휘감았을 때 중국 역시 예외가 아니었다. 대학과 예술·문학·언론계에서 잇따라 나온 미투운동은 중국 여성의 현실이 미국이나 한국 등 전 세계 여성이 겪는 현실과 그리 다르지 않다는 걸 증명했다. 《82년생 김지영》이 일본과 대만을 넘어 중국 대륙에서 널리 읽힌 이유다.

서울에 돌아와 1년이 지난 2020년 새해 첫날 베이징에서 가깝게 지내던 추광(楚狂)과 오랜만에 메시지를 주고받았다. 추광은 요즘 김애란 작가의 소설과 《82년생 김지영》 같은 번역서를 읽고 있다고 했다. 나는 추광에게 물었다.

'네 생각에 중국에서 왜 《82년생 김지영》이 인기인 것 같아?'

그러자 쾌활하면서 매사 진지한 추광이 긴 답을 보냈다.

'우선 동아시아 문화권은 유교 문화의 영향으로 남녀 불평등의 정도가 서양에 비해 상대적으로 심하잖아. 가부장제 모순뿐만이 아니겠지. 가부장제는 전통적인 대가족에 더 많고. 하지만 최근 중국엔 부부 중심의 핵가족이 압도적으로 많아졌어. 특히 1980~1990대생 부부의 경우엔 '김지영'의 보이지 않는 억압이 여전해.'

'맞아, 아무래도 그렇겠지?'

'김지영은 여성으로서 봄날의 번개처럼 목소리를 냈고, 더 많은 여성이 김지영을 지지함으로써 자기 감정을 표현했어. 대부분의 피해자는 자신을 표현할 능력조차 없잖아. 이 소설이 중국에서 인기를 끌고 있는 이유는 평등한 권리를 쟁취하고자 하는 여성들의 열망이 엄청 절박하기 때문인 것 같아. 아무튼 여성인 내가 생각하기에 보통 남성들과 선입견을 버리고 대화를 많이 하는 게 꼭 필요한 것 같아. 예를 들어 내 사촌동생은 나보다 3살 어리고 대학에 다니고 있어. 하지만 걘 내가 성차별로부터 겪는 심리적 위기를 전혀 이해 못 하더라고. 걘 경험하지 않았으니까 개의치 않는 거지. 사회와 가정에서 남자와 여자를 키우는 방식이 완전히 다르잖아.'

"봄날의 번개처럼"이라니. 추광은 항상 이렇게 시적으로 말한다. 나는 긴 설명에 고개가 끄덕여졌다. 이렇게 길고 상세하게 답할지 몰랐는데 솔직하게 얘기해줘 고마웠다. 베이징을 떠날 때 한국에서 요즘 페미니즘 열풍이 불고 있으니 다음에 돌아올 때 페미니즘 책과 굿즈를 가져다주겠다고 했는데, 약속을 못 지키고 있다. 몇 분 뒤 추광이 다시 말했다.

'근데 있잖아, 《82년생 김지영》이 중국에서 큰 반향을 일으키고 있긴 하지만, 사실 내가 놀랐던 건 한국의 일부 남성

네티즌이 악의적으로 항의한다는 얘기였어. 그 뉴스가 사실인지 모르겠지만, 중국에선 거의 나타나지 않는 현상이거든. 중국 남성들은 젠더 이슈에 별로 관심이 없고 대화도 거부해. 난 남성의 피해의식이란 게 뭔지 잘 모르겠어. 그렇게 경쟁할 문제인지도 모르겠고. 내가 이해할 수 있는 건 평등한 권리를 얻으려는 사람 모두가 밑바닥 사람들이라는 거야. 여성이 여성의 권리를 쟁취하면 남성이 자신의 권리를 빼앗기게 된다고 생각하는 대립적인 정서가 사회를 건강하지 못한 상황으로 몰아가는 것 같아. 동아시아는 상명하복 문화가 짙어서 사람들이 스스로 억압에 맞서 항거할 엄두를 내지 못하잖아. 물론 미디어가 암묵적으로 유도하는 것과도 연관이 있겠지.

최근 며칠 동안 중국에서 발생한 사건 가운데 이런 것이 있었어. 어떤 중환자 가족이 치료 실패의 탓을 의사한테 돌리면서 의사를 살해했거든. 그러자 많은 의사들이 의사에게 행패를 부리는 사람들을 엄벌해야 한다고 항의했어. 난 개인의 악행에 대해선 당연히 징벌이 필요하다고 생각하지만, 의사업계의 어려운 처지를 가족의 충동과 어리석음 탓으로 돌리는 건 잘못 같아. 사회 진보와 법률 개선을 이끌어내지 못하고 대립만 강화할 뿐이잖아. 대중 사회가 이렇게 타인에 대한 증오로 찢어발겨지고, 타인에 대한 사랑과 이해를 찾지 못하게 되는 것 같아서 걱정이야. 의사의 어려운 처지는 과연 환자 탓일까? 아니잖아. 구조적인 원인이 있잖아. 남성이 여성주의운동에 대해 감정이 격하다는 건 남성과 여성은 착취하고 착취당하는 관계라는 걸 증명할 뿐이야.'

'뒈이뒈이(저저: 맞아)!'

친구의 기나긴 이야기에 계속 '맞아!'만 반복했다. 한국이건 중국이건, 동아시아의 평범한 사람들은 '바닥을 향한 경주'에 빠져 있을 뿐이다. 모순을 정조준하는 화살은 보이지 않는다. 사회 비판적 목소리를 내기 어려운 분위기 속에서도 자신의 생각을 감추지 않고 계속 꺼내던 추광의 모습이 떠올랐다.

2020년 1월 17일, 페미니스트 황쉐친이 석방됐다는 소식이 들렸다. 석 달 만이었다. 한편으로 다행이라는 생각이 들면서, 다른 한편으로 여전히 감옥에 있는 100여 명의 청년과 노동운동가의 이름이 머릿속에서 떠나지 않았다. 그들은 누구이고 왜 잡혀갔나? 이제 그 사라진 사람들에 대해 이야기하려 한다.

자스커지 노동자들이 쏘아 올린 공

광둥성 선전시는 개혁개방 이후 가장 폭발적으로 성장한 도시
다. 2017년 기준, 인구 1,250만 명 가운데 약 800만 명은 호적
상 이곳 시민이 아니면서 상주하는 거류민이다. 그중에는 비
교적 소득이 높은 사무직 종사자가 있지만, 대부분 선전 외곽
에 즐비한 제조업 공장과 건설 현장 등에서 일하는 농민공이
다. 선전만이 아니다. 광둥성의 광저우, 포산, 둥관 등 제조 도
시가 몰려 있는 주장강 삼각주 지역(珠三角: 주삼각)의 수많은
공장에는 소위 신노동자들이 일하고 있다. 1978년 중국 개혁
개방의 시작은 이곳 주삼각에서 시작됐다. 일찌감치 해외 자
본에 시장을 개방하고 적극적으로 투자를 유치했다. 공장을
설립하기 쉽고 농민공의 유입으로 인건비를 낮출 수 있어서
제조업 자본의 천국이 됐다. 주삼각의 5,000만 명에 달하는 농
민공은 이런 지구적 착취의 적나라한 실태를 온몸으로 마주한
집단이다.

　미국의 노동사회학자 비버리 실버(Beverly J. Silver)는 1870

~1996년 영·미 언론에 보도된 노동자 쟁의 91,947건의 데이터베이스를 구축해 전 세계 노동운동의 유형과 이에 맞선 자본의 대응 유형을 분석했다. 그는 자본이 저임금을 찾아 공장을 옮겨 다니고 노동자를 "바닥을 향한 경주"로 내몰아간다는 전제를 쫓아, 그것이 노동운동에 어떤 영향을 미쳐왔는지 해석했다. 그리고 "자본이 가는 곳에 갈등이 따라간다"는 결론을 도출했다.

그 대표적 예가 20세기 자본주의의 총아 자동차산업이다. 1900년대 초 미국 디트로이트에서 시작된 자동차산업은 포드주의 대량 생산 시스템을 구축하면서 크게 팽창했고, 미국을 세계적인 제조 강국으로 끌어올리는 데 주요한 역할을 했다. 이와 동시에 노동자의 힘 역시 성장했다. 디트로이트의 자동차 공장에서 폭발적으로 성장한 미국 자동차노조(UAW: United Automobile Workers)는 1970년대까지 강력했던 미국 노동운동의 상징이었다. 하지만 자본 역시 이에 대응해 값싸고 쉽게 통제할 수 있는 노동자를 찾아 브라질이나 남아프리카공화국 등으로 공장을 옮긴다. 1980년대 이후 자동차산업이 디트로이트와 토리노를 거쳐 포트엘리자베스와 울산으로 이동할 때 노동운동 역시 이동했다. 1987년 여름 노동자대투쟁으로 폭발한 한국 민주노조 운동의 한복판에는 중소 제조업 공장과 현대자동차 등 대공장 노동자의 각성이 있었다. 비버리 실버에 따르면, 노동자운동은 "최종적 위기"를 마주하고 있지 않다. 더 저렴하게 착취가 이루어질 땅에서 산업과 착취, 저항은 반복될 것이다.

계급 전쟁의 다음 전쟁터는 중국 동부 연안이었다. 그중 주삼각은 착취를 위한 최적의 조건을 갖췄다. 홍콩이라는 서구 자본과 친한 금융·무역 도시가 한복판에 있고, 배후에는 일자리를 찾아 도시로 몰려드는 엄청난 수의 농민공이 있다.

농민공은 2010년대 폭발적으로 증가한 저항으로 세계의 주목을 받았다. 시작은 폭스콘 선전 공장에서 일어난 비극이었다. 2010년 1월 23일, 19살의 노동자 마샹치엔(马向前)이 기숙사 옥상에서 뛰어내려 목숨을 잃었다. 그해 11월까지 16~23살의 노동자 15명이 연달아 자살을 시도해 13명이 세상을 떠났다. 폭스콘의 끔찍한 노동 강도와 엄격한 통제, 매일 12시간 넘게 일해야 하는 장시간 노동이 빚은 참사였다. 엄밀히 말해 노동자는 연장 근로에 대한 선택권 자체가 없었다. 한 달 내내 연장 근무를 하느냐, 아니면 한 달 내내 단 하루도 연장 근무를 하지 않느냐 둘 중 하나를 택해야 했다. 연장 근무를 전혀 하지 않고 기본급만 받으면 생계 자체가 어려울 정도로 저임금이었다. 폭스콘 공장에서 일어난 연쇄 자살은 아이폰이라는 21세기 첨단 상품에 숨겨진 19세기식 노동의 진실을 드러냈다.

비슷한 시기 폭스콘 시티에서 130킬로미터 떨어진 난하이 혼다자동차부품제조유한공사 공장에서 대규모 파업이 일어났다. 혼다자동차의 변속기 모듈을 생산하는 이 공장은 주조, 기어, 알루미늄 가공, 축물, 조립 등 5개 공정으로 세분화되어 있었다. 그중 조립 라인에서 2년 넘게 일해온 탄즈칭(譚志清)은 낮은 임금과 열악한 노동 조건에 불만이 많았다. 1,510위안(25

만 원)의 월급에서 보험금을 제외하고 수중에 들어오는 돈은 1,211위안(20만 원)이었다. 방세, 통신비, 식비를 빼고 나면 456위안(7만 5,000원)밖에 남지 않았다. 생계가 어려울 정도로 적은 임금이었다.

탄즈칭은 3월부터 파업을 준비한다. 그에겐 아무 경험과 조직이 없었지만, 같은 후난성에서 온 고향 친구 20명을 설득해 함께하기로 한다. 동료들 앞에서 사표까지 쓰고 각오를 다진 탄즈칭은 자신이 앞장서 파업을 일으켜 고생하는 동료들의 복리 향상을 꾀하겠다고 결심한다. 회사 측이 올려준다고 약속했으나 여전히 제자리걸음인 임금에 대한 불만, 폭언이 오가는 작업장의 스트레스가 그 동력이었다.

그렇게 5월 17일이 됐다. 아침 7시 50분, 탄즈칭은 갑자기 조립 라인 긴급정지 버튼을 누르고 소리쳤다.

"임금이 이렇게 낮은데, 여러분은 뭘 위해 일합니까!"

그러자 순식간에 50여 명의 동료가 일을 멈추고 공장 밖으로 나섰다. 노동자들은 바로 옆 알루미늄 금형 라인과 압출 라인의 노동자들에게 동참을 호소했다. 하지만 아무도 나서지 않았다.

탄즈칭과 동료들은 공장 안 농구장에 모였다. 어떻게 해야 할지 골몰하던 이들은 공장의 실습생 인맥을 활용하기로 했다. 실습생들의 위챗 채팅방을 통해 파업 호소가 전파되자 수많은 실습생들이 하던 일을 멈추고 공장 밖으로 나왔다. 실습생 비중이 80퍼센트나 되는 조립 라인이 멈추면 공장 전체가 멈출 수밖에 없었다. 이처럼 중국이나 베트남의 노동자 파업은 어떤 법적 절차를 거쳐 획득한 쟁의권을 바탕으로 파업에 돌입하는 방식이 아니라, 몇몇 노동자의 파업 호소와 조업 정지를 거쳐 노동자들이 대거 공장 밖으로 뛰쳐나오는 방식으로 진행됐다.

난하이혼다 파업은 19일간 지속됐다. 이 과정에서 노동자들은 100개가 넘는 요구사항을 수합하고 종합해 임금 800위안 인상과 공회 노동자 대표 직접 선출을 요구했다. 지역공회 간부를 활용해 파업을 진압하려 했던 당국의 시도는 실패했고, 노동자들은 결국 승리했다. 정규직 월급 500위안(35퍼센트), 실습생 월급 634위안(70퍼센트)이 인상됐다.

굴지의 자동차 회사의 생산을 중단시킨 역사적 파업 소식이 인터넷을 통해 퍼졌다. 파업이라는 '유행'이 광둥성 연안의 공장 전역에 일어났다. 2010~2018년에 수많은 노동자가 이런 방식의 파업을 통해 임금 상승과 노동 조건 개선을 이루었고 공회 개혁을 위한 신호탄을 쏘았다.

더불어 이는 신세대 농민공의 존재를 알린 계기가 됐다. 앞 세대 농민공이 회사에 헌신적인 모습을 보였다면, 이들 신세대는 개인주의적이면서 평등과 권리 의식이 강했다. 신세대 농민공에게는 이전 세대가 갖고 있던 문화대혁명 시기의 저항에 대한 역사적 트라우마가 없었다. 2000년대 점진적으로 성장하기 시작해 2010년 이후 폭발적으로 성장한 연안의 노동자운동은 새로운 '저항 양식'을 만들어냈다.

그리고 이러한 저항을 조직하는 데 도움을 주거나, 농민공이 더욱 큰 힘을 발휘할 수 있도록 힘을 보태는 활동가 그룹도

성장했다. 바로 노동 NGO와 그 활동가들이다. 특히 선전은 홍콩과 다리 하나를 두고 맞닿아 있어 한동안 인근에서 수많은 노동 NGO가 왕성하게 활동했다. 이는 중국 사회를 변화시킬 희망의 단초였다. 가장 밑바닥에 있는 농민공이 정치적, 집단적으로 성장해야 그 사회를 변화시킬 대중적인 힘도 만들어지기 때문이다.

하지만 노동자운동이 정치적으로 성장하면 체제를 위협할지도 모른다고 인식하는 사람들이 생기기 마련이다. 시진핑 집권 뒤 중국 정부는 선전과 광저우 등에서 활약하던 노동 NGO들을 강하게 탄압하기 시작한다. 10여 년 동안 노동자 파업의 성과와 공회의 자정 노력으로 꽤 많은 공회가 건설됐지만, 노동 NGO 활동은 크게 위축됐다. 최근 몇 년간 공장들의 도산 위기와 더불어 정부가 노동자운동을 통제하고 노동자의 요구를 체제 안으로 포섭하기 위한 일련의 '개혁'을 하고 있기 때문이다. 하지만 공장에서 일어난 투쟁과 이후 연달아 발생한 사건들은 그와 같은 통제가 순탄치만은 않을 것임을 시사한다.

단지 사람답게 살고 싶었을 뿐

5월 12일, 나는 베이징에서 칭하이성 시닝(西宁)으로 향하는 녹색기차(绿色火车)에 올랐다. 녹색기차란 고속철도가 아닌 옛날 철도를 따라 달리는 기차를 말한다. 고속철도에 비해 훨씬 느리고 많은 역에 정차하기 때문에 장시간의 여정을 각오해야

베이징에서 칭하이성 시닝으로 향하는 기차 밖 새벽 풍경. 끝없이 펼쳐진 사막 같은 벌판 위로 승용차가 외롭게 달리고 있다.

한다. 시닝으로 향하는 길은 스물두 시간에 달했다. 낮 기차에 올라 동행한 인도네시아 친구들과 군것질, 카드게임, 잡담을 하며 맥주 한 캔씩 마시고 나니 어느덧 잘 시간이 되었다.

그렇게 하룻밤을 보내고 새벽 5시쯤, 산시성(陝西省) 서쪽 사막 어딘가를 달리고 있을 때였다. 이른 시간이라 모두들 자고 있었다. 나는 일찍 깨어나 창밖을 내다봤다. 해 뜨기 전 새벽녘의 어스름이 깔려 있었다. 반경 수백 킬로미터 안팎으로 아무런 인기척도 없는 벌판을 차 한 대가 달리고 있었다. 캄캄한 밤, 사막 위 어디로 가는 걸까? 이런 들판을 홀로 달리면 얼마나 지루하고 심심할까? 바로 옆 철길에 이렇게 기차라도 달리고 있으면 계속 쫓아가고 싶겠지?

아침이 되니 어느덧 기차는 간쑤성의 황색 사막 위를 달리고 있었다. 창가에 앉아 난생처음 서부 사막의 풍경을 보니 완전히 다른 세계에 왔다는 생각에 심장이 두근거렸다. 영화를 보듯 시간 가는 줄 몰랐다. 이내 도착 안내 방송이 들리고 낯선 사막 위의 도시에 도착했다.

내가 서쪽을 향해 한없이 달리던 그 시각, 대륙의 대각선 반대편 광둥성 선전시의 한 공장에서 중국 사회를 뒤흔든 작은 싸움이 시작되고 있었다. 자스커지유한공사 노동자들이 벌인 공회 설립 투쟁, 일명 '자스커지 투쟁'이다. 자스커지는 선전, 충칭, 청두 등 중국의 대도시에 공장을 두고 있는 선전주식시장 상장 기업이다. 2005년 설립 이후 공업용품인 용접기와 절단기를 생산하고 있으며, 용접플랜트 로봇자동화 연구개발에 주력하고 있다. 이 분야에서 세계 선두를 다툴 정도로 명성이 높으며, 한국에도 지사를 두고 있다. 2017년 기준 영업이익이 1억 4,400억 위안(237억 원)으로, 이는 전년 동기 대비 42.5퍼센트 증가한 수치다. 이런 성장 속도는 2019년까지 지속되다가 2020년 코로나 바이러스 대유행으로 한풀 꺾였다.

이 잘나가는 제조 기업 자스커지 선전 공장 관리자는 평소 휴식시간에 노동자의 공장 안 도보를 강제했다. 공장 안에서 관리자에 의한 구타와 폭언, 휴식시간 강제 벌칙 등 악습이 난무했다. 이곳에서 일하는 젊은 노동자들의 불만이 임계치에 다다르고 있었다. 참다못한 노동자 위쿼총(余浚聰)은 2018년 4월 위챗 모멘트에 이를 조롱하는 말을 적었다. 며칠 뒤 위쿼총은 관리자들에게 구타를 당하고, 이틀 뒤 저녁에 해고 통보를 받는다.

위쿼총과 동료들은 지역 공회 사무실로 찾아가 사측을 고발하는 투서를 넣었다. 상급공회 간부는 "공회를 건설하면 문제를 해결할 수 있다"고 친절히 안내해주었다. 이는 지난 20여 년간 계속된 광둥성의 다른 기업공회 설립과 유사하다. 가입 서명을 모아 공회 설립을 신고하면 사측은 상급공회의 중재로 노동자 요구를 어느 정도 수용하고 상황을 종료하는 식이다. 혼다자동차나 IBM의 경우에도 우발적인 대규모 행동이 먼저 벌어지고 인근 노동자들이 연쇄 시위를 일으키자, 당국은 분쟁을 확산시키지 않기 위해 요구를 적당히 수렴하고 타협안을 만들었다.

하지만 자스커지는 달랐다. 6월이 되자 사측 관리자가 선수를 친다. 소위 '노동자대표대회'라는 유사 공회, 우리로 따지면 '알박기 노조'를 만들어 사측에 친화적인 인물을 앉힌다. 이에 노동자들은 공회 가입서를 준비해 7월 12일 하루 만에 89명의 서명을 받는다. 그러자 사측은 이들이 서명을 조작했다며 탄압을 준비한다. 주말이 지나자 공회의 노동자 대표 류펑화(刘鹏华)가 사측의 타깃이 되어 괴한 둘에게 폭행을 당한다. 동료들이 경찰에 신고했지만, 경찰은 도리어 류펑화를 구금한다.

이 폭행 사건은 여론을 뜨겁게 달궜다. 공회 건설을 지지하는 많은 사람이 웨이보와 위챗에서 적극적으로 이 사실을 알렸고, 노동자들은 도심에서 선전 활동을 펼쳤다. 그러자 또 다른 노동자 대표 미지우핑(米久平)이 타깃이 됐다. 미지우핑이 상급공회 관료를 찾아가 요구한 성명이 거절당하자마자 경비들은 미지우핑을 공장 밖으로 내던졌다. 그리고 그날 미지우핑은 해고됐다. 켄 로치 영화에 나올 법한 일이었다.

며칠이 지난 7월 20일 아침 7시 40분, 노동자들은 정상 출근 투쟁을 시도하지만 10여 명의 경비원에게 제지당한다. 이들은 강렬하게 저항했고 몸싸움 끝에 공장 밖으로 쫓겨났다. 심지어 경찰은 백주대낮에 20여 명의 노동자를 폭행하고 연행했다. 노동자들은 공단 인근에서 일하는 아는 노동자들과 활동가들에게 도움을 요청하고 동료들이 연행된 옌쯔링(燕子岭) 파출소로 향했다. 억울하게 잡혀간 노동자들의 석방을 요구하기 위해서였다. 하지만 경찰은 이들마저 우악스럽게 끌고 갔다. 자스커지 투쟁이 크게 알려진 것은 이 즈음이다. 소셜네트워크를 통해 이들의 시위 영상이 전파됐고, 〈뉴욕타임스〉 등 외신이 보도했다.

광둥성 선전시 옌쯔링 파출소 앞에서 항의 시위하고 있는 자스커지 노동자
(출처: 자스커지노동자성원단 블로그).

이 여파 때문인지 다음 날 오후, 체포됐던 이들이 모두 풀려난다. 자신감을 얻은 노동자들은 22일 다시 파출소 앞으로 가서 공회 설립의 정당성을 외치고 불법적으로 자신들을 폭행하고 체포한 경찰의 처벌을 요구한다. 이때 〈단결은 우리의 힘(団結就是力量)〉을 부른다. 인민해방군이 한창 항일전쟁 중이던 1943년 여름에 만들어져 지금껏 불리는 노래로, 뭉쳐서 파시스트들과 맞서 싸우자는 노랫말을 담고 있다.

이제 자스커지 투쟁이 순탄치 않은 과정에 돌입했다는 것은 명확해 보였다. 상급공회는 노동자를 저버렸다. 그들은 노동자의 권리 증진을 위한 투쟁에 적극적인 노동자가 기업공회 리더가 되는 걸 원치 않았다. 보통 지역공회는 공장에서 파업이 발생하면 어느 정도 노동자의 편에 서지만 타결되면 모든 걸 통제하려 한다. 노동자의 자주적인 조직이라고 보기 어렵다. 자스커지 투쟁은 오늘날 공회 개혁이 현장 노동자의 대표성을 확보하기보다 체제 안정성 확보에 맞춰져 있다는 점, 급진적이고 민주적인 성향의 노동자 대표 선출을 꺼린다는 사실을 드러냈다.

7월 27일 오후, 30명의 노동자와 지지자가 시위 도중 다시 체포됐다. 풀려난 24명 가운데 6명이 사회질서혼란죄로 기소됐다. 대학생들이 가세한 건 그때부터다. 7월 29일 베이징과 톈진, 우한 등 각지에서 온 대학생들이 합류해 자스커지노동자성원단을 결성했다. 광저우에서 노동운동을 하던 션멍위(沈梦雨)는 이들을 대표해 핑산구 총서기에게 부치는 공개성명을 발표했다. 이들은 핑산구 청사 앞에서 성명을 낭독하고, 총서기에게 편지를 전달하겠다며 정부 청사 안으로 진입했다. 하지만 곧바로 15명이 체포됐고, 그날 밤 9시가 돼서야 풀려났다. 노동자들은 체포되어 있던 시간 동안 구타와 협박을 받았다고 폭로했다.

학생들은 저항을 멈추지 않았다. 베이징대학과 칭화대학 학생들은 일련의 과정을 폭로하며 정부 당국을 신랄하게 비판했다. 하지만 여전히 그 비판 대상을 평산구 정부나 이 지역 경찰로 한정했다. 이는 학생들이 지키려는 최소한의 마지노선 같은 것이었다. 이들은 2,000명 이상의 대학생 연서를 모아 '자스커지 사측의 악의적인 비방에 관한 성명(佳士科技关于恶意诽谤的严正声明)'을 발표했다. 언론 보도에 따르면, 7월 29일 20개 대학의 대학생들이 이 투쟁을 지지하는 서명운동에 동참했고, 베이징대학과 런민대학 등의 동아리들은 별도의 성명을 발표했다. 대학 교수들 역시 연대성명을 발표했다. 홍콩대학 푼 응아이(潘毅: Pun Ngai) 교수 등 100여 명의 학자가 연서에 동참했다. 이들은 "체포된 이들의 즉각적인 석방과 노동자들이 자주적으로 공회를 설립할 수 있는 권리를 보장하라"고 요구했다. 유토피아(乌有之乡)의 판징강(范景刚) 대표, 마오쩌둥 깃발네트워크(毛泽东旗帜网)의 스마이(时迈) 대표 등 좌파 인사들도 1,100명의 연대성명을 조직했다. 이들은 "자스커지 노동자들의 정의로운 투쟁을 지지한다"며, 선전 옌쯔링 당국이 "선진 노동자들과 함께 정의로운 일을 위해 분투해야 한다"고 주장했다.

지지와 연대의 흐름은 중국 바깥으로 이어졌다. 국제엠네

스티는 8월 1일 성명을 발표해 "노동자운동에 대한 탄압을 중단하고 노동자들의 결사 자유의 권리를 존중하라"고 밝혔다. 또 "시위에 참가한 이들이 국제적으로 공인하는 죄를 저지른 것이 아니라면 이들을 즉시 석방해야 한다"고 주장했다. 그리고 같은 날 홍콩의 민주노총 격인 직공맹(職工盟)과 사회민주주의 경향의 정당 사회민주연선(社民連), 노동운동 그룹인 가두노공조(街头劳工组: 길거리 노동자 모임) 등도 공동성명을 발표했다. 이들은 홍콩섬 북서쪽 사이완(西環)에서 중국공산당 연락판공실 청사까지 행진하며 "자스커지 노동자들의 투쟁을 지지한다"는 구호를 외쳤다. 그러면서 국제사회를 향해 대륙 노동자들의 투쟁과 그들이 독립 공회를 설립할 수 있는 권리를 획득하도록 지지하는 활동을 계속하자고 외쳤다. 행진이 끝나고 연락판공실 앞에 다다라 공개서한을 전달하려고 했지만, 판공실 측이 거부했다.

선전의 작은 공장에서 자주적이고 민주적인 공회를 만들고자 했던 노동자들의 바람과 달리, 사측과 지역공회는 서둘러 어용 공회 설립 공작을 시작했다. 8월 1일 사측은 "노동자들을 따뜻한 마음으로 품겠다"며 기만적인 통지를 발표했다. 바로 다음 날 광둥성 총공회, 선전시 공회, 핑산구 공회, 롱티엔가 지역공회 등의 간부들은 자스커지 공장으로 향했다. 그날 저녁 이들은 회사 안에 공회 준비팀을 만들고 핑산구 공회 부주석을 팀장으로 세웠다.

수개월이 지난 겨울 어느 날, 션위쉔과 천커신은 나와 만난 자리에서 당시의 기억을 떠올렸다. 그즈음 성원단 학생들은

선전시 롱화구에 위치한 룽광쇼핑몰 앞에서 자스커지 노동자들이 겪고 있는
탄압에 항의하고 시민을 향해 지지를 호소하는 성원단 소속 대학생들(출처:
자스커지노동자성원단 블로그).

선전시 바로 북쪽에 인접한 후이저우(惠州) 시내의 작은 건물에 머무르고 있었는데, 건물 밖에서 이들을 감시하는 경찰이 갑자기 눈에 띄게 늘었다고 한다. 건물주마저 당국의 위협을 받았는지 학생들에게 떠나달라고 요구했을 정도다. 물론 성원단은 거부했다.

당시 성원단원의 숫자는 계속 늘고 있었다. 베이징대학의 재학생 6명과 장친더(張勤德) 등 노령의 공산당원이 합류했다. 주요 멤버는 학생들이었지만, 당원 경력 30~40년이 넘는 노당원들도 이 싸움의 대열에 함께했다. 이들은 "정의로운 투쟁을 하다가 잡혀간 노동자들을 두고는 그 투쟁을 끝낼 수 없다"고 말했다.

일요일인 8월 5일 저녁, 성원단은 선전 도심으로 나가 전단을 뿌리며 시민에게 노동자들의 상황을 알렸다. 다음 날엔 다시 옌쯔링 파출소 앞으로 가 항의 시위를 벌였다. 시위 자리에서 장친더는 "반드시 노동자 계급과 함께, 자스커지 노동자들과 함께 진퇴를 정해야 하며, 이 투쟁을 끝까지 해나가야 한다"고 말했다. 그날 시위에 장친더만이 아니라 40명이 넘는 퇴직 간부가 함께했는데, 이들은 모두 유토피아라는 마오주의 좌파 조직의 회원이었다. 시위 참가자들은 '노동자들에겐 죄가 없다!', '공회 건설은 무죄다!' 같은 문구가 적힌 현수막을 펼쳐 들고 폭력을 행사한 폭력배를 엄벌해야 한다고 요구했다. 또 구속자들을 무조건 석방하라고 외쳤다.

이즈음 성원단은 개인 명의로 격문을 발표한다. '오늘날 정강산(井岡山)은 어디에 있는가?'라는 제목의 글에서 대학생 뤄총(洛崇)은 오늘날 정강산은 자스커지 공장이자, 르홍(日弘)*, 폭스콘 등 제조 도시 공단의 열악한 일터라고 말한다. 그러면서 광둥성 일대의 공장들에서 벌어지는 투쟁은 단순히 임금 인상이나 공장 이전에 따른 보상을 요구하는 경제 투쟁이 아니라, 기층 공회의 민주화를 요구하는 정치 투쟁이라고 강조한다. 그러니 "작은 불씨가 들판을 태울 수 있다(星星之火, 可以燎原)"는 점을 기억하고 함께 싸워 세계를 놀라게 하자고 호소한다.

여기서 정강산은 장시성과 후난성에 걸쳐 있는 나소 산맥 중부에 위치한다. 산세가 매우 험준하고 깎아지른 절벽으로 유명하다. 1927년 10월부터 1929년 1월까지 마오쩌둥은 1,500명 남짓의 패잔병을 이끌고 이 산을 지키며 유격전 전술로 싸웠다. 이후 1934년 국민당 군대의 공세에 밀리면서 9,600킬로미터의 대장정을 떠나는데, 그 기나긴 전쟁의 출발점이라 할 수 있다. 오늘날 중국공산당이 정통성의 근거지로 삼는 상징적인 장소이기 때문에 이른바 '홍색 관광지'로 유명하다.

싸움은 나쁜 방향으로 치달았다. 7월부터 한 달여간 투쟁에 나섰던 노동자들은 끔찍한 탄압에 직면했다. 체포됐던 30명의 노동자 중 16명은 풀려났지만 모두 감시당했다. 구치소에 갇힌 14명의 노동자 중 자스커지 노동자가 7명, 응원하기

---

* 일본계 자동차 부품 공장인 광저우르홍기전유한공사(广州日弘机电有限公司). 결성 초기 자스커지노동자성원단의 핵심 멤버이자 선봉 역할을 했던 여성 활동가 셴밍위가 일하던 공장이다. 셴밍위는 이곳에서 작은 싸움을 승리로 이끌며 현장 노동자를 조직하고 있었다.

위해 다른 공장에서 온 노동자가 7명이었는데, 이들은 하나같이 열악하기 짝이 없는 감방에 갇혀 있어야 했다. 9~10평 남짓의 방 안에 50여 명이 함께 있다 보니 제대로 앉아서 밥을 먹을 수조차 없었다.

표적은 청년들에게도 겨눠졌다. 8월 11일 저녁, 투쟁 초기부터 성원단 활동을 사실상 이끌어온 26살의 노동운동가 셴멍위가 신원이 불확실한 3명의 남자들에게 끌려갔다. 후이저우시의 다야만경제기술개발구(大亚湾经济技术开发区) 공안국은 "셴멍위가 저녁식사를 마친 뒤 부모님 차에 태워져 끌려갔다"며, "가정 내 갈등 때문이지 납치 같은 건 아니다"라고 밝혔다. 하지만 학생들은 믿지 않았다. 성원단장 위에신은 "정말로 멍위가 부모님에 의해 평화롭게 집에 간 거라면, 어째서 그 차를 쫓아간 우리들을 갑자기 막아버린 거죠?"라고 반문했다. 이상한 점은 셴멍위가 끌려간 길에 있던 CCTV 4대가 이 시점에 모두 고장 나 있었다는 것이다. 성원단은 셴멍위의 납치 의혹 사건을 지역 공안에 신고했다. 하지만 공안은 오히려 신고한 학생들을 범인 다루듯 심문했다. 셴멍위는 경찰에게 끌려갔을 가능성이 높아 보인다.

8월 13일 오후 베이징대학, 베이징어언대학, 베이징과기대학, 난징대학, 난징중의약대학 등의 학생 40여 명이 다시 모였다. 이들은 옌쯔링 파출소 근처의 광장에서 집회를 열고 "멍위를 돌려달라!", "성원단 동지들을 돌려달라!", "우리 노동자 동지들을 돌려달라!"는 구호를 외쳤다. 이들은 사태를 끔찍한 방향으로 몰아붙이는 관료를 "사회를 어둡게 하는 세력"이라고 지칭했지만, 다시 파출소 앞으로 향하진 못했다. 남은 학생들마저 체포될까 두려워서였다. 그렇지 않아도 학생들이 속한 일부 대학에선 학생들의 신원을 위협하고 있었다. 학생처 관료들은 "학교에 다시 다니기 어려울 수 있다", "졸업할 수 있겠니?"라며 협박했다.

8월 17일 장친더, 구정화(古正华), 왕쯔카이(王子恺) 등 마오주의자 51명은 이 사건을 "엄중한 정치 사건"이라 규정하며 광둥성과 선전시의 당위원회에 공개서한을 보냈다. 홍콩대학 푼웅아이 교수는 이날 〈BBC〉에 기고한 칼럼에서 "자스커지 투쟁이 중국 노동자운동의 새로운 장을 열고 있다"고 설명했다.

학생들은 광범하고 전국적인 여론을 확보하기 위해 노력했다. 이를테면 8월 18일 학생들은 전국 대학의 모든 마르크스주의학회와 시사 동아리, 사회과학 동아리 간 연락망을 구축하고 위챗에 그룹 채팅방을 만들었다. 그즈음 나도 여러 개의 채팅방에 초대되었다. 하지만 딱히 정치적인 토론을 하지 않았는데도 몇 시간 만에 바로 폐쇄돼버렸다. 이때부터 나는 이 투쟁에 복잡한 고민과 걱정이 들었다. 중국에서 위챗에 대한 감시가 일상적이긴 했지만, 이 정도면 실시간 감시에 가깝다고 느꼈다. 학생들은 다른 통로를 찾아야 했다.

다음 날인 19일 위에신은 시진핑 주석을 향해 공개서한을 발표했다. 이 편지에서 위에신은 자스커지 투쟁 상황을 설명하고 체포된 노동자와 학생을 석방시킬 것, 법에 근거해 공회를 건설할 수 있도록 할 것, 실종된 셴밍위에 대한 조사를 철저하게 할 것 등을 요구했다. 같은 날 홍콩 사회민주연선 등

116

시민사회 활동가 20여 명은 "셴멍위를 석방하라!", "공회 건설은 무죄다!", "구속된 자스커지 노동자를 석방하라!"와 같은 구호를 외치며 또다시 시위했다.

8월 20일 오후, 자스커지 사측은 '공회위원회'라는 유사 공회의 첫 번째 회의를 열고 대표자 9명을 선출했다. 물론 이들은 모두 사측과 친하거나 사측의 말을 잘 듣는 사람이었다.

한편 위에신의 신변이 위험하다는 신호가 감지되기 시작했다. 며칠 동안 위에신은 학부모를 사칭하며 스토킹하는 이들을 피해 다녀야 했다. 이들은 사실 국무원 공안부 산하 국내안전보위국 요원이었다. 위에신은 이들을 따돌리려 했지만 전방위적 감시와 통제는 점점 더 조여왔다. 위에신의 스마트폰이 해킹돼 쓸모없어졌고, 그의 위챗 계정은 폐쇄됐다.

그럼에도 학생들은 할 수 있는 모든 것을 계속하려 했다. 8월 22일과 23일, 베이징에 남아 있는 노동자들과 학생들은 선전에 있는 성원단을 지원하기 위해 전국총공회(全国总工会) 민원실을 찾았다. 또한 중국 최대 여성 조직인 중화전국부녀연합회(中华全国妇女联合会)를 찾아 청원서를 제출했다. 일말의 희망이라도 찾으려는 몸부림이었다. 실제 부녀연합회는 몇 년 전 있었던 페미니스트들에 대한 탄압에서 얼마간 그들의 편에 선 듯한 제스처를 보였으므로 전혀 기대가 없었던 건 아니다. 하지만 학생들은 두 조직으로부터 아무런 대답을 듣지 못했다. 두 조직은 정부 기관이나 중국공산당의 산하 조직은 아니었지만 독립적인 민간 조직이라고 할 수도 없었다. 시진핑 주석과 중국 정부는 이런 민간 조직들에 대한 장악력을 점차 넓히고 있었다.

한편 바깥과의 차단이 강화됐다. 홍콩 언론사 기자의 중국 대륙 입경이 금지됐고, 학생들과 인터뷰한 일본 언론사의 인터뷰 장비가 압수됐다. 당연히 이 언론 보도는 나오지 않았다.

청년 마오주의자들의 출현

앞서 등장한 '지지자들'에는 지역의 노동자만이 아니라, 학생 운동 출신의 지역 활동가도 포함돼 있었다. 이들은 자스커지 투쟁을 지금까지와 다른 양상으로 이끌었다. 이른바 '노학(노동자-학생)연대'가 공개적으로 드러나기 시작했다. 룽화구 경찰서 앞 시위와 대량 연행 이후 며칠이 지난 8월 3일, 후난성 창샤의 6개 대학 학생들이 연합성명을, 같은 날 오후 베이징과기대학 17명과 저장공업대학 7명이 항의성명을 발표했다. 그리고 이튿날 전국 20여 개 대학 동아리의 성명이 발표됐다.

학생들만 나선 건 아니다. 주하이시에 위치한 에이펙마이크로(珠海艾派克微电子) 공장 노동자들과 진폐증 산재 투쟁 중이던 노동자들, 산시성 전신 노동자들, 중국철도노동자연합회, 전국적인 국영기업 직공 해고 과정에서 투쟁했던 여러 모임 등이 공개적인 연대를 밝혔다. 마오주의-좌파 성향을 갖고 있는 노인 당원들도 각지에서 연대성명을 발표했다. 특히 허난성에서는 공산당원 222명이 시진핑 총서기와 당 중앙 정치국을 향해 구속된 노동자의 석방을 건의하는 성명을 발표했다.

하지만 앞서 확인했듯, 이들에게 돌아온 것은 당국의 가혹한 탄압이었다. 8월 24일 새벽 5시 광둥 경찰은 성원단원 50여명이 모여 있던 숙소를 급습해 모조리 연행했다. 같은 날 저녁 국영 뉴스통신사 〈신화통신〉은 "자스커지 노동자들이 '외부 세력'의 부채질로 투쟁을 벌였기 때문에" 이 학생들을 체포했다고 보도했다. 하지만 이 말을 믿을 사람이 얼마나 있을까? 한국에서 익숙하게 듣던 레퍼토리다. 2011년 김진숙이 한진중공업의 무책임한 구조조정과 대량 해고에 반발하며 영도조선소의 85호 크레인 위에 올랐을 때, 많은 시민이 희망버스를 타고 부산 영도로 모였다. 한국 정부와 한진중공업은 "외부 세력의 부당한 개입"이라고 비난했다. 자발적인 사회 연대에 외부 세력이라는 프레임을 덮어씌우는 행동에는 운동을 고립시키고 동시에 정치적인 쟁점으로 떠오르는 걸 막으려는 의도가 있다. 〈신화통신〉 보도 역시 그런 한계 안에 있었다. 광둥성의 공장 지대, 특히 선전시에서 날이 갈수록 점화되는 노동자 쟁의의 파도는 정권의 안정성을 위협할 수 있었다. 정권과 자본 입장에서 안정이 위협되면 농민공의 임금이 오를 수밖에 없다. 그것은 자본의 이윤 획득에 저해된다.

체포된 학생들은 다행히 풀려났다. 이들은 모두 스마트폰을 빼앗기고 강제로 고향과 학교로 돌려보내졌다. 하지만 학생들의 대표 격인 베이징대학 석사 과정의 위에신은 구속됐다. 불과 5개월 전 성폭력 피해자의 억울함과 가해 교수의 처벌을 탄원했던 바로 그 학생이다. 이른 봄 미투운동의 최전선에 섰던 위에신은 여름에는 남쪽으로 내려가 노학연대의 새로운 전례를 만들어냈다.

진압일로부터 사흘이 지난 8월 27일, 베이징대학 졸업생 장성예(张圣业)가 8월 24일 진압 사건의 진상을 기록한 글을 발표했다. 8월 30일에는 런민대학 재학생 천커신이 '흑악 세력의 후안무치한 반동은 그들 자신을 소멸시킬 것이다'라는 제목의 글을 발표했다. 천커신은 런민대학 경제과 15학번 학생으로 신광평민발전협회(新光平民发展协会)라는 마르크스주의 학회의 리더다. 항상 진지하고 용기가 넘치는 모습으로 사람들에게 자신의 주장을 말하곤 했다. 내가 천커신의 존재를 알게 된 것이 이때였다.

당국은 이 소동 또는 전쟁을 가만히 두고 보지 않았다. 아마 윗선에서는 이 기회에 자스커지 사건과 관련한 모든 논란 요소를 정리하리라 결심했을 것이다. 당연히 그것은 '해결'이 아닌 '삭제'의 과정으로 귀결되었다. 일주일쯤 지난 9월 2일 저녁, 장성예는 허난성 싼먼샤(三门峡)시에 있는 〈중국노동자네트워크(中国工人网)〉 편집장 장야오주(张耀祖)의 집에 머물고 있었다. 그런데 갑자기 들이닥친 경찰에게 강제 연행됐다. 다음 날 선전에서는 공회 설립을 추진한 자스커지 노동자 류펑화가 체포됐고, 미지우핑, 위쥔총(余浚聪), 리잔(李展)은 가택연금됐다.

9월 9일 10여 명의 자스커지 노동자 대표와 성원단 학생들은 후난성 샤오산(韶山)의 '마오쩌둥 동지 고택(毛泽东同志故居)'에 가서 참배했다. 마오쩌둥 동상이 세워진 광장에 서서 현수막을 펼쳐 구호를 외치고 동상 앞에 헌화한 뒤 다같이 〈인터내셔널가〉를 불렀다. 경찰 당국은 불법 시위라고 여겼는지 이들을 체포해버렸다. 아마 한국에서 누군가 전태일 동상에 헌화하고 그 앞에서 〈인터내셔널가〉를 제창했다면 아무도 대수롭지 않게 여겼을 것이다. 하지만 오늘날 중국에서 마오쩌둥을 매개로 이뤄지는 행동은 아무리 사소할지언정 정치적으로 여겨진다. 특히 선전에서의 투쟁으로 당국의 집중적 감시를 받는 학생 및 활동가들의 행동은 더욱 그렇게 여겨졌을 것이다. 마오주의자를 탄압하는 중국공산당이라니. 아이러니의 연속이었다.

동아리, 존폐 위기에 내몰리다

위에신 체포는 탄압의 서막에 불과했다. 위에신을 잃고 베이징으로 돌아온 학생들이 가장 처음 맞은 위기는 동아리의 존폐였다. 개강을 맞이해 학교로 돌아온 학생들은 자신이 소속된 동아리의 재등록이 불허되는 상황을 마주했다. 중국 대학에서는 학기마다 심사를 통과해야 공개적인 동아리 활동을 할수 있다. 이때 동아리마다 지도교수를 초청해야 하는데, 학교 당국은 이 점을 악용해 동아리 길들이기 공작을 펼쳤다.

가장 드라마틱한 위기를 맞은 건 베이징대학 마르크스주의학회다. 9월 20일, 이전 학기까지 지도교수를 맡았던 교수가 등록 직전 느닷없이 "더 이상 지도교수 자리를 맡을 수 없다"고 선언했다. 말썽꾸러기 학생운동 그룹의 활동을 멈추게 하려는 학교 당국의 속셈이었다. 학생들은 사방팔방 뛰어다니며 지도교수를 찾았다. 하지만 중국 최고의 명문대학, 수많은 석학이 있는 그곳에서 아무도 나서지 않았다. 그러다 등록 마감이 불과 이틀 남은 때 어렵사리 역사과의 한 교수를 지도교수로 초빙하는 데 성공했다. 학생들은 안도의 숨을 내쉬었다. 그러자 학교 당국은 "당위원회가 지정한 지도교수가 아니면 재등록할 수 없다"고 통보했다. 모든 과정이 '귀에 걸면 귀걸이, 코에 걸면 코걸이'식으로 부조리하게 진행됐다. 난징대학의 마르크스주의열독연구회, 베이징어언대학의 신신청년, 런민대학의 신광평민발전협회 등도 비슷한 위기를 맞닥뜨렸다.

9월 한 달 베이징의 학생운동가들은 혼란 속에서 시간을 보내야 했다. 잡혀간 친구의 소식은 들리지 않았고, 동아리는 점점 고립됐다. 캠퍼스에선 음모론까지 퍼져 여론이 점차 악화됐다. 이를테면 '학교 당국에선 잘 대해주려고 했는데 학생들이 일부러 말썽만 일으킨다'는 식이었다.

웨이잉도 베이징대학에 다니는 친구에게 짜증 섞인 얘기를 들었다고 했다.

"걔네들 좀 이상해. 왜 그런 방식으로 싸우는 거야? 아무도 걔네들 말에 공감하지 않아."

낯설지 않다. 한국에서 학생운동이 점차 대학 안 소수파로 몰락할 때 그런 비난들로 포위되는 시기가 있었다.

9월 셋째 주 월요일, 베이징대학 마르크스주의학회는 간신히 재등록에 성공한다. 적어도 이번 한 학기 동안 아무런 외부 활동을 하지 않겠다고 암묵적으로 약속했다는 이야기가 들렸다. 어떤 활동가들은 그것을 안타깝게 여겼지만, 나는 그렇게라도 유지하는 게 그나마 낫지 않을까 싶었다. 목숨 걸고 싸운다고 해서 당장 모든 것을 뒤바꿀 수 있는 것도 아닌데 상황을 벼랑 끝으로 몰아가선 안 되기 때문이다.

아마도 10년쯤 전이었다면 나 역시 그 반대로 판단했을지 모르겠다. 옳음을 굽힐 수 없으니 패배하더라도 밀어붙여야 한다고 생각하던 그때는 패배의 끔찍한 결말을 알지 못했다. 하지만 삼성 하청 노동자들의 지난하고 고통스러운 투쟁을 경험한 뒤 생각이 바뀌었다. 어쩌면 타협이라 비난받을지 모르겠지만, 사회 환경과 대중의 인식이라는 객관적인 조건을 냉정하게 받아들일 수 있어야 '뭇 없는 이들'이 더 크게 성장할 수 있다고 여긴다.

동아리 존폐 위기를 넘긴 뒤에도 베이징대학의 학생운동가들은 백척간두에 선 것만 같은 나날을 보내야 했다. 체포된 위에신은 여전히 감감무소식이었고, 동아리의 안정적 활동은 보장되지 않았다. 책에서 벗어나 이제 막 엄혹한 현실의 투쟁을 마주한 혁명가들, 20~23살 청년들이 감당하기에는 너무나 어려운 시험이었다.

'마르크스는 옳았다'며?

베이징에서 카를 마르크스라는 상징과 마주치는 건 그리 어렵지 않다. 마르크스를 마극사(马克思)로 표기하는 까닭은 이것의 중국어 발음이 원음에 가까워서다. 시진핑 주석의 지시로 마르크스주의 학습이 강조되고, 대학 캠퍼스를 중심으로 곳곳에 카를 마르크스와 프리드리히 엥겔스 흉상이 세워지고 있다. 내가 자주 가는 건물에도 지난 5월 마르크스와 엥겔스의 전신 동상이 들어섰다. 건물 7층 복도에 서 있는 이 동상은 마르크스의 생일을 맞아 치러진 여러 기념사업 중 하나였다.

동상 제막 다음 날, 직접 확인하러 현장을 찾아갔다. 금지가 아닌 데다 대놓고 홍보한 상징물이었음에도 왠지 모르게 조용히 찾아가야 할 것 같았다. 하지만 나는 아무 감흥을 느끼지 못했다. 캠퍼스 안에 동상이 생겼다는 걸 아는 사람은 거의 없을 것이다. 아마 마르크스주의학원 관료와 학생 당원이 전부일 것이다. 나로서는 이곳의 마르크스주의 보급이 얼마나 유의미하게 이뤄지고 있는지 완벽하게 알기 어렵다. 공산당원이라면 의

무적으로 교육이 이뤄질 테고, 학부생이라면 토요일마다 마르크스주의 수업을 받아야 한다는 점 정도를 알 뿐이다.

2018년 봄, 나는 펑청과 자주 점심 식사를 하거나 커피를 마셨다. 펑청은 후난성 출신의 21살 고학생이다. 생활비를 스스로 벌어야 해서 시급 7위안(1,150원)짜리 아르바이트를 마다하지 않는다. 하루는 펑청이 내게 말했다. 마르크스주의 과목의 기말고사를 앞두고 있는데 외울 게 너무 많아 스트레스 받는다고. 짐작건대 우리로 치면 일종의 윤리 과목처럼 여기지 않았을까? 어린 시절 내게 윤리 교과서는 성현들의 말씀이 가득한 책이었음에도 내 삶에 눈곱만큼의 감흥과 가르침도 주지 않는 옛날이야기일 뿐이었다. 중국인 친구들이 시험공부 이외에 마르크스주의를 언급하는 걸 단 한 번도 들어본 적 없다.

중국에서 마르크스주의 학습은 마르크스 원전을 중심으로 이뤄지지 않는다. 오히려 중국공산당이 마르크스주의를 수용하는 독특한 변용에 맞춰져 있다. 요컨대 덩샤오핑 이후 추진되어온 사회주의 현대화, 장쩌민의 3개 대표 노선, 그리고 최근 시진핑이 주창하고 있는 신시대 사상 등 일련의 '중국 특색 사회주의'를 일컫는다. 단계론*에 입각한 이 노선들은 대약진

---

* 현실사회주의의 가장 큰 오류는 사회변혁의 과정을 게임에서 스테이지를 깨나가는 과정처럼 '단계론적인 구조'로 이해했다는 데 있다. 가령 마오쩌둥은 사회주의 혁명 과정을 '낮은 단계의 공산주의'(프롤레타리아 독재)와 '완숙한 공산주의'로 나누어 설명했고, 1980년대 초, 당시 중국공산당 총서기 자오쯔양(趙紫陽)은 사회주의 초급 단계론을 통해 당분간 자본주의를 충분히 발전시킨 뒤 사회주의로 넘어가야 한다고 주장했다.

중국공산당 중앙선전부 이론국과 장쑤성 당위원회 선전부, 장쑤성 위성TV
가 공동 제작한 '마르크스는 옳았다'의 한 장면.

운동과 문화혁명 등 현대 중국이 거쳐온 여러 부침이 낳은 폐해를 바탕에 두고 있다. 하지만 그 역시 역사의 필연성을 전제로 하기 때문에 교조적인 한계를 드러낼 수밖에 없다. 중국공산당은 개혁개방 이후 중국이 사회주의 초급 단계를 보내고 있다고 규정했는데, 이런 전제에서는 사회적으로 발생하는 갖가지 모순을 역사 흐름에서 어쩔 수 없이 지나 보내야 하는 부스러기 같은 것으로 취급하기 쉽다. 하지만 중국의 마르크스주의 수용은 여전히 이런 국정교과서적 정의를 벗어나지 않는다.

그해 중국에서는 마르크스 탄생 200주년을 맞아 각양각색의 기념 행사와 콘텐츠가 쏟아져 나왔다. 국영방송 〈CCTV〉는 4월 27일~5월 1일 매일 저녁 9시 '마르크스는 옳았다(马克思是对的)'라는 제목의 강좌를 편성했다. 이 프로그램은 선별된 청중과 관변 마르크스주의 학자의 대화로 이뤄졌는데, 중국의 많은 네티즌이 이 프로그램 속의 동원된 박수와 질의, 낯선 대화에 의문을 드러냈다. 한 네티즌은 이렇게 썼다. "마르크스 이념에서 가장 중요한 건 '모든 것을 의심하는 것'인데, 이 프로그램은 죄다 마르크스를 우상화하더라. 마르크스가 가장 반대했던 건 개인숭배 아닌가?"

5월 4일에는 인민대회당에서 마르크스 탄생 200주년 기념식이 열렸다. 시진핑 국가주석과 리커창(李克强) 총리 등 정부 지도자들이 거대한 마르크스 사진이 걸린 무대 위에 올랐다. 시진핑 주석은 "마르크스는 천년 제일의 사상가"라면서, "공산당원이라면 마르크스주의 경전을 읽으며 마르크스 원리를 깨

중국공산당 선전부 이론국과 내몽골자치구 당위원회 선전부가 공동 기획하
고 만화가 리추차오(李楚朝)를 비롯한 웨이밍문화미디어(未名文化传媒), 톈진
애니메이션센터(天津动漫堂)가 제작한 7편짜리 애니메이션 시리즈 〈영풍자〉
의 한 장면. 제목을 직역하면 '바람을 일으킨 사람'이란 뜻이다.

닫는 것을 생활 습관으로 삼아야 한다"고 말했다.

이튿날 5월 5일, 마르크스의 고향 독일 트리어에서 생일 파티가 열렸다. 4,000여 명이 몰린 행사에서 트리어시는 로마 시대에 세워진 '포르타 니그라(Porta Nigra: 검은 문)' 바로 옆에서 중국 정부가 선물한 높이 5.5미터, 무게 2.3톤의 마르크스 동상 제막식을 거행했다. 일각에서 이는 마르크스를 상품화하는 것이라고 비판했고, 반대편에서는 과거로의 회귀라고 비난했다. 하지만 트리어시는 중국 정부의 동상 기부를 선뜻 수용했다. 시정부가 마을의 풍경과 조화를 이루지 못하는 이 거대한 동상을 받아들인 이유는 과거에 비해 소비력이 월등히 높아진 중국인 관광객을 유치할 수 있으리란 기대 때문이었다. 반면 중국 정부가 많은 돈을 들여 동상을 기부한 이유는 중국의 통치 이념을 마르크스의 출생지에 자랑하고 세계 2대 강국으로 부상한 중국의 국력을 뽐내기 위해서였다. 마르크스주의와 무관한 동상이몽이 이룬 아이러니다. 캠퍼스에서 내가 마주한 마르크스·엥겔스 동상은 그해 봄 중국 곳곳에 세워진 수많은 동상들 중 하나였다.

다른 무엇보다 사람들의 이목을 끈 콘텐츠는 마르크스의 청년 시절을 다룬 애니메이션 시리즈 〈영풍자(领风者)〉였다. 마르크스를 순정만화 꽃미남처럼 그린 점이 사람들에게 생경하게 다가왔다. 마르크스의 외모를 아름답게 표현하는 것이 무오류의 열정적 청년으로 묘사하는 것과 등치는 아닐 텐데 좀처럼 이해되지 않았다. 우상화가 불러온 이념적인 오류는 물론이거니와 애니메이션 서사 속에 어떤 갈등과 좌절도 보이지 않아서 흥미를 느낄 수 없었다.

중국 사회를 과연 사회주의라고 부를 수 있는지, 혹은 완전히 자본주의에 다름 아닌지는 여전히 논란거리다. 자유주의 칼럼니스트 캐리 황(Cary Huang)은 이렇게 말한다. "오늘날 중국은 자본주의 사회의 많은 특징을 갖고 있는데, 국가가 시장을 규제하는 일종의 당 주도 자본주의 사회다. (······) 부패는 구조화되어 있고 불평등이 만연하다. 이 국가자본주의에서 부의 불평등은 볼썽사납고, 찰스 디킨스식의 착취는 흔하며, 세계 최대 경제 규모를 가진 미국보다 억만장자의 수도 훨씬 더 많다. 이것은 바로 1848년 출간된《공산당 선언》에서 카를 마르크스와 프리드리히 엥겔스가 전복시켜야 한다고 말했던 정치경제 시스템의 일종이다."

중국 사회의 성격을 둘러싼 논의에 무수한 쟁점이 있다. 많은 학자가 지금의 중국은 사회주의보다 자본주의에 가깝다고 말한다. 2018년 세계에서 10억 달러 이상을 소유한 부자 2,694명 중 중국인은 819명이었다. 소득 분배에 따른 불평등 지수는 0.468에 달했다. 한국이 0.317인 것에 비하면 월등히 높은 수치다.

이런 상황에서 중국공산당은 사회주의 혁명을 이끌기보다 집정(执政: 한 나라를 통치하는 행위)과 체제 안정 역할에 충실하고 있다. 문화혁명 초기와 같은 특정 시기를 제외하고, 아래로부터 운동을 독려하는 것이 아니라 억압하는 일에 더 큰 관심을 기울인다. 이런 강력한 집정력은 개혁개방 이후 중국을 세계적인 경제 강국으로 만드는 데 큰 힘을 발휘해왔다. 연중 최대 정치 행사인 양회(전국인민대표대회와 전국정치협상회의)에 참석한 5,000여 명의 지도자 중 재산이 20억 위안(3,300억 원)이 넘는 사람은 152명에 달했다. 2018년 중국공산당은 '개혁개방 영웅' 명단을 발표했는데, 그중 맨 윗자리를 노동자가 아닌 중국에서 가장 돈이 많은 자본가 마윈(马云)이 차지했다. 당시 마윈의 재산은 382억 달러(47조 원)에 달했다. 불과 2년이 지난 2020년 말에는 583억 달러(72조 원)로 늘어났다.

오늘날 중국에 대한 생각은 다양하다. 어떤 입장을 갖고 있느냐에 따라 다르게 평가한다. 서구 자유주의 시선의 비판이 있는가 하면, 한국이나 베트남 등 주변 국가의 비판이 있다. 사회운동적 비판 역시 존재하는데, 중국공산당이 노동자 계급과 혁명을 배반하고 중국을 소수의 권력자를 위한 세상으로 재편해왔다는 것이다. 하지만 중요한 점은 중국의 오늘을 그저 개혁개방이나 공산당 집정을 물리치면 되는 대상으로 여기는 것이 아니라, 중국 사회와 중국공산당이 처한 모순을 역사적이고 동시대적인 관점으로 관찰하고 그 대안을 면밀히 모색하는 것에 있다. 중국공산당이 마주한 복잡다단한 모순을 하나의 대안이나 비판으로 돌파 가능하다고 말하기는 매우 어렵다. 단순한 구도로 이야기하는 것은 세계 자본주의 시스템의 G2로 등극한 중국 정부가 사회주의를 이야기하는 것만큼이나 속임수에 가깝다.

마르크스를 찾는 공산당원들

6월 초, 24살 청년 활동가 쉐린과 함께 〈마르크스 탄생 200주년 기념 전시〉를 보러 갔다. 평소 쉐린을 만나기 쉽지 않았는데 이날은 여유로웠다. 쉐린이 그동안 하던 일을 관두고 백수가 됐기 때문이다. 비영리 조직에서 일하던 쉐린은 윗선 간부의 끊임없는 감시와 간섭에 넌덜머리가 났다고 한다. 그 간부는 매사 불만이 많은 쉐린이 어딘가 수상하다 생각했고, 애국자가 아니라고 여겼다.

확실히 쉐린은 평범한 '중국 청년'은 아니다. 동성애자의 권리를 당당하게 주장하고, 공공연히 중국 사회를 비판했으며, 최근 심심치 않게 발생하는 노동자들의 파업 소식을 소셜 미디어에 공유했다. 사회에 대한 자신의 비판적인 생각을 활발하게 개진하는 '의심하는 청년'이었다. 이런 모난 행동이 누군가에게 눈엣가시로 느껴졌을 것이다.

〈마르크스 탄생 200주년 기념 전시〉는 베이징 톈안먼(天安門)광장 동편에 있는 중국국가박물관에서 열리고 있었다. 베이징에서 가장 큰 박물관이다. 이 전시는 4월에 시작해 8월 6일에 폐막했는데, 주말이면 단체로 온 홍색 관광객들로 성황을 이뤘다. 치엔먼(前門)역에서 내려 밖으로 나오니 톈안먼광장이 눈앞에 펼쳐졌다. 멀찌감치 마오쩌둥 동상이 보였지만 별 감흥이 없었다. 저 안에는 40년이 지난 마오쩌둥 미라가 있을 것이다. 마오쩌뚱은 원치 않은 미라 신세를 어떻게 생각할까?

나는 박물관 입구를 찾느라 정신이 없었다. 본래 국가박물관은 주말이 아니라도 방문객으로 북적인다. 베이징의 다른 관광명소들과 달리 외국인 관광객은 적지만, 내국인 방문객이 엄청 많다. 내가 간 날은 가만히 서 있어도 5초 만에 땀이 줄줄 흐를 정도로 더운 날이었다. 인파를 뚫고 톈안먼광장 입구의 검사대를 통과해 200미터 정도 걸어가니 앞선 인파의 10배가 넘는 사람들이 박물관 앞에 줄지어 서 있었다. 한 시간쯤 기다리고서야 마침내 박물관 안으로 들어갈 수 있었다. 여전히 사람은 쏟아질 듯 많았다. 평일 대낮이라고는 믿기지 않았다. 대부분 단체로 방문한 것처럼 보였는데, 유난히 유니폼을 입은 사람들이나 공산당원 배지를 달고 있는 사람들이 많았다. 아마 조직 차원에서 이곳을 찾은 사람들인 것 같았다. 이들은 대체로 단체사진 찍는 일에 몰두했다. 인증샷을 찍어 보고라도 해야 하나?

이 박물관은 정말 거대한 규모를 자랑한다. 중국의 모든 것이 거대하긴 하지만, 가 본 박물관 가운데 가장 컸다. 물어물어 마르크스 전시회가 열리는 공간 입구에 도착하니 쉐린이 약속대로 거대한 마르크스·엥겔스 동상 앞에 서 있었다.

전시는 3개 구역으로 나뉘어 있었다. 1구역엔 국제 공산주의 운동의 주요 장면 속에 위치한 마르크스의 생애와 저작을, 2구역엔 마르크스의 삶을 그린 미술 작품을 소개하고 있었다. 마지막으로 3구역엔 중국의 마르크스 수용사를 소개하고 있었다. 전시는 마르크스 생전의 출판물, 관련 사진과 영상, 회화와 판화 등 미술 작품, 그리고 전시 내용을 설명하는 그래프와 도판 디스플레이로 이뤄져 있었다. 출판물을 제외하면 대부분

〈마르크스 탄생 200주년 기념 전시〉를 찾은 단체 관람객과 벽에 걸린 마르크스 생애 삽화를 해설하고 있는 큐레이터.

중국에서 그린 그림이 많았다. 마르크스의 삶이나 국제 공산주의 운동사의 주요 장면을 그린 것들이었는데, 어떤 그림은 웅장하고 멋있었지만 어떤 그림은 조야했다. 중국식 전통 화풍으로 그린 그림이 있었고, 마르크스를 아이돌처럼 그린 그림도 있었다.

단체 관광객 대부분은 큐레이터의 설명을 들으며 전시를 관람했다. 공산당원, 경찰, 군인 등 다양한 그룹이었는데 대체로 큐레이터의 말을 묵묵히 들었다. 나는 전시 공간을 가득 채운 이 풍경이 어색하게 느껴졌다. 9,000만 명에 달한다는 중국 공산당원이 이런 사람들이구나, 하는 생각이 들었다. 이들은 작은 농촌 마을부터 세계적인 기업에 이르기까지 중국 대륙 곳곳의 크고 작은 조직에서 골간에 위치한다. 중국 사회의 안정성을 지키는 힘은 바로 이 당원들에게서 나온다. 나는 느닷없이 쉐린에게 물었다.

"이 중에서 마르크스주의자는 얼마나 될까? 있긴 할까? 이들은 〈마르크스 탄생 200주년 기념 전시〉와 사회 모순 사이의 간극을 어떻게 생각할까?"

내 질문이 너무 순진했을까. 쉐린은 웃기만 했다.

두 번째 전시 구역의 풍경은 특히 어색했다. 거대한 폭의 그림을 지키는 보안 노동자들 때문이었다. 시꺼먼 얼굴로 고개를 푹 숙이고 그림 사이를 왔다 갔다 하는 그들의 표정은 활기차게 웃고 떠들며 단체사진을 찍는 공산당원들과 달랐다. 마르크스가 제1인터내셔널(국제노동자협회)로 짐작되는 회의장에서 연설하는 모습을 그린 거대한 그림 앞에 오랫동안 서

1864년부터 1876년까지 지속된 제1인터내셔널에서 마르크스는 결성 선언문을 작성하는 등 열성적으로 참여했다. 전시회에 걸린 이 삽화는 당시 마르크스의 모습을 중국 작가가 묘사한 것이다. 왔다 갔다 하며 이 그림을 하루 종일 지키는 저 사람은 아마 임시직 노동자일 것이다.

있던 쉐린이 내게 다가와 속삭였다.

"저 보안원들은 다 임시직일 거야."

아마 쉐린의 말이 맞을 것이다. 중국 사회를 덮고 있는 큰 모순이 이 풍경 안에 다 섞여 있는 것 같았다. 그림을 지키는 보안 노동자들은 아무 표정 없이 6미터쯤 되는 거리를 반복해서 오가기만 했다.

우리는 세 번째 전시 구역으로 갔다. 전시 공간 끝에 장쩌민, 후진타오, 시진핑의 국가주석 역임 당시 사진들이 연이어 있었다. 쉐린은 장쩌민과 후진타오는 사진이 2장씩이지만, 시진핑 사진은 5장이라는 사실을 발견했다. 코너를 돌자 《시진핑, 국정을 논하다(习近平谈治国理政)》란 제목의 선문집을 수십 개 언어로 번역한 책들이 전시돼 있었다. 〈마르크스 탄생 200주년 기념 전시〉의 마무리가 이 책이라는 사실이 참 애석했다.

톈진에 가면 화려하고 스펙터클한 설계로 세계적 명성을 떨친 빈하이(滨海) 도서관이 있다. 개관 당시 도서관에서 배포한 사진에는 책장에 책이 가득 꽂혀 있었다. 빈하이 도서관에 갔을 때 카메라를 갖고 들어가지 못하게 막아서 의아했다. 안에 들어가서 그 이유를 알았다. 진짜 책은 없고 책 표지 사진만 가득했다. 그러나 이 도서관에 수백 권씩 꽂혀 있는 책이 하나 있었다. 바로 시진핑 선문집이었다.

고개를 떨군 임시직 노동자들과 단체사진 촬영에 여념이 없는 당원들의 극단적 풍경이 지배한 이 마르크스 전시에서 이와 비슷한 느낌을 받았다. 모순이 가득 차 금방이라도 터질 것 같은데, 그걸 스펙터클한 포장지로 덕지덕지 붙인 중국 사회의 모습 말이다. 과연 계속 덮을 수 있을까? 전시관을 나오는데 시진핑 주석이 틈만 나면 강조한다는 문구가 나를 사로잡았다. '초심을 잊지 말자!(不忘初心)'

스펙터클한 기획 전시보다 큰 역사의 힘

그러나 박물관에는 이런 모순 가득한 사회를 버티게 하는 어떤 힘 역시 존재했다. 사람들이 흔히 말하는 중국 경제의 무서운 발전, 첨단 IT 산업의 속도전, 거대한 땅과 가난하지만 불굴의 투지로 살아가는 사람들, 그리고 중국 혁명의 역사가 축적해온 힘. 당장 박물관 안 또 다른 공간만 봐도 그 힘을 느낄 수 있다. 〈마르크스 탄생 200주년 기념 전시〉와 달리 상설전시실에는 대장정 시기의 투쟁과 영웅을 표현한 작품들이 역사의 무게와 동력을 전해주고 있었다. 이름 없는 여성, 이름 없는 아이, 이름 없는 농민의 동상. 금방이라도 살아 돌아올 것처럼 생동감 있는 작품들이었다. 아마도 현대 중국을 만든 동력은 이런 이름 없는 사람들의 눈물과 목숨이었을 것이다.

전시 관람을 마치고 쉐린과 한두 시간 이야기를 나눴다. 일터를 나온 쉐린은 이제 뭘 할까? 농민공 노동자를 돕는 변호사가 되거나, 노동자를 직접 돕는 활동을 하고 싶다고 했다. 이런저런 이야기를 나누다 보니 나는 쉐린이 다른 어느 관료보다 훨씬 더 사회주의자에 가깝다고 느꼈다. 그는 동시대의 모순 앞에서 급진적 이상을 갖고 있었으며, 진정성이 있었다. 하지만 중국 정부는 이런 비판적 사회주의자를 억압할 뿐이다. 그들이 바라는 사회주의 당원은 어떤 모습일까? 혹시 마르크스 동상 앞에서 단체사진 찍을 때만 사회주의자 행세하는 당원은 아닐까.

실패청년파티

'706청년공간'을 처음 알게 된 건 한 중국인 친구가 위챗에 공유한 행사 홍보 때문이었다. '실패청년파티(失敗靑年派対)'라는 제목의 이 행사는 베이징에 거주하는 청년들이 모여 "자신의 실패담을 공유하고 함께 떠들고 함께 좌절하고, 이 '뭣 같은 세상'에서 무엇을 도모할 수 있을지 모색해보자"는 취지에서 기획됐다. 행사 취지와 이름이 흥미롭고, 이곳에 가면 나도 할 얘기가 있지 않을까 싶었다.

파티 참가 규칙은 간단했다. 참가 직전까지 자신의 실패담을 적어 보내고 행사 당일 사람들 앞에서 이야기하는 것이다. 그렇게 한다고 대단한 대안이 나오지 않겠지만, 함께 이야기하다 보면 뭐라도 되지 않겠느냐는 기획자의 쿨내 풍기는 변이 덧붙어 있었다. 그리 무겁지 않은 주제라서 참가 문턱은 낮았지만, 각자가 마주한 현실을 응시하기 위해서는 큰 용기가 필요하므로 의미 있는 기획 같았다. '실패' 하면 또 나 아닌가. '내 실패가 뭐였을까' 지난날을 돌아보니 참가 신청서를 금방

채워 넣을 수 있었다.

706청년공간은 우다오커우역(五道口站) 근처의 화칭자위 안(华清嘉园)이라는 아파트 단지 안에 위치한 공동체 공간이다. 우다오커우역은 베이징 5환 북서쪽의 쉐위안로(学院路)에 있으며, 근처에 베이징대학, 칭화대학, 베이징어언대학 등이 몰려 있다. 아마 이들 대학에 다니지 않아도 유학생이라면 누구나 알 것이다. 유학생 가운데 단연 한국인이 많아서 한국어 간판을 단 술집이 많다. 베이징에 거주하는 한국인들은 삼겹살이나 한국식 치킨을 먹고 싶으면 으레 이곳 우다오커우나 왕징으로 향한다.

2018년 10월 28일 일요일, 해가 떠 있는 시간은 이미 겨울만큼 짧아졌다. 파티가 저녁 7시 시작이라 일찌감치 우다오커우역에 도착했지만 이미 해는 한참 서쪽으로 넘어간 뒤였다. 어두컴컴할 때 처음 가는 아파트 단지를 뒤지는 건 쉬운 일이 아니었다. 더구나 주민 보안 때문인지 단 하나의 문으로만 입장이 가능했다. 방문자는 단지 안쪽에서 사람이 나올 때까지 들어가기 어려웠다.

한참 헤매다 다행히 행사 직전에 706공간에 도착했다. 15동 20층 꼭대기에 있었다. 문을 열고 들어가니 생각보다 넓었다. 70평 규모의 복층 아파트로 아래층에 도서관과 작은 바(bar)가, 위층에 도서관이 있었다. 현관 앞 카운터를 지키는 스태프가 방문자를 안내했는데, 알고 보니 706공간에 거주한다고 했다. 스태프로 활동하는 대신 방세를 면제해준단다. 방세라니? 나중에 알았지만, 706공간은 다양한 행사가 열리는 공

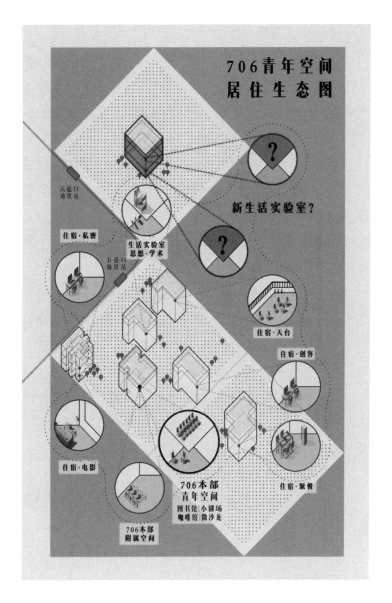

706청년공간이 관리하는 공간을 소개하는 인포그래픽 이미지(출처: 706청년
공간 위챗 계정).

간이면서 공동 주거공간이다. 우다오커우 화칭자위안 단지에 몇 채의 집이 있고, 우다오커우역 다음 류다오커우역 근처에도 주거공간이 있다. 각 공간에는 베이징에서 대학원이나 직장에 다니는 청년들이 좁은 곳은 6명, 넓은 곳은 15명씩 살고 있었다. 총 8개의 공간에 음악, 영화, 문학 등 테마가 정해져 있었다.

꽤 많은 사람이 실패청년파티에 참가했다. 어림잡아 100명은 모이지 않았을까 싶다. 공간이 빼곡하게 찼고 여러 프로그램이 동시 진행됐다. 참가비 35위안(5,800원)을 내고 안으로 들어가니 앉을 곳을 찾기 어려웠다. 파티장 한쪽 벽에 참가자들이 보낸 실패담 100여 장이 예쁘게 인쇄되어 붙어 있었다. 그중에서 내 실패담이 확실히 주목받았던 것 같다. 유일한 외국인인 데다 실패담이 독특했기 때문이다. 대학을 두 군데 다녔고, 영화연출을 전공했고, 노동자운동 경험이 있고, 몇 개의 독립잡지를 만들었고, 계속해서 실패를 반복해왔다는 사실이 사람들의 눈길을 끌었다. 내가 멍하니 서서 캔맥주를 들이켜고 있을 때 하나둘씩 다가와 말을 걸었다.

확실히 중국인은 남녀노소 가리지 않고 개방적이어서 처음 만난 사람과 대화를 잘 나눈다. 공공버스에서 종종 느낀다. 한낮의 여유로운 시간대에 버스를 타면 중년의 아주머니들이 처음 만난 사이인데도 자유롭게 대화하는 걸 볼 수 있다. 기차 안이나 공공장소에서도 마찬가지다. 모르는 사람끼리 같은 탁자에 앉아 주저 없이 대화를 나누고 친구가 된다. 확실히 한국과 다르다.

나 역시 보통의 한국인처럼 낯가림이 있다. 모르는 사람과 얘기를 시작하지 않는 게 내가 한국인으로 살며 익힌 습관이다. 그래서 중국에 처음 왔을 때 적잖이 당황했다. 눈썰미가 있는 중국인은 옷차림이나 헤어스타일이 중국인처럼 보이지 않는 내게 말을 걸지 않는 편이다. 딱 봐도 한국 사람처럼 생겼다고 한다. 그게 뭔지 깨닫는 데 시간이 좀 걸렸지만 말이다. 어쨌든 나는 중국인의 이런 개방성이 부럽고, 어떤 면에선 대단하다고 생각한다. 이것은 확실히 중국 문화의 장점이다. 젊은 층에선 덜하다고 하지만, 중국인은 서슴없이 대화하고 곧 친구가 된다.

배제되거나 착취당하거나

가장 먼저 중국지질대학(中国地质大学)에 다니는 학부생이 다가왔다. 내 실패담이 인상적이라 이리저리 두리번거리다 날 찾아냈다고 한다.

"넌 확실히 한국인처럼 생겨서 바로 알아봤어."

난 어안이 벙벙해서 되물었다.

"한국인처럼 생긴 게 어떤 거야? 한국인이나 중국인은 모두 비슷하게 생겼잖아."

"그렇긴 하지. 하지만 옷차림이나 헤어스타일, 좋은 피부를 보면 알지. 한국 드라마에 나오는 '한국 오빠' 느낌이거든."

너무 엉뚱해서 뭐라 답해야 할지 몰랐다. 기분이 썩 좋지 않았다. 하지만 그런 얘기를 몇 번 들었던 터라 그러려니 했다.

144

통성명을 하자마자 그는 자기가 어떤 민족처럼 보이냐고 물었다. 난 그가 그런 질문을 하는 건 아마도 한족이 아니기 때문이라고 생각했다.

"잘 모르겠지만, 몽골족?"

그는 싱글벙글 웃으며 그런 얘길 많이 듣지만 자긴 한족이라고 했다. 그러면서 느닷없이 한국인이 북한(중국인들은 북조선이라고 부른다)과 조선족을 어떻게 생각하는지 물었다. 아마 그게 처음 한국인을 만나 묻고 싶은 질문이었던 모양이다.

"사람마다 다르긴 하지만 대체로 편견이 있고, 어느 정도 차별이 있어. 특히 노동 조건은 더 열악해."

그는 한국에 일하러 간 조선족이 많은 차별을 받는다는 기사를 본 적 있다고 했다. 나는 부끄러운 일이지만, 어느 정도 사실이라고 대답했다. 그럼에도 조선족이 멀리 한국까지 와서 일하려는 이유는 고향에서보다 좀 더 많은 돈을 벌 수 있기 때문이다. 게다가 1990년대 이후 동북 3성(지린성, 랴오닝성, 헤이룽장성)의 경제는 침체 일로를 걷고 있다. 만주국 시기 도입된 산업 기반이나 소련제 설비는 모두 낡아 철거됐고, 개혁개방 이후 중국의 발전은 광둥성과 푸젠성 등 연안 지역을 중심으로 이뤄져왔다.

나는 이 엉뚱한 친구에게 네 실패담은 뭐냐고 물었다. 그러자 그는 명랑하게 답했다.

"난 내 또래들이랑 비슷해. 지금 상황 자체가 어려우니까 모든 게 실패지. 이미 명문대생이 아니라서 실패야. 중국에선 베이징대나 칭화대를 나와야 풍족하게 살 수 있거든. 헤헤."

지난 몇 년 동안 한국 언론은 중국이 초고속 경제 성장을 이루었으며, IT 기업들이 정부의 강도 높은 지원으로 한국을 추월했다고 보도해왔다. 사실이다. 하지만 그 뒤에 감춰진 그늘은 언급하지 않는다.

베이징에서 만난 대학생들은 하나같이 취업이 너무 어렵고, 취업하더라도 임금이 턱없이 낮다고 했다. 실제 내가 본 베이징의 대학생들은 공부를 아주 많이 한다. 많은 학생이 항상 영어 공부에 열중이고, 취업 시장의 좁은 문을 통과하기 위해 무진 애를 쓴다. 그렇게 어렵사리 IT 기업에 취직하면 기다리는 건 저임금 장시간 근무다. '996제'는 이런 현실을 적나라하게 표현한다. 오전 9시부터 오후 9시까지 12시간 노동을 주 6일 한다는 뜻으로, 알리바바 창업자 마윈은 이를 공공연하게 당연시해왔다. 화웨이의 '늑대 문화(狼性文化)'* 역시 IT 산업의 급성장 뒤에 감춰진 노동자의 처참한 현실을 보여준다.

지질대학에 다니는 친구 말고도 여러 사람과 대화했다. 갑자기 많은 사람이 몰려와 인사하는 바람에 정신이 없을 정도였다. 내 이력이나 경험, 한국의 노동운동이나 대중문화, 영화

---

* 인민해방군 통신 장교 출신 창업자 런정페이(任正非)가 구축한 기업 조직 문화. 늑대처럼 야성을 갖고, 팀과 함께 죽을힘을 다해 끝까지 싸운다는 정신으로 일하라고 강조한다. 그러면서 예민한 후각, 불굴의 공격정신, 집단적인 분투를 특징으로 내세운다. 그러다 보니 화웨이의 장시간 노동은 매우 심각한 수준하다. 창업 초기 사측이 신입 사원에게 주는 선물이 야전 침대였을 정도다. 한 노동자가 "일과 가정을 양립하기 어렵다"고 하자, 런정페이가 "이혼하면 해결된다"고 조언했다는 일화는 유명하다.

에 관해 물었다. 몇몇은 자신을 관방 마르크스주의와 다른 지향을 갖고 있는 마르크스주의자라고 소개했다. 뭔가 하고 싶은 마음이 없는 것은 아니지만, 중국에서 그런 걸 하긴 어렵다는 말도 덧붙였다.

실패청년파티의 공식 프로그램은 실패담 공유와 함께 시작됐다. 참가자는 간이무대로 나가 짧게 자신의 실패담을 소개했다. 생전 처음 보는 또래 앞에서 자유분방하고 유쾌하게 이야기했다. 이 프로그램은 불과 40분 만에 끝났기 때문에 참가자 모두에게 말할 기회가 돌아가진 않았다. 많은 참석자가 "베이징대나 칭화대 같은 명문대에 다니지 못해 이미 실패다", "취직하지 못한 채 빈둥거리고 있는 게 실패다"라고 말했다. 사회가 원하는 모습에 부응하고 싶지 않다는 참가자도 많았다. 그냥 자신이 원하는 걸 하고 싶은데 돈이 되지 않는 일이라는 이야기도. 한국과 너무 비슷하다. 이미 동아시아의 청년 문화는 다른 점보다 닮은 점이 더 많아진 게 아닐까?

억압받는 자들의 연극

실패청년파티 참가자 중 전부터 알던 친구가 있었다. 〈마르크스 탄생 200주년 기념 전시〉를 같이 봤던 쉐린이다.

"오! 밍짜오 여기 웬일이야?"

"네가 펑여우췬에 공유한 홍보 글을 보고 왔지."

쉐린은 파티의 주요 행사 가운데 하나인 '토크 행사' 패널로 참가했다. 이 행사를 기획한 L이 사회를 보고, 인디뮤지션

706청년공간에서 열린 실패청년파티.

과 NGO 활동가, 독립연구자, 문화기획자 등 4명의 패널이 앉아서 자신의 실패담을 이야기했다. 대학을 다니며 맞부딪힌 사회 모순과 베이징의 높은 물가, 천정부지로 치솟는 방세, 하고 싶은 일(음악이나 사회운동 같은)과 조화할 수 없는 현실 등 취향과 지향은 달랐지만 하나같이 비슷한 어려움을 공유하고 있었다. '중국몽'으로 상징되는 국가적 목표를 향해 달려가는 중국 사회의 비주류들이기 때문 아닐까?

학생운동과 독립영화, 노동운동 등 비주류 질서에 동화되고 동참했던 10여 년이 주마등처럼 스쳐 지나갔다. 난 왜 그런 것들에 꽂혔던 걸까? 왜 겁도 없이 이렇게 살아온 걸까? 머리 위를 어지럽게 맴돌다가 머릿속을 복잡하게 만들곤 하는 질문들이 모기향처럼 나타났다 사라졌다.

대략 30명이 둘러서서 그들의 이야기를 들었고, 나중에는 함께 얘기했다. 열띤 분위기였지만 모든 얘기를 알아들을 순 없었다. 중국인끼리 얘기할 땐 말하는 속도가 너무 빠르고, 어려운 어휘나 유행어가 많이 섞였다.

위층으로 가려면 나선형 계단을 통해야 했다. 계단 벽에는 여러 근대 예술가의 초상이 붙어 있었다. 그래서인지 '비주류 룸펜 살롱' 같은 분위기를 확연하게 느낄 수 있었다. 위층엔 성별로 나뉜 주거 공간과 도서관이 있었다. 주거 공간에는 각각 4명씩 거주한다고 했다. 도서관에서 연극놀이 프로그램이 열리고 있었다. 아우구스토 보알(Augusto Boal)의 연극론에 따라 참여자들이 즉흥연기를 했다.

불현듯 6~7년 전 기억이 떠올랐다. 예술학교 재학 시절 나와 친구들은 아우구스토 보알의 《민중연극론》을 같이 읽고 즉흥연기를 했다. 즉흥연기엔 어떤 논리적 준비나 합리적 근거, 전문성, 완전한 몰입이 필요하지 않다. 다시 말해 스타니슬랍스키(Konstantin Stanislavsky)식의 메소드 연기법(Method acting)과 달리, 감각과 무의식적 반응을 통해 즉흥적이고 일시적으로 구성되는 연기여야 했다. 머릿속에 너무 많은 생각을 품고 있는 사람은 보알의 연기법에 적응하기 어렵다. 그저 그 상황에 솔직하게 뛰어들어야 하며, 자신이 마주한 환경을 있는 그대로 받아들여야 한다.

연기자와 관객 사이의 벽을 무너뜨려 무대를 사회변혁의 공간으로 조직해야 한다는 보알의 고민과 실천은 사회운동이나 다른 비주류적 실천에 힌트를 준다. 이를테면 평상시 사람들은 사회의 모순을 뜯어고치기 위해 목소리를 내는 사회운동가를 무대 위의 연기자 쳐다보듯 스쳐 지나간다. '그놈이 그놈'이라고 여기기 때문에 구경조차 하지 않는 게 다반사다. 잠시 눈길이라도 준다면 아주 희망적이라고 해야 할까. 어쩌면 이 사회를 바꾸어야 한다고 주장하는 사람들의 말이 무대 위 배우의 공허하고 지루한 대사처럼 들리기 때문일지 모른다.

브라질 출신이지만 주로 아르헨티나에서 활동한 보알은 '억압받는 자들의 연극'으로 알려진 자신의 독특한 연극론과 정치 활동으로 이름을 떨쳤다. 그는 종교가 교회 속에 갇힐 수 없듯이 연극 또한 무대 속에 갇혀선 안 된다고 했다. 종교가 성직자의 전유물이 아니듯 연극 역시 배우만의 참여로 이뤄져선 안 된다고 생각했다. 사회운동도 마찬가지다. 사회운동은 활동가의 보이지 않는 노력으로 발전하지만 그 주역은 활동가가 아니다. 대중이어야 하고 억압받는 이들 모두여야 한다. 그렇기 때문에 관객을 단순한 구경꾼으로 내버려두지 않고 함께 연극에 동참하고 연기하는 사람으로 만들고자 했던 보알의 실천은 사회운동에 여전히 유의미하다.

피촌에서 이와 비슷한 실험이 있었다. 중국 중앙희극학원의 희극문학과 자오즈용(趙志勇) 교수는 2009년 베이징 피촌에서 연극 공연을 보고 깊이 감동받아 이후 여성 농민공들에게 무료로 연극을 가르쳤다. 그는 가난하다는 이유로 다른 정주민들로부터 차별받기 일쑤인 여성 농민공들과 함께 놀이에 가까운 연극 수업을 했다. 그의 교수법은 아우구스토 보알의 《억압받는 자들의 연극》에 소개된 교수법과 닮아 있었다. 공짜인 데다 딱히 할 일이 없어 수업에 함께했던 여성들은 자오즈용 교수의 가르침에 따라 자신의 이야기를 연극으로 만들어 공연했다. 그러면서 두꺼운 벽처럼 느껴지던 세상에 대해 자기만의 저항 방식을 찾고 삶을 돌아보았다. 직접적인 저항도 딱히 정치적인 시도도 아니었지만, 이런 과정은 밑바닥 민중이 자신의 언어를 찾고 사회의 주체로 거듭나는 과정에서 매우 소중한 경험이 된다. 그런 경험이 있어야 더 고차원적인 행동과 실천이 가능하다.

한예종에서 친구들과 아우구스토 보알의 책들을 읽고 몇 가지 연극놀이를 하면서 우리는 상상했다. 아우구스토 보알과 그 동료들이 실천했던 것처럼, 집회나 행진 같은 공간이 단순히 구경거리가 되지 않도록 하려면 어떻게 해야 할까? 어떤 설정과 노력이 필요할까? 2012년 봄 시청광장에서 열린 노동절맞이 청년문화제를 기획할 때 나는 무대가 마당놀이처럼 사방으로 열려 있고, 참가자 누구나 무대에 동참하는 분위기를 만들고 싶었다. 공연과 발언만으로 이뤄졌던 기존 무대에 이야기를 곁들였고 제한적이나마 뮤지컬 요소를 섞었다.

706공간 도서관에서 열린 즉흥연기 프로그램은 이런 기억을 소환시켰다. 언젠가 이런 기억과 경험을 자유롭게 토론할 수 있는 날이 오면 좋겠다고 생각했다. 중국에서 이런 고민과 실천을 하는 사람들이 계속해서 무언가를 시도하고 알리고 있다는 사실이 더없이 소중하게 느껴졌다.

베이징 청년들의 생활 공동체

이후 나는 틈만 나면 706공간을 찾아갔다. 그러면서 이 공간을 더 자세히 알게 됐다. 특히 책임자 우팡룽(鄔方榮) 선생님의 적극적인 부탁으로 706공간 소개 글의 한국어 번역을 맡으면서 이곳이 일종의 주거 공동체라는 사실을 알게 됐다. 보름여 만에 긴 글의 번역을 마친 뒤 나는 이곳에서 살고 싶다고 지나가듯 말했다. 그러자 우 선생님은 706공간의 본부 외에 다른 주거 공간들을 소개했다. 내가 추천받은 곳은 16명이 함께 사는 큰 아파트였다. 본부처럼 복층 구조에 작은 다락방까지 있었다. 중국인만이 아니라 영국인과 파키스탄인 등 유학생들이 함께 살았다. 말 그대로 주거에 집중한 곳이다. 또 다른 곳은 '남자 셋, 여자 셋'이 사는 학술 테마 생활실험실이었다. 피촌에 관한 다큐멘터리를 찍어보자는 취지로 모인 친구들 가운데 둘이 이곳에 살고 있었다. 다른 집들 역시 음악이나 영화, 문학, 오락 등 저마다 다른 테마를 갖고 있었다. 거주자는 자신에게 맞는 테마 공간을 택해 살고, 지켜야 하는 규칙이나 활동을 다른 거주자와 함께 논의해 결정한다. 706공간의 소개 글 가운데 이런 내용이 있다.

가장 먼저 만든 생활실험실은 오다오커우의 화칭자위안 아파트 단지에 있습니다. 이곳은 학술을 강조하기 때문에 '학술 테마 생활실험실'이란 이름이 붙었습니다. 구성원 중 'Mylikes'는 스스로를 '전형적인 방구석 프로그래머'라고 소개합니다. 그는 이곳에서 실존주의 철학서 《아웃사이더》나 신경과학, 후성유전학을 함께 논할 친구를 찾았습니다. 최근 UCLA 미디어예술대학원에 지원한 저우챠오는 이곳에서 룸메이트 여우양(悠洋)과 뉴미디어에 관한 이야기를 나누며 지내죠. 여우양은 영국왕립예술대학을 졸업해 중국으로 돌아왔습니다. 현대미술 전문가죠. 물리학 연구자 자오펑(赵鹏)도 있습니다. 중국과학기술대학 물리학 박사 과정을 밟고 있는 그는 최근 이곳 학술 테마 생활실험실에서 무료 강좌를 열었습니다.

이처럼 학술 테마 생활실험실에선 강좌나 세미나를 빈번하게 기획한다. 그리고 문학 테마 생활실험실에는 소설과 시 등 문학을 좋아하는 청년들이 모여 산다. 이들은 정기적으로 문학 토론회나 시 낭송회를 연다. 다른 공간도 마찬가지다. 공간의 테마에 맞게 행사를 기획하는데, 대외 공개 행사도 있고 거주자들만의 프로그램을 열기도 한다. 실패청년파티가 그중 하나다. 파티를 기획한 L은 정기적으로 행사를 기획하고 홍보를 도맡아 하는 대신 방세를 면제받았다. 하고 싶은 일 하며 주거 문제를 일시적으로 해결하는 셈이다.

706생활실험실의 거주자들은 각 공간에서의 교류만이 아니라, 다른 생활실험실을 오가며 교류한다. 문학 테마 생활실험실의 문학 살롱에 참여하고 음악 테마 생활실험실에서 함께 음악을 들으며, 영화 테마 생활실험실에서 영화를 본다. 각 공간의 구성원이 모이면 다양한 공동체가 교차하며 만들어질 것이다. 프로그래머, 뉴미디어 종사자, 다큐멘터리 촬영기사, 대학생 등 거주자들의 직업은 다양하며, 취미 역시 명상, 요리, 디자인, 히피문화 등으로 여럿이다. 낮에 출근하는 직장인이 있는가 하면 밤 새워 일하는 프리랜서가 있다.

706공간은 이런 다양성과 자치를 주요한 장점으로 내세운다. 이런 과정을 통해 각 생활실험실을 협동조합으로 전환하는 게 목표라고 한다. 또 706공간은 주거비가 상상을 초월할 정도로 치솟은 베이징이라는 초대도시에서 사는 고단함을 강조한다. 도시의 소비문화와 고단한 삶에서 벗어나 자본으로부터 독립된 자치문화를 만들어가자는 게 설립 취지다.

706공간은 2012년에 만들어졌다. 수십여 명의 공동 발기인이 함께했다. 당시 돈을 어떻게 모았는지 자세히 모르겠지만, 몇몇이 많은 돈을 출자했다고 한다. 그렇게 모은 돈으로 집 여러 채를 빌려 공간을 구성했다. 우 선생님은 서울시의 청년 거주 정책이나, 민달팽이유니온 등을 언급하며 베이징시의 현실을 봤을 때 그 진전이 부럽다고 했다. 하지만 나는 706청년공간의 실험이 훨씬 대단해 보였다. 서울시의 청년주거공간 확대 정책은 단순한 주거복지사업이지, 이곳처럼 대안문화를 양성하고 기획하는 역할을 하지 못한다. 우팡룽 선생님은 중국의 주요 도시에 이런 생활자치공간을 확대하고, 네트워킹을 통해 이 공간의 가치와 이념을 전국적으로 알리는 게 자신의 목표라고 했다. 그는 청년주거협동조합운동에 자신의 전부를 바치고 있었다.

2018년 마지막 날도 706공간에서 보냈다. 그날은 706공간에서 보낸 날 중 가장 많은 사람이 모였는데, 어림잡아 150명, 연인원 200~300명은 됐을 것이다. 조용히 맥주를 들이켜는 사람, 일국양제(一国两制)에 대해 열띠게 토론하는 사람, 친구를 소개하는 사람 등 각양각색의 사람들로 빼곡했다. 우다오커우에서 비주류 문화를 좇는 청년들은 죄다 모인 것 같았다. 아래층에서는 적게는 5명, 많게는 15명 규모의 송구영신 수다회가 동시다발로 열렸고, 위층에선 음악 공연이 펼쳐졌다. 나는 도서관 한쪽에 간신히 자리 잡고 앉아 조용히 음악 공연을 관람했다. 아마추어 뮤지션들의 노래가 몇 시간 동안 이어졌다.

머지않은 미래에 중국에 다시 오게 되면 이곳에 체류하리라. 진지하고 독립적인 청년들을 만날 수 있고 흥미로운 행사에 참가할 수 있으니, 외지인으로서 베이징의 대안적인 청년문화를 접하고 교류하기엔 최상의 조건이다. 일찍이 누군가

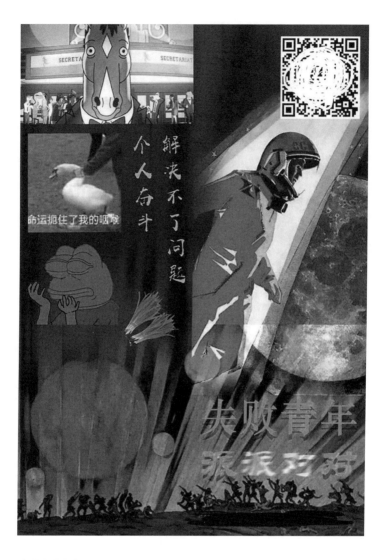

실패청년파티 홍보 포스터(출처: 706청년공간 위챗 계정).

규명했듯, 때로 장소는 의도적이건 비의도적이건 어떤 효과를 만든다. 우리는 종종 그 효과를 간과하지만, 어떤 공간이 만들어질 때 예측하지 못한 다른 효과와 사건이 이어진다는 걸 잊어선 안 된다. 우다오커우에서 나는 그 수혜자였고, 미래를 위한 여러 만남과 가능성을 얻었다.

우리는 얼마든지 상상할 수 있다. 만약 서울 혹은 제주에 '아시아 각국의 청년들이 함께 모인 청년공간'이 생긴다면 어떨까? 이를테면 정부나 대자본이 아니라 독립적이고 민주적인 지향으로 만든 공간에 오사카, 베이징, 타이베이, 하노이 등에서 온 청년들이 함께 모여 살거나 교류하면서 훗날의 국제 연대를 기약하는 관계를 맺을 수 있다면, 지금은 결코 기대하기 어려운 무수한 가능성이 열리지 않을까? 몽상일 뿐이지만, 언제나 판을 뒤집는 변화는 그런 '무모한 상상'에서 비롯된다. 우리는 좀 더 무모해질 필요가 있다.

질문하는 청년들

10월 베이징은 바람이 거셌다. 북서쪽에서 불어오는 바람이라고 했다. 바람이 점점 차가워지더니 어느새 낙엽이 졌고, 밤거리는 사막의 겨울 같았다. 더 추워지기 전에 여행을 가고 싶었다. 마침 산시성 다퉁(大同)과 허베이성 위시엔(蔚县) 여행 프로그램이 있어 참가했다. 장시간 버스를 타고 멀리 다퉁에 갔다가 베이징으로 돌아오는 길에 위시엔 고성과 다른 유적들을 거치는 코스였다.

다퉁은 유명 관광지까지는 아니지만 중국에서 꽤 많이 알려진 오래된 도시다. 세계 3대 석굴 불상 중 하나라는 운강석굴(云岗石窟)이 있고, 거대한 절벽 한복판에 현공사(悬空寺)가 있다. 몇 년 전 어느 다큐멘터리 영화제에서 〈다퉁 개발 프로젝트(大同: The Chinese Mayor)〉를 본 적 있다. 낡고 기울어가는 지방도시 다퉁에 부임한 시장이 거대한 개발 프로젝트를 밀어붙이는 몇 년의 과정을 다루었다. 시장은 성곽과 아파트를 모두 새로 짓고, 도시를 완전히 새로운 모습으로 탈바꿈시킨다.

새로 쌓아 올린 성곽은 아무 역사적 근거가 없었지만, 시민이 관광 수입으로 먹고살려면 거대한 성벽이 있어야 한다는 개발 논리가 모든 걸 압도했다. 다큐멘터리 속 인상 깊은 풍경을 떠올리며 도착한 다퉁은 실크로드 행상의 종착점 중 하나였다는 고대 도시의 이미지와 거리가 멀었다. 모든 것을 새로 지은 재개발 도시에 가까웠다.

오히려 다퉁보다 허베이성의 가장 서쪽 관문인 위시엔 고성(蔚縣古城)이 인상적이었다. 지금은 과거의 영광이 저문 시골 마을이지만, 어마어마하게 높은 성벽이 넓게 둘러싸고 있는 모습을 보면 몇백 년 전엔 꽤 번성한 도시였을 것 같다. 남북조 시대인 서기 580년, 이곳까지 영토를 넓힌 선비족이 북주(北周)를 세워 위시엔 고성을 지었다고 한다. 그리고 800년 뒤인 14세기 말 명나라가 중축했다고 하니 '오랑캐'가 세운 성을 한참 뒤에 고쳐 쓴 셈이다. 현재 이 성이 둘러싸고 있는 행정구역은 위저우진(蔚州镇)으로, 현청 소재지이지만 공식 인구는 11만 명밖에 안 된다. 실제 거주자는 겨우 4만 7,000명 정도이다. 아마 상주인구와 등록인구의 차이 때문일 것이다. 젊은 사람들은 죄다 대도시로 떠났다.

성벽을 따라 걷다가 성벽 외곽에 깊은 도랑이 있었다는 사실을 알게 됐다. 위시엔 고성은 깊이 10미터, 너비 20미터의 도랑과, 높이 20미터는 족히 넘어 보이는 탄탄한 성벽이 둘러싸고 있는 거대한 요새였다. 물론 과거에 말이다. 수백 년 전 화려했던 요새는 지금 노인들만 사는 벽지 마을이 되었다. 고성 안은 시간이 멈춰버린 듯했다. 거리엔 베이징, 아니 다퉁에서

허베이성 장자커우시 서쪽에 있는 위시엔 고성.

도 쉽게 마주칠 수 있는 고급 외제 승용차는 전혀 찾아볼 수 없다. 작고 낡은 삼륜차와 중국산 트럭뿐이다. 고성 한가운데 중심도로에는 신호등이 없다.

대신 고성인 만큼 유적이 많다. 고성 어느 위치에서나 볼 수 있는 32미터짜리 남안사탑(南安寺塔)이 가장 대표적이다. 요나라 시절 거란족이 쌓았다고 하니 천 년은 된 셈이다. 그 기세가 너무 멋있어 '당최 그토록 오랜 세월 무너지지 않고 버티는 게 가능한가' 싶은 생각마저 든다. 한족이든 조선 양반이든 이런 절을 지어 올리던 이들을 오랑캐라 불렀다니, 혼란스러웠다. 그 당시 지도를 보니 위시엔은 송나라와 요나라의 최접경이었다. 국경에 왜 이런 걸 세웠을까? 요나라도 한족이 맨날 깔보듯 오랑캐가 아니라 불교 문명을 수용한 엄연한 국가임을 내세우기 위해서였을까?

남안사탑을 지나 골목을 따라 걸어가면 위시엔에서 가장 큰 유적인 석가사(釋迦寺)가 나타난다. 원나라 때 세운 700년 된 사찰인데, 찾아오는 사람이 거의 없다. 내가 갔을 때 골목에 있던 마을 사람들이 신기하게 쳐다봤다. 여길 왜 왔지? 여기 뭐 볼 게 있다고? 대략 그런 표정이랄까. '아저씨, 700년 된 절, 1,000년 된 석탑이 세상에 흔한 게 아니랍니다'라고 말하고 싶었다.

절과 석탑 바로 옆은 가난한 농민들의 삶의 터전이었다. 1,400년 된 성 안에서 농사를 지으며 산다는 건 어떤 기분일까. 방앗간 앞을 지나는데 구수한 냄새가 났다. 고구마 장수로 보이는 할아버지가 검정색 말의 도움을 받아 장사하고 있었

위시엔 고성 앞 시장 거리에서 새 장수와 대화를 나누는 노인들.

다. 말이라는 동료를 둔 장사꾼이 행복해 보였다.

고성 안 중심 거리에 노점상이 즐비했다. 달걀 장수, 두부 장수, 양말 장수, 이불 장수 등등. 두부 장수의 자전거 리어카는 '저게 굴러갈 수 있을까' 싶을 정도로 낡았다. 이불 장수는 껄껄거리며 물건을 팔았고 알아들을 수 없는 사투리를 구사했다. 옥수수를 사려는 엄마와 딸을 보면서 '나도 하나 사 먹을까' 한참을 고민했다.

고성 북쪽의 망루로 올라갔다. 안개인지 미세먼지인지 모를 기체가 고성 안팎에 가득 깔려 있었다. 냄새가 많이 났지만 안개라고 믿고 싶었다. 원래 이곳에 안개가 자주 낀다고 한다. 성을 둘러싼 강과 지대 때문이다. 망루에 오르니 도시 전체가 보였다. 젊은 사람은 거의 보이지 않았고, 거리는 수십 년 된 물건들로 가득했다.

망루 위에 작은 박물관이 있다. 위시엔의 역사를 담은 박물관이다. 박물관 안에 1951년 이곳에서 열린 노동절 집회 사진이 걸려 있다. 지금과 달리 인파로 북적거리는 모습이었다. 모든 이들이 혁명적 열정, 중국 해방의 흥분과 기대감으로 넘쳐나는 시절이었겠지. 70여 년 전이나 지금이나 위시엔의 모습은 거의 변하지 않아서 놀랐다. 2~3층짜리 건물 몇 개가 생긴게 전부다.

시간이 멈춘 이 옛 성을 찾는 이는 이제 아무도 없다. 외국인은 당연히 찾아보기 힘들고, 중국인 관광객도 없다. 중국인은 리장이나 쑤저우 같은 유명지를 가지 이런 북쪽의 오래되고 낡은 한지를 찾아오지 않는다. 하지만 이 작은 도시가 여전히 위대해 보이는 까닭은 거대한 성벽이 역사의 풍파와 함께 살아남았고, 그때나 지금이나 고성 너머 서쪽의 광활한 사막으로부터 내리깔리는 석양이 너무나 아름답기 때문이다.

나는 형언하기 어려운 이 감정을 마을의 누군가에게 전하고 싶었다. 위시엔 고성의 노인들에게 오늘 내가 느낀 경의와 부러움을 말하고 싶었다. 당신들께서 당연하고 대수롭지 않게 여기는 이곳의 풍경이 얼마나 위대하고 아름다운지!

학생운동 서클과 대화하다

여행에서 돌아와 종일 방 안에 갇혀 몸을 녹였다. 북쪽 사막에서 부는 얼음장 같은 바람에 온몸이 얼어붙을 지경이었다. 그즈음 따지엔한테 연락이 왔다.

"밍짜오, 우리 후배들이랑 만나보지 않을래요?"

따지엔은 실패청년파티에서 처음 만났다. 그 자리에서 나는 처음 보는 중국인 청년들로부터 무수한 질문 세례를 받았는데, 따지엔도 질문자 중 하나였다. 따지엔은 내게 넌지시 다가와 자신을 소개했다.

"벽에 붙어 있는 형의 소개 메모 봤어요. 난 대학에서 좌익 학생운동을 했어요. 몇 달 전에 졸업했지만 지금도 후배들을 돕고 있고, 앞으로 노동자운동을 하고 싶어요."

예상치 못한 만남에 당황할 수밖에 없었다. 아무 생각 없이 찾은 파티 자리에서 그런 청년 활동가를 만날 수 있으리라 생각하지 못했다. 나중에 제대로 알게 됐지만, 따지엔이 말하는

164

"좌익 학생운동"은 정부로부터 지원받으며 당의 정책을 예찬해야 하는 관방 마르크스주의 활동이 아닌 독립적이고 반공개적으로 활동하는 학생 서클 활동을 가리킨다.

따지엔은 1995년생으로 23살이었다. 베이징이 아닌 다른 도시(따지엔의 안전을 위해 이름은 밝힐 수 없다)에서 대학을 막 졸업했다. 졸업 직후 잠시 공장에 다녔고 편의점 알바를 했다. 활동가의 꿈을 갖고 있지만 아직 마땅한 활동 공간을 찾지 못했다고. 706청년공간 입구 카운터에 항상 따지엔이 있었다.

학부 시절 따지엔은 또래 친구들과 많이 달랐다. 그는 관방 마르크스주의가 아니라 "다양한 마르크스주의"를 공부하고 싶어 했다. 그래서 모임을 만들어 친구들과 함께 공부했다. 모임 이름은 그 지역에서 유명한 역사적 사건을 따서 멋들어지게 지었다. 몇몇 친구와 공부만 하던 그가 정식으로 동아리를 만든 건 2016년이었다. 정식으로 동아리 등록 절차를 거쳤고, 학교 당국에 유연한 태도로 협조했다. 하지만 은밀히 독자적인 세미나와 견학 프로그램을 운영했다. 이를테면 멀리 베이징의 피촌과 농민공 공동체를 견학하거나, 방학에 밑바닥 사람들(低端人口)의 삶을 현장연구하는 등 다양하게 활동했다.

따지엔은 나와 관심사와 생각이 많이 비슷했다. 이를테면 그는 소위 '정통 마르크스주의'보다 알튀세르나 발리바르, 가라타니 고진 같은 이들의 책을 좋아했다. 중국의 '정통 마오주의자'와 다른 커리큘럼을 밟은 셈이다. 중국에는 마오주의 노선을 고집하는 보수파와 1990년대 이후 등장한 일군의 지식인을 중심으로 한 신좌파가 있다. 대다수의 노동운동가나 학생운동가는 정통 마오주의 노선을 여전히 좇는다. 이에 대해 보통의 청년들은 '너무 올드하다'거나 '위험하다'고 여긴다. 따지엔은 '위험하다'고 보는 쪽에 가까웠다. 중국공산당의 전통과 달리, 마르크스주의를 혁신하려는 모든 좌파 사상가들을 통한 사상적인 혁신이 필요하다고 여겼다.

나는 이런 따지엔의 제안을 거절하지 않았다. 내 중국어 실력으로 볼 때 10여 명의 대학생과 동시에 대화하는 건 무리였다. 하지만 베이징에 체류하면서 그런 좋은 기회를 놓치는 건 바보 같은 짓이었다. 더구나 그들은 중국의 사회문제와 마르크스주의를 공부하고 고민하지 않는가. 문제는 날짜와 시간, 그리고 정말로 소통이 제대로 되느냐였다. 따지엔은 사람들에게 질문을 한꺼번에 받아 내게 미리 전해주겠다고 했다. 우선 나에 대한 간략한 소개를 적어달라기에 하룻밤 꼬박 고민해 17살 이후의 삶을 정리했다. 이제 고작 청년기의 15년을 보낸 내가 누군가에게 보여주기 위해 지난 시간을 글로 정리하자니 조금 겸연쩍었다.

며칠 뒤 따지엔은 동아리에서 모은 질문 더미를 엑셀 파일로 정리해서 보냈다. 10개쯤 되지 않을까 예상했는데 40개가 넘는 질문이 빼곡하게 적혀 있었다. 앞이 막막했다. 이런 전문적이고 어려운 이야기를 길게 해본 적이 없어서 미치도록 긴장됐다. 아무래도 미리 적어두고 달달 외워 가는 게 좋을 듯했다. 보름 동안 답을 적고 그걸 중국어로 번역했다. 시간이 부족해 절반 정도만 번역했다.

적당한 장소를 고민하던 따지엔과 나는 아무래도 피촌에

서 만나는 게 좋겠다고 결론 내렸다. 본래 동아리 성원들이 함께 피촌에 올 계획이었고, 공개적이고 이목이 집중되는 곳보다는 변두리 외곽의 식당이 나을 것 같았다. 피촌 품팔이문화예술박물관 앞에서 만난 우리는 신입생들이 박물관 투어를 마칠 때까지 기다렸다.

피촌은 아주 작은 마을이지만 나름 중심 거리와 주위 주거지로 나뉘는데, 주거지 외곽에 작은 공장들이 있다. 중심 거리인 홍콩거리 한가운데 동북 요리를 파는 커다란 식당의 큰 방에 자리를 잡았다. 나와 따지엔 외에 15명 정도의 학생이 둘러앉아 어색하게 인사를 나눴다.

"요리를 주문했으니 바로 토론을 시작할까요? 먼저, 전에 공유하긴 했지만 밍짜오 형을 정식으로 소개하겠습니다."

잠시 박수가 이어졌다.

"우선 이미 받은 질문들이 있으니까 제가 하나씩 환기시켜드릴게요. 그러면 밍짜오 형이 답해주시고, 중간에 더 궁금한 점이 있으면 수시로 물어보셔도 됩니다. 괜찮죠, 밍짜오?"

그렇게 이 작은 동아리의 학생운동가들과 토론을 시작했다.

"한국 노동운동의 발전 역사를 소개해주세요. 그중 어떤 경험들이 교훈이 될 수 있을까요?", "한국 정부의 노동 정책은 대표적으로 무엇인가요? 현 정부를 어떻게 평가하나요?" 등 한국의 정치 상황에 관한 질문부터 시작해 "한국 학생운동은 과거와 비교했을 때 어떻게 변했나요?", "한국 청년들은 어떤 경로를 통해 노동자운동에 참여하나요?", "한국의 노동자 문화운동의 상황은 어떻고, 어떤 작품들이 있나요?" 등 한국의 사회

167

피촌의 중심 거리 이름은 '홍콩거리'다.

운동에 관한 질문으로 이어졌다. 한국과 중국의 상황을 비교하거나, 참조할 점이 무엇인지에 관해서도 물었다.

"우선 한국과 중국 노동자운동의 차이를 물어보셨는데요, 역사도 다르고 시스템과 경험도 다르기 때문에 많은 차이가 있습니다. 일단 제도적으로 보면, 중국은 법적으로 전국총공회 하나만 인정하잖아요. 한국에서는 법이 정한 절차에 따라 노동조합을 새로 설립하거나 기존 노조에 가입함으로써 다수의 노조에 소속될 수 있어요. 기존 노총에 소속되지 않아도 되고 고를 수도 있죠. 한국엔 2개의 큰 노동조합연맹이 있는데, 바로 한국노총과 민주노총입니다. 한국노총은 역사적으로 정부에서 관리했던 우익 노조예요. 온건하거나 친기업적인 성향의 노조들이 많죠. 반면 민주노총은 1980년대 노동자운동의 폭발적인 성과로 건설한 민주노조로 사회운동적 가치를 지향해왔어요. 세계에서 가장 큰 좌파 노조연맹 중 하나죠. 물론 지금도 그런 가치를 잘 지키고 있는지에 대해 비판이 많지만, 아직은 힘들게 버티고 있죠.

물론 그 밖에도 많은 차이가 있어요. 법률·제도상 차이는 노동자 사업 방식에 차이를 만들기 때문에 그보다 더 많은 차이를 낳죠. 한국엔 노동운동 내 계파가 다양해서 계파 간 갈등이 심해요. 각 정파는 정부에 대한 태도나 노동자운동 발전 전략과 정견에 있어서 조금씩 차이가 있죠. 또 노조 안에서 경쟁도 있고요. 사실 중국 노동자운동에서 활동가 집단은 많지 않은 편이죠. 그리고 각 지역마다 발전 정도가 다르고요. 광둥성과 푸젠성 등 연안 지대의 노동자운동은 비교적 발전했지만,

다른 지방엔 아직 그런 규모의 운동이 없잖아요. 산발적으로 저항하고 있다지만 아주 적다고 알고 있습니다. 반면 과거 한국에는 학생운동과 노동 현장 출신의 활동가들이 많았어요. 현재 한국 노동자운동은 비상한 시기를 맞고 있지만, 아시아의 다른 나라들에 비하면 활동가층이 두터운 편이라고 할 수 있죠."

나름 준비된 답변을 하면서 계속 학생들을 쳐다봤다. 여기서 절반은 이제 막 동아리에 들어온 신입생인데 내가 하는 말을 알아들을까? 이리저리 둘러보니 다행히 3학년 이상은 알아듣는 것 같았다.

문득 몇 년 전 서울에서 만난 어느 중국인 퇴직 관료의 눈빛이 떠올랐다. 회원 수만 3,000만 명에 달하는 거대 민간 조직의 부주석 자리까지 올랐던 그는 좌중을 휘어잡는 몸짓과 눈빛으로 세 시간 내내 발언했다. 그가 무슨 말을 하는지 전혀 알아듣지 못했지만 그의 기상과 손짓 하나하나가 나를 사로잡았다. '아, 저게 바로 대륙의 기상인가' 하는 생각마저 들었다. 신뢰를 주는 대화는 눈빛이 오가는 대화일 것이다. 억지로라도 자신감을 갖고 말을 이어나갔다.

"그럼 같은 점은 없을까요? 중국에서는 오늘날 제조업 공장 노동자운동 위주로 점차 성장하고 있는데요, 이런 상황은 1980년대 한국 노동자운동이 아직 흥성하기 전의 상황을 떠오르게 합니다. 하지만 당시 한국과 다른 점은 지식인, 즉 '학출(학생 출신 노동자)'의 참여가 미미하다는 점이죠. 그래서 학생운동의 성장이 매우 중요한 것 같아요. 중국에서 어떤 이들은 노동자운동이 발전하기를 원하지 않는 것 같아요. 독립적인 학생운동의 발전 역시 바라지 않겠죠. 학생운동과 노동자운동이 연결되어 함께 노력하고 함께 활동할 수 있으니까요.

또 한국 노동자운동은 중공업 분야 조직률이 높고 경공업에서는 낮아요. 1970년대 후반에서 1980년대 말까지 경공업 분야 노동자운동이 활발했지만 산업 구조조정을 겪으면서 많이 취약해졌죠. 경공업은 장비가 크지 않고 공장 만드는 과정이 복잡하지 않아서 공장 이전이 쉽거든요. 또 한국은 경공업 공장이 많이 영세해진 데다 숫자가 줄었어요. 지금은 중국이나 동남아시아로 공장들을 옮겼죠. '제조업의 위기'로 규정되는 상황에서 제조업 분야보다 크게 성장하고 있는 노동조합은 건설업과 서비스업, 공공부문입니다. 건설업에서는 조직화 방식을 색다르게 시도해서 성공했고, 서비스업에서는 대형마트나 운송업에서 조직이 커졌죠. 공공부문의 가입이 가장 크게 늘었는데, 병원, 시설관리, 철도, 항공 등이에요. 젊은 층과 여성이 많은 편이에요."

두서없이 한국과 중국 노동자운동의 차이점을 설명했다. 그러자 부수적인 질문들이 이어졌다. 이를테면 "현재 한국 노동자운동의 요구는 무엇인지" 같은 질문이었다.

"민주노총 산하에는 여러 산별노조가 있는데, 각 노조마다 요구가 다양하고 구체적이죠. 예를 들어 삼성전자서비스 노조의 요구는 노동조합 인정과 생활임금 인상, 위장도급 정규직화예요. 반면 서울시 다산콜센터 노조는 상담 노동자의 감정노동 부담이 심각해서 욕설이나 성희롱을 접할 경우 경고하고 바로 끊어버릴 수 있는 권리를 요구했죠. 또 대형마트나 서점의 캐셔 노동자는 의자에 앉아 일할 권리를 이야기하고 있어요. 계산할 때 하루 종일 서 있을 필요는 없으니까요. 지난 몇 년 동안 노동자들의 가장 대표적인 요구는 사장이나 관리자의 갑질을 근절시키고, 장시간 노동을 없애고, 생활임금을 확보하라는 것이었어요. 이 세 가지 요구는 특히 노동조합이 없는 회사의 노동자에게 절박하죠. 노동조합이 없으면 이런 것들을 쟁취하기 어렵잖아요. 노동자운동이 이런 불만들을 조직하고 노동조합 가입율을 높이는 데 집중해야겠죠."

그 밖에도 한국 사회운동에 관한 질문들이 끝없이 쏟아졌다. "한국 노동자운동의 장점과 바람직한 경향은 무엇인지, 획득해낸 좋은 성과는 무엇인지" 등이었다. 대학 시절에 저렇게 고차원적인 질문을 했던가? 게다가 학생들의 관심사가 조금씩 달라서 누구는 알튀세르 수용에 관해, 누구는 노동자 자주경영 기업에 관해 이야기했다.

그때까지 말없이 듣기만 하던 2~3학년으로 보이는 여학생이 조용히 손을 들었다.

"저는 야학에 관심이 많은데요. 중국에도 농민공을 대상으로 한 야학 활동이 있거든요. 노동자문화 등의 교육 활동이 노동자의 정치적 각성에 효과가 크다고 생각하세요?"

"당연하죠. 사실 노동자운동에서 가장 중요한 게 교육이라고 생각해요. 1970년대 전태일의 죽음 이후 한국 노동운동이 활성화되기 시작한 계기도 교육이었고요."

"《전태일 평전》은 읽어봤어요. 더 자세히 말해주실 수 있나요?"

"저도 책에서 알게 된 역사지만, 1970년대에 만들어진 청계천피복노조는 교육 공간을 만들어 15살부터 20살에 이르는 청계천의 의류노동자들을 교육했어요. 처음엔 한글 교육을 했고, 나중에는 노동법 등 다양한 교육을 했어요. 1980년대 대학생이 공장에 위장취업하기 시작했을 때 그들이 공장 안에서 시도한 주요 활동이 바로 교육이었죠. 함께 학습하면서 활동가가 될 만한 노동자를 찾기도 했고요. 그렇게 해서 후대의 힘을 준비하는 거죠."

"그게 바탕이 돼서 1980년대에 노동자운동이 폭발한 건가요?"

"직접적으로 연결된다고 할 순 없지만 비슷해요. 대중의 역량을 길러야 전체 노동자운동의 힘도 성장한다고 생각해요."

강연 방식의 질의응답이 이어지자 좀 지루하지 않을까 싶었다. 이미 두 시간이 훌쩍 지났다. 다행히 이후에는 좀 더 사적인 질문들이 이어졌다. "노동자들과 만났을 때 가장 인상 깊었던 순간이 언제인지", "노동운동하며 얻은 가장 큰 수확이 무엇인지", "노동자운동 중 겪은 어려움에는 뭐가 있고 어떻게 극복했는지" 같은 질문이었다.

"매 순간이 소중했어요. 이름 있는 대학을 나와 살면서 평생 만나기 어려웠을 좋은 사람들을 많이 만났고, 그중에는 훌륭한 스승도 많았어요. 어떤 사건을 꼭 하나 꼽아서 얘기하긴 어렵지만, 그 모든 시간이 지금의 저한테 자양분이 됐다고 생각해요. 그래서 이렇게 계속 버티면서 활동가로 살 수 있는 것 같고요. 무엇보다 최근 한국 사회에서 박근혜 탄핵이라는 큰 승리를 이끌었다는 게 수확이에요. 최근 몇몇 유명한 운동들 안에서 정말 많은 경험을 했죠. 이를테면 삼성은 역사적으로 노동조합을 인정한 적이 없어요. 세계 곳곳에 삼성 공장이 있고 중국에 삼성전자 공장이 있지만, 세계 어디서도 노조를 인정한 적 없죠. 해고, 미행, 협박, 납치 등 다양한 수작을 부려서 노조를 무너뜨려왔으니까요."

다시 떠올리면 오글거리지만, 그날은 답정너(인터넷에서 '답은 정해져 있고 너는 대답만 하면 돼'를 줄여 쓰는 말)처럼 답했다. 다행히 학생들은 오글거리는 말을 좋아하는 것 같았다. 내 대답이 끝나자 누군가 놀라서 되물었다.

"그런 짓도 한단 말이에요, 삼성이? 끔찍하네요."

"네. 끔찍하죠. 하나 예를 들어보죠. 제가 노조에서 일할 때 사건이에요. 삼성전자서비스에서 3명의 노동자가 목숨을 잃었어요. 기억이 생생해요. 첫 번째 자살한 노동자는 노조를 만든 지 100일밖에 되지 않은 2013년 10월 31일에 세상을 떠났어요. 한 살짜리 딸이 있는 에어컨 수리공이었죠. 그는 노동조합을 만들었을 때 한국 중부에 있는 천안이란 도시의 수리센터에서 일했어요. 그때 회사는 노조를 와해시키기 위해 각 서비스센터의 '적극분자'(열성 활동가의 중국식 표현)를 중심으로 감사를 실시했고, 노조 탈퇴를 강요했어요. 조합원이 1,500명 정도였는데 두 달 만에 1,000여 명으로 줄었죠. 죽은 에어컨 수리공은 이런 탄압에 항의해 자결했어요.

그가 죽은 뒤 우리는 삼성이 살인한 것이라고 항의하며 연

말까지 두 달 내내 삼성빌딩 앞 거리에서 노숙농성을 했죠. 한 겨울에 비닐과 신문을 덮고 아스팔트 위에서 잤어요. 그땐 쟁의권(교섭 과정을 통해 획득할 수 있는 헌법이 보장한 권리)도 없었고, 재정도 빈약했고, 정말 자원이 아무것도 없었어요. 맨몸뿐이었죠. 정말 힘들었지만 간신히 사과와 노조 인정 합의서를 받아냈어요.

하지만 삼성은 약속을 지키지 않았죠. 형식상 교섭에 나오긴 했지만 일터에서 탄압을 멈추지 않았고, 그마저도 경영자총협회를 대리인으로 삼아 회피했어요. 결국 노조는 파업권을 얻어 전국 곳곳에서 파업을 할 수밖에 없었죠. 수리기사의 파업은 삼성전자 제품이 고장 났을 때 수리할 사람이 없다는 거잖아요. 그러자 사측은 대체인력을 구해서 파업을 무력화하려 했고, 노조 조직률이 높은 센터 세 곳을 위장폐업시켰어요. 우리는 도심 곳곳에서 적극적으로 싸웠지만 이 싸움이 어렵다는 걸 알았어요.

그런데 그즈음 또 한 노동자가 목숨을 끊었어요. 전 그가 죽기 하루 전 잠시 고향에 다녀오는 길을 배웅했어요. 나중에 그가 유서를 남기고 사라졌다는 얘길 듣고 불길한 느낌이 들었죠. 그는 강원도 바닷가에서 유서와 함께 시체로 발견됐어요. 당시 삼성은 경찰을 사주해 그의 시체까지 빼돌렸습니다. 믿기세요? 정말 끔찍한 사건이지만 사실이에요. 이 사건은 한국에서 대단히 큰 사건이었는데, 1991년 이후 경찰이 노동자의 시신을 탈취한 것은 제가 알기로는 처음이었거든요.

그 후 50일 동안 삼성전자 본사 앞에서 700여 명이 노숙농성하며 파업했어요. 제 몸과 마음은 만신창이가 됐어요. 괴로운 과정이었습니다. 그 기억을 떠올리는 것 자체가 괴롭죠. 다행히 3년이 지난 얼마 전, 증거가 드러났어요. 삼성과 지난 정권의 유착을 수사하던 검찰에 의해 이 탄압이 회사 측의 공작이었다는 걸 증명할 문건이 발견됐죠. 경찰 고위 간부가 삼성의 뇌물을 먹고 시신을 탈취했던 거예요. 끔찍해요. 이게 제가 겪은 살 떨리는 경험 중 하나예요. 제 인생에서 상처와 영광을 남겼죠. 삼성이 노동자를 탄압하기 위해 저지른 죄악의 역사를 다 알려드리고 싶네요. 중국과 베트남에도 널리 알려야 해요."

대화는 막바지로 치달았다. 나중에는 고학년들이 대답하기 난해한 질문들을 했다. "마르크스주의를 어떻게 접했고, 밍짜오는 어떻게 마르크스주의자가 됐는지", "한국의 청년들이 마르크스주의에 대해 갖는 첫인상은 무엇인지", "마르크스주의자가 여성주의운동을 포함해 다른 여러 사회운동과 함께해야 하는 이유가 뭔지" 등 주로 마르크스주의와 관련한 질문이었다. 하나하나 답하긴 했지만, 내가 훌륭한 마르크스주의자도 아니고 이론적으로 두터운 지식을 갖고 있는 것도 아니었으므로 그냥 흘려들으라고 부탁했다.

"중국과 한국의 마르크스주의는 똑같이 위기라고 생각해요. 위기의 출발 지점이 다르고 양상도 다르죠. 하지만 사상적인 곤경에 처했다는 점에서 같은 것 같아요. 요즘엔 아무도 사상적인 질문을 던지려고 하지 않죠. 그냥 허무하게 '다 뭔 소용이야'라고 해버리거나, 이원론적으로 대립시켜버리지 않나요? 한국도 별로 다르지 않아요. 한국이 데모를 많이 하는 나라이

긴 하지만, 한국 사회운동이 사상적 내공이 있진 않으니까요."

너무 무기력하게 얘기했을까? 그래도 사실인 걸 어쩌나. 노동조합 조직률이 높아지고 있지만, 어떤 이념이나 비전은 사라졌다. 누군가는 이를 "사상의 분단"이라 부르던데……. 오늘날 한국 사회는 미디어와 기성 정치가 양산하는 이분법적 구획에 시민이 포획되어 있으며, 사회운동은 여전히 자신의 대안을 창출하는 데 실패하고 있다.

"그래도 한국은 동아시아에서 가장 활발한 나라 같아요. 대중문화도 그렇고, 운동도 그렇고. 그런 점에서 밍짜오 형이 마지막으로 이걸 얘기해줬으면 좋겠는데요. 중국에 왜 왔는지, 앞으로 어떤 꿈이 있는지, 고민하는 부분을 얘기해주세요."

내심 고마웠다. 대화를 힘차게 끝낼 수 있는 질문이었다.

"여러 차원에서 이야기할 수 있어요. 대의적인 차원에서 말한다면, 동아시아 국제연대를 위한 저의 기초를 다지기 위해 왔어요. 저는 동아시아 각국의 사회운동이 모두 저마다의 이유로 위기에 처해 있다고 생각해요. 일본은 노령화 사회에 진입한 상황에서 사회운동이 노령화됐고, 다음 세대의 운동을 재생산하는 데 실패하고 있죠. 노동자운동은 완전히 망했고 좌파는 대부분 노인들뿐이에요. 몇 번의 역사적 실패에도 불구하고 버티고 있는 일본공산당은 상품화 전략을 넘어서는 변혁의 전망을 제시하지 못하죠. 그 밖의 좌파들은 고립되고 있고요. 5월 1일이나 11월 노동자대회가 열리면 일본 좌파들이 한국에 많이 오거든요. 자국에선 그만한 투쟁이 없기 때문에 한국의 대규모 투쟁에 참여하러 오는 거죠. 국제연대를 위해 방문하는 건 좋은 일이지만, 자국에서 투쟁을 만들지 못하고 이렇게 한국에 매년 오는 건 매우 슬픈 일이라고 생각해요.

반면 한국은 일본처럼 되느냐, 아니면 혁신의 모멘텀을 만드느냐의 갈림길에 있어요. 앞으로 5년이 정말 중요한 시기인데 어떨지 아직 알 수 없어요. 젊은 층의 노조 가입이 늘고 있지만, 마르크스주의나 다른 좌파는 사상적 위기를 겪고 있어요. 사상과 노동운동의 연결이 느슨해지고 있죠. 게다가 한국 경제는 매우 좋지 않은 상황이에요. 이런 상황이 계속되면 정치적으로 위기가 찾아와요. 이를테면 최근 유럽에서 극우주의가 판을 치는 것처럼요. 위기의 시대엔 변혁이냐 야만이냐의 갈림길에 놓이잖아요. 우리는 변혁의 전망을 제시해야 하는데 자국 안의 시야로는 부족해요. 그럴 때 사람들은 원망하거나 혐오할 대상을 찾죠. 그건 사회 자체의 후퇴를 낳을지도 모릅니다.

중국 경제 역시 앞으로는 고도성장이 어려울 것이고, 노동자운동에 대한 탄압이 심하잖아요. 극심한 탄압으로 활동가들은 어려움을 겪고 있고, 애국주의가 과도해지고 있어요. 한편 동남아시아는 어떤가요? 베트남에 여러 제조업 공장이 늘어나고 미얀마나 방글라데시에서 의류 공장 노동조합이 늘고 있지만, 아직까지 조직된 노동자운동이 잘 보이지 않아요. 인도네시아와 필리핀에 좌파가 있지만 사상적으로 발전되어 있지 못하고 분열이 심하죠.

이에 반해 자본은 동아시아 글로벌 생산네트워크를 구축하고 각국을 넘나들면서 자유롭게 노동을 착취하고 있어요.

노동자는 살길을 찾아 국경을 넘나들죠. 많은 중국인과 베트남 노동자가 한국이나 일본에서 일하고 있고, 또 동남아시아에 있는 한국 공장과 일본 공장에 현지 노동자들이 있어요. 이런 상황에서 노동자운동은 국경을 사이로 분열되어 있습니다. 소통이 전혀 없다고 할 수 있죠. 어쩌면 100년 전보다 더 교류가 없는 게 아닐까 싶어요. 이런 상황이 지속되면 위기를 맞게 되어 사회운동에 기회가 찾아오더라도 평범한 사람들이 자본의 억압을 이길 수 없겠죠. 그땐 국제주의적인 사상과 전망을 노동자 대중에게 제시할 방도가 없을 겁니다. 그래서 우리는 우리의 미래를 준비해야 하며, 그건 동아시아 국제연대를 구축하는 것에 있다고 생각해요. 중국의 3억 농민공과 한국·일본의 비정규직 노동자, 한국·일본·대만의 이주노동자, 베트남의 제조업 노동자, 방글라데시의 봉제 공장 노동자, 필리핀과 인도네시아의 항만 노동자는 동아시아에서 가장 열악한 위치에 있어요. 하지만 동아시아의 자본주의를 바꿀 가장 핵심적인 세력이에요.

물론 이런 얘기는 거짓말이 아니지만, 그럴듯 하게 들리라고 하는 말일 수도 있습니다. 제가 중국에 온 건 개인적인 이유가 더 커요. 10년 넘게 활동하다 보니 많이 지쳤고 새로운 계기가 필요했거든요. 개인적으로 중국 역사에 관심이 많고 중국어를 배워야 한다고도 생각했고요. 한자리에 머무르지 못하는 제 기질과 성격, 경험, 장점, 그리고 현재 한국 사회의 상황 등을 종합적으로 고민하다가 내가 이 꿈을 잃지 않으면서 즐겁고 왕성하게 계속할 수 있는 걸 찾고 싶었어요."

모범생 연극

어느새 시계는 오후 3시를 가리켰다. 그렇게 세 시간 넘게 이어진 대화가 끝났다. 얘기하느라 식사를 제대로 하지 못해 허기졌다. 우리는 다시 베이징노동자의집 쪽으로 걸었다. 여느 때처럼 피촌의 모래바람이 우리를 맞이했다.

"이 동아리야말로 정말 멋져요. 짱! 학교에서 이렇게 사회 비판적인 고민을 나누는 동아리를 만들어서 열심히 활동하고 있잖아요. 먼 베이징까지 단체로 견학도 오고!"

내 말은 진심이었다. 나는 그렇게 보이지 않는 곳에서 희망을 만드는 사람을 존경한다. 그러자 동아리 대표 격인 4학년 친구가 겸손하게 말했다.

"대단하기는요. 간신히 버티면서 활동해요. 학교에 가면 또 연극을 해야 해요. 이런 활동은 몰래 하는 거죠. 우린 지하서클이나 다름없어요. 한편으론 모범생으로 살고, 다른 한편으론 지하서클로 사는 거죠."

실제로 이들은 연극을 했다. 학교에서 '시진핑 신시대 중국 특색 사회주의'를 주제로 하는 웅변대회나 토론회가 열리면 어김없이 참가해 모범학생*의 면모를 보인다. 그렇지만 그보다 좀 더 많은 시간을 이런 활동에 쏟는다. 토론 주선자 따지엔에 따르면, 다른 학교의 좌파 학생들 중에는 이런 이중적인

---

* 중국에서는 이를 '삼호학생(三好学生)'이라고 부른다. 여기서 삼(3)은 '사상과 품성이 좋고, 공부를 잘하고, 건강한(思想品德好, 学习好, 身体好)' 학생을 말한다.

활동을 비웃거나 비판하는 이가 있다고 한다. 하지만 내 생각에 그건 비판받을 일이 아니다. 이런 생존 방식도 나름의 의의가 있다.

문제는 당국의 감시와 통제다. 과연 4억 개의 카메라를 이용한 감시와 상시적인 인터넷 감시가 이뤄지는 사회에서 지하활동이 가능할까? 크게 걱정할 필요까진 없더라도, 얼마든지 모니터링의 대상이 될 만한 활동이다. 이런 환경에서 살아본 적 없는 나로서는 감히 상상할 수 없다. 가짜 연극을 해서라도 이 소중한 공동체를 지키려는 학생들의 분투에 경외심이 들었다.

최근 시진핑 국가주석은 2019년 건국 70주년을 맞이한 캠페인에서 지난 70년을 "장구하고 아름다운" 격변의 시간으로 회고하며, 앞으로 새로운 시대를 맞이하기 위한 분투(壯丽70年奋斗新時代)를 강조했다. 물론 IT업계의 청년 노동자들이 하루 16시간, 일주일 내내 일해야 하는 장시간 노동 논란이 벌어졌을 때 "위법한 장시간 노동은 분투가 아니다"라고 이야기하며 진화에 나서야 했지만 말이다. 전력을 다하는 것은 분명 나쁘지 않다. 그런 특별한 경험은 정신적인 각성을 낳는다. 하지만 평범한 사람들의 인권이 무시되는 총동원 사회의 노력을 분투라고 부른다면, 신시대니 혁명이니 하는 말들은 무색하기 짝이 없는 허황된 구호로 전락할 것이다. 오히려 나는 지하서클과 모범학생이라는 이중 플레이를 해서라도 무언가를 지키고자 하는 청년들의 모습이 진정한 분투가 아닐까 생각했다.

학생들은 식당 안에서 세 시간 내내 끊임없이 질문을 던졌다. 막판에는 완전히 지쳐버렸지만, 나는 어떤 현학적 대답보다 강한 질문의 힘을 느꼈다. 이 40개의 질문들을 잊고 싶지 않았다. 어떻게 기억해야 할까? 맞닿은 나라에서 자신의 사회를 바꾸려 하는 사람들이 서로에게 던지는 질문들을 어떻게 연결할 수 있을까?

흔들리는 사람에게

학생운동가들과 뜻깊게 대화한 그날, 태평양 건너 미국에 서 작은 뉴스가 전해졌다. 런민대학과 마르크스주의 관련 학 술 교류 행사를 코앞에 두고 있던 미국 코넬대학교의 학자들 이 교류 중단을 선언했다. 이들은 "자스커지 노동자들과 학생 들의 투쟁을 지지"하며 "언론 자유와 학술 자유에 대한 억압 을 중단하라"는 공식성명을 발표했다. 이 일로 코넬대와 인민 대 사이에 이뤄지던 교환학생 프로그램과 연구 프로그램이 중 단됐다. 2014년부터 런민대학 노동대학원과 교류를 이어오던 코넬대학 산업·노동관계대학원의 국제 프로그램 담당자 엘리 프리드먼(Eli Friedman)은 동료 학자 제시카 첸 와이스(Jessica Chen Weiss) 교수와 가진 〈워싱턴포스트〉 인터뷰에서 "우리가 바라는 연구가 더는 가능하지 않습니다. 노동 문제를 거론하 는 것조차 허용되지 않고 있죠. 세계의 대학들은 중국과의 협 력을 재평가해야 합니다"라고 말했다.

이 보이콧 사태는 미국 언론에 크게 보도됐고 런민대학에도 적지 않은 파장을 일으켰다. 어떤 사람들은 운동권 동아리 신광평민발전협회가 "선을 넘었다"며 비난했고, 어떤 사람들은 "코넬대학이 이해가 된다"며 우회적으로 당국을 비판했다. 천커신 등 학생운동하는 친구들의 사기는 올라간 것처럼 보였지만, 전반적인 학내 여론은 예전보다 비우호적으로 변했다.

며칠이 지난 11월 초, 호기롭던 상태는 금세 나쁜 방향으로 치달았다. 11월 7일 한낮, 18명이 한꺼번에 체포됐다는 소식을 들었다. 모두 자스커지 투쟁과 관련한 사람들이었다. 그중 넷은 자스커지 공장에서 일하던 노동자였고, 나머지는 베이징대학 마르크스주의학회의 학생들과 선배들이었다. 가령 허펑차오(賀鵬超)는 30대 초중반에 접어든 청년 활동가로, 2007년부터 좌파 활동을 시작하고 2011년에 베이징대학 마르크스주의학회에 가입한 선배 활동가였다. 그는 이미 학생운동 출신의 여러 동료와 함께 광둥성 일대에서 활동하고 있었는데, 칭잉사회복지센터(青鷹社工中心)는 이들이 함께 결성한 NGO였다. '사회복지'라는 이름을 갖고 있어 상상하기 어렵지만, 노동자계급이 아래로부터 조직되어 자본주의의 길을 걷고 있는 중국 사회를 다시 변혁해야 한다고 여기는 혁명가 조직이다. 허펑차오를 비롯한 선배 활동가들이 잡혀가자 자스커지노동자성원단은 크게 흔들릴 수밖에 없었다.

광둥성 경찰은 광저우와 베이징, 상하이, 우한, 선전 등에서 같은 날 일거에 기습해 이 18명의 활동가를 체포했다. 어떻게 이렇게까지 할 수 있지? 당국이 노동자와 학생의 요구를 수용할 가능성이 아주 낮다고 보았지만, 이렇게 많이 다시 잡아갈 줄은 꿈에도 생각하지 못했다. 중국 사회는 이런 역사적 기만을 어떻게 회복할 수 있을까? 어지럽고 초현실적인 일의 연속이었다.

이제 저항자들은 국제연대 확장으로 행동 초점을 옮겼다. 한국에 많은 저서가 번역된 놈 촘스키, 예일대학 경제학자 존 로머 등 30여 명의 학자가 2015년과 2018년 베이징대학에서 열린 세계마르크스주의대회(世界马克思主义大会)의 기만을 폭로했다. 촘스키는 "전 세계의 좌파 학자들은 이 대회와 행사를 보이콧하는 대열에 동참해야 한다"고 주장했고, 로머는 "중국의 정치 리더들은 가짜 마르크스주의자"라고 비난했다. 2010년대 초 한창 대중적인 인기를 구가한 정치철학자 슬라보이 지제크도 이 비판 성명 대열에 섰다. 영국 〈인디펜던트〉에 기고한 칼럼에서 "오늘날 중국에서 가장 위험한 일은 공식적인 교리를 진지하게 받아들이는 것 자체가 되어버렸다"며, 마르크스주의를 국가 공식 이념으로 규정하면서 이를 실제로 진지하게 받아들여 실천하려는 학생들을 오히려 탄압하는 행태를 비꼬았다.

이렇게 세계적으로 저명한 좌파 학자들이 펜을 든 까닭은 중국 정부가 앞에서는 마르크스 탄생 200주년 행사를 성대하게 치르면서, 뒤에서는 공회를 설립하려는 노동자를 억압하고 이에 연대한 학생 동아리를 탄압했기 때문이다. 세 학자 모두 중국에서 여러 책이 번역 소개된 인사들이었다. 그러니 중국의 지식인들 역시 이 사태에 아무런 생각이 없지 않았을 것이다. 다만 자신들의 무기력증을 서글프게 확인할 뿐이었다.

마르크스주의의 영향으로 만들어진 중국공산당은 마르크스주의라는 이념의 순전무결한 원칙(과연 그런 게 존재하는지 의문스럽지만)으로 혁명을 이루지 않았다. 하지만 한때 중국공산당은 분명 평범하고 가난한 중국인들의 희망이었다. 군벌, 일본 제국주의에 맞서 전쟁을 치렀고, 끔찍한 빈곤을 끝내고 인민해방을 쟁취하겠다고 약속했다. 많은 청년이 이 고귀하고도 절박한 목표를 실현하겠다는 일념으로 자신의 목숨을 바쳤으며, 대약진운동과 반우파 투쟁, 문화혁명 등 무수한 실패와 좌절, 오류를 반복했다. 그리고 1978년을 기점으로 한 개혁개방 이후 급속도로 경제 성장을 이뤄냈다.

하지만 불평등과 빈곤은 여전히 해소되지 않았다. 2018년 6월 국제통화기금(IMF)이 발표한 보고서에 따르면, 중국의 지역별 불평등은 세계 어느 나라보다 심각하다. 불평등 정도를 가늠하는 지니계수(gini index) 역시 1981년 이래 지금까지 꾸준하게 상승했다. 1980년대 초 0.3에 못 미쳤던 지니계수는 2000년대 중반 0.5에 근접했다. 최근 들어 조금 완화되긴 했지만, 많은 농민공이 일자리를 잃거나 임금 체불에 시달리고 있어 당분간 이 폭을 줄이는 것은 매우 어려워 보인다. 2020년 코로나 바이러스 대유행을 어렵사리 통과한 뒤 열린 전국인민대표대회 폐막 기자회견에서 리커창 총리마저 "중국 인민 6억 명의 월수입이 1,000위안(16만 5,000원)에 불과하다"고 말했을 정도다. 극소수의 부유층은 초호화 생활을 영위하고, 대다수의 가난한 민중은 최저빈곤선을 벗어나지 못하는 나라. 그러면서 노동자운동을 탄압하고 마르크스주의자임을 자처하는 학생들을 마구 잡아가는 나라. 이런 나라를 사회주의라고 부를 수 있을까?

뤼투를 닮고 싶은 20대 여성

짧은 가을이 지나가고 조금씩 겨울이 다가오던 11월 초, 나는 그리 상태가 좋지 않았다. 눈으로는 베이징의 탄압 상황을 슬프게 지켜보았고, 귀로는 서울의 이런저런 갈등을 전해 들었다. 실낱같은 희망의 끈을 붙잡고 있었지만 천천히 낙관을 잃어갔다. 미래에 대한 불안과 중국 학생운동에 대한 걱정이 뒤범벅되어 머릿속을 어지럽혔다.

그즈음 일면식 없는 친구가 위챗으로 말을 걸어왔다. 당나라 시인 이백의 시 〈여산의 노래를 빈 배 끄는 어사 노씨에게 보내노라(廬山謠寄盧侍御虛舟)〉의 첫 구절에서 따온 '초나라 미치광이랍니다(楚狂人也)'라는 닉네임을 가진 여성이었다. 알고 보니 고향이 초나라가 있던 장시성이었다. 성격과 생각이 닉네임과 어울리는 친구였다. 앞에 등장한 추광이 바로 이 친구다. 추광이 느닷없이 피촌에 관해 물어볼 게 있다고 해서 대화를 시작했다.

"난 고작해야 세 번 정도밖에 안 가봤어. 나한테 물어보라고 누가 말했어?"

"아! 실패청년파티 포스터에서 피촌에서 온 청년에 관한 걸 봤어. 그 뒤 여기저기 수소문했지. 그랬더니 널 알려주더라고."

"아하~."

"오해가 있는 걸까?"

"아냐, 아냐. 나도 다시 가려고 하던 중이었거든."

"그럼 우리 같이 가자!"

어렵사리 약속을 잡은 우리는 11월 14일에야 만날 수 있었다. 모두 넷이 모였는데, 나를 제외한 셋은 대학 졸업 뒤 비정규직으로 일하거나 프리랜서로 살고 있었다. 그중 추광과 스위안은 베이징 쉐위안로 근처에서 함께 하숙했다. 둘은 저마다 다른 꿈을 꾸고 있었다. 량스위안은 정치철학에 관심이 있어서 유럽으로 대학원 유학을 준비하고 있었고, 추광은 비정규직으로 일하고 있는 IT 회사를 그만두고 "소외된 사람을 돕는 일"을 하고 싶어 했다. 나머지 한 명 천리페이는 20대 후반의 남성으로, 나처럼 피촌에 몇 차례 가본 적 있었다. 대학원에서 비교문학을 공부하며 다큐멘터리 작업을 병행하고 있다고 했다.

저마다 다른 꿈을 갖고 있지만 피촌에 대한 관심 하나로 모인 우리는 서너 시간 동안 이야기했다. 천리페이는 베이징노동자의집 활동가들이 맞닥뜨린 상황을 설명했다.

"베이징노동자의집이 폐쇄 위기에 처한 적 있어. 들어봤어?"

"응, 들어본 적은 있어. 쫓겨날 뻔했다고."

"맞아. 전기 설비가 안전하지 않다는 게 이유였지만 수리할 시간을 주지 않았어. 실은 내쫓고 싶어 하던 차에 좋은 빌미를 찾은 거였지."

철거 직전 상황에 내몰렸던 베이징노동자의집은 여러 지

식인의 서명운동과 여론의 도움으로 간신히 살아남았다. 하지만 그 뒤 정치적 운신의 폭이 좁아졌다. 베이징노동자의집에서 자원 활동하는 한 청년에 따르면, 당국의 조치에 조응하는 모습을 보이기 위해 지역 공회에 가입해야 했고, 공회 간부의 감시와 통제 아래 활동해야 했다. 그럼에도 이런 공간을 지키고 유지하는 게 중요하다고 여겼기 때문에 활동가들은 버티고 살아남았다. 그 마음이 어떨지 어렴풋이 가늠된다.

추광과 스위안, 리페이는 짧은 다큐멘터리를 만들면 어떨까 하는 생각을 내비쳤다. 다큐멘터리까지 만들 수 있을까? 리페이는 베이징노동자의집을 둘러싼 민감한 상황 때문에 카메라를 들고 가는 게 너무 조심스럽다고 말했다.

"물론 다큐멘터리 영상이 아닌 글이어도 좋고, 혹은 아무것도 하지 못해도 괜찮다고 생각해."

나는 그들과 함께하기로 했다. 진지하고 쿨한 친구들에게 끌렸다. 무엇보다 난 이 새로운 친구들이 고마웠다. 베이징에 살면서 나에 관해 새삼 깨달은 게 있다. 이전의 나는 항상 뭔가 틀을 세우고 그 안에 갇혀 타자를 바라보며 타인이나 세계와 장벽을 쌓고 살아왔다. 부족하나마 사회운동 활동가였던 놈이 그토록 폐쇄적이라니! 그런 나에게 이 친구들은 먼저 손을 내밀었다.

11월 중순, 우리는 함께 피촌으로 향했다. 나와 리페이에게는 익숙하지만, 다른 둘에게 피촌은 낯설고 새로운 곳이었다. 베이징은 엄청 추워지고 있었다. 베이징은 거의 1년 내내 건조한 날씨인데, 가을이 되면 바람이 많이 불어 더 심해진다. 게다

친구들과 다시 베이징노동자의집을 찾았다.

가 5환 바깥의 도시 외곽은 체감 온도가 더 낮았다. 피촌 거리에 먼지바람이 가득했다.

추광과 스위안이 피촌에 관심을 갖게 된 결정적 계기는 뤼투 선생님이었다. 둘은 우연한 기회에 뤼투의 인터뷰 기사를 보고 궁금증을 품었다. 뤼투가 쓴《중국 신노동자의 형성》, 《중국 신노동자의 미래》,《중국 여성농민공》을 모조리 읽고 '뤼투처럼 살고 싶다'고 생각했다.

랴오닝성의 지식인 부부 아래서 자란 뤼투는 대학 졸업 뒤 자력으로 학비를 벌어 유학을 떠났다. 아마 당시 진보적인 청년의 선택지에는 바깥 세계에 대한 갈증이 있었을 것이다. 많은 청년 지식인이 해외로 유학을 떠났다. 네덜란드의 한 대학에서 산업사회학 박사 학위를 딴 그는 유엔의 특별초빙 연구자로 고국에 돌아와 대학 교수직을 맡는다. 쳇바퀴처럼 돌아가는 일상을 보내며 베이징에서 새로운 삶에 적응해가고 있었다. 그런데 베이징노동자의집 활동가들을 만난 뒤 인생이 완전히 뒤바뀐다. 노동자대학의 수업을 이끌며 한 달에 2,000위안(33만 원)을 받는 가난한 연구활동가의 삶을 시작한다. 2018년 봄에 열린 대중 강연에서 뤼투는 그 과정을 이렇게 설명했다.

"2003년 박사학위를 딴 지 얼마 안 됐을 때 저는 해외에서 생활하고 있었는데요. 한 국제 연구 프로젝트의 요청으로 베이징에 돌아와 연구를 하게 됐어요. 그때 베이징에서 노동자를 위해 활동하는 한 공익기구를 찾아갔죠. 베이징노동자의집이란 곳이었어요. 당시엔 하이뎬구의 샤자허(夏家河)에서 건설 노동자를 위한 노래 공연 같은 걸 하면서 활동하고 있었어요.

노동자의집은 나중에 피촌으로 이사했는데, 그곳에 한마음실험학교를 세우고 유동아동(流动儿童)*을 교육했죠. 이 학교는 운 좋게도 지금까지 남아 있고, 그동안 1만 명이 넘는 어린이가 이곳을 거쳐 갔습니다.

2005년 겨울 저는 한마음실험학교에 가서 책임자 중 한 명인 왕더즈(王德志)를 인터뷰했습니다. 그는 손에 화염방사기를 들고 난방기를 달구고 있었죠. 너무 추운 나머지 난방기가 얼어버렸던 거예요. 제때 녹이지 않는다면 바로 동파될 테고 아이들은 추위에 시달리겠죠. 저는 고개를 숙여 제 손에 있는 길고 긴 질문지를 내려다봤습니다. 그리고 고개를 들어 왕더즈 손에 쥐어져 있는 방사기를 봤죠. 너무 당황스러웠어요. 제가 설령 연구를 제대로 해낸다고 한들, 책을 써낸다고 한들, 그리고 국제회의에서 논문을 발표한다 한들, 제 연구가 이들에게 도움이 될 것이라는 생각이 들지 않았어요. 그렇다면 제 연구는 어떤 의미가 있을까요?"

우리나라에서도 많은 활동가가 진정성과 열정을 무기 삼아, 혹은 자신의 고유한 실력과 전망을 갖고 사회운동에 뛰어든다. 나 역시 그랬고, 37살이 될 때까지 최저임금 이상의 돈을 받아본 적 없다. 하지만 유럽에서 박사학위까지 따고서 농민

---

* 유동아동이란 농민공 부모와 함께 대도시에서 떠돌이 생활을 하는 아이를 일컫는다. 반면 유수아동(留守儿童)은 도시로 떠난 부모와 떨어져 시골에 홀로 남겨진 아이를 말한다. 2015년 10월 1일 기준, 중국의 유동인구는 약 2억 5,000만 명에 달하며 그중 유동·유수아동은 약 1억 명으로 추산된다.

공이 사는 가난한 마을로 가 활동가의 삶을 선택한다는 것에는 또 다른 어려움이 있다. 이미 가진 게 너무 많을 때에는, 눈앞에 비교적 안온한 삶이 있을 때에는 앎과 삶의 바다보다 넓은 간극을 뛰어넘기가 쉽지 않다. 물론 추광이나 스위안도 그 어려움을 잘 알고 있었다. 감히 그렇게 할 수 있다고 다짐하지 않았다. 다만 작은 관심이 그들을 깊은 관찰의 길로 이끌었고, 존경심을 불러일으켰다.

"뭐 어때! 우선은 그저 직접 눈으로 보고 알고 싶어. 너무 무겁게 생각하지 않는 게 좋다고 생각해."

추광의 열린 마음과 쿨함은 타의추종을 불허한다.

우리는 품팔이문화예술박물관에 먼저 갔다. 미리 방문을 약속했던 터라 이곳을 책임지고 운영하는 새로운 상근 활동가 W가 자세하게 설명해줬다. 나는 2시간에 가까운 설명을 세 번째 듣는 것이었다. 다섯 달 전에 비하면 훨씬 많이 알아들을 수 있었다. 그는 참 수더분하고 낙관을 잃지 않으려 노력하는 사람이었다.

농민공과 함께 만든 독립영화

박물관 투어를 마치고 나오니 우리처럼 노동자의집을 방문한 청년 5명이 보였다. 9명이 된 우리는 피촌 중심가의 한 식당에서 점심식사를 하고, 오후 3시에 있을 영화 상영회에 참가했다. 이날 상영한 영화는 〈이민 2대(移民二代)〉라는 독립장편영화였다. 피촌의 활동가와 주민으로 이루어진 신노동자영상소조(新工人影像小組)가 촬영한 이 영화는 농민공 2세대의 이야기를 다룬 픽션이다. 연출을 맡은 왕더즈는 피촌 노동자의집을 세운 핵심 활동가 중 한 명이다. 반년 전인 4월, 나는 무뚝뚝한 표정으로 꾸준히 비질하고 있는 그를 처음 만났다. 오랜 활동 경력으로 쌓은 강력한 카리스마가 느껴졌다.

두 번째 만난 노동절 전야제 때에는 해가 지기 전 잠시 그의 방에서 차를 마셨다. 마오쩌둥과 문화혁명, 왕후이(汪暉)나 첸리췬(錢理群) 같은 중국 좌파 학자들의 사상, 그리고 한국의 노동자운동에 관해 대화했다. 깊이 있는 이야기는 나누지 못했지만, 왕더즈와 그를 존경하는 다른 청년 활동가들이 풍기는 분위기는 인상에 깊이 남았다. 때로는 심각하게 논쟁하고 때로는 껄껄 웃으면서, 리더인 왕더즈가 무슨 말을 하면 하나같이 귀를 쫑긋 세우고 집중했다. 마치 100년 전 신해혁명 시절의 재야 지식인이나 비밀결사 조직원이라면 저렇게 끊임없이 차를 마시며 토론하지 않았을까 싶었다. 왕더즈는 내가 차를 조금만 비워도 바로바로 가득 채웠다. 아마 그게 중국인들의 다도(茶道) 같았다. 왕더즈는 피촌이란 작은 마을에서 폐허가 된 혁명을 일구는 뗏목지기 같았다. 그런 그가 영화를 찍었다니.

왕더즈가 영화 제목을 〈이민 2대〉로 지은 이유는 고향을 떠나 도시에 온 1세대의 자녀인 2세대의 삶을 그리고 있기 때문이다. 이 영화는 왕더즈와 팀원들이 함께 시나리오를 쓰고 촬영한, 그리고 피촌 주민들이 출연한 피촌만의 본격 '로컬 영화'다. 2만여 명의 노동자가 사는 작은 마을의 지역성을 특징으로 하는 독립영화라니! 가슴속에 묻어둔 영화에 대한 열망이 다시 일어나는 것 같았다. 물론 영화를 배운 적 없는 활동가가 만든 첫 영화이다 보니 만듦새가 아주 훌륭하진 않았다. 하지만 피촌 사람들의 삶을 드러내는 첫 극영화로서 의미가 충분했다.

영화가 끝나고 감독과의 대화 시간이 이어졌다. 연출과 촬영을 맡은 왕더즈는 피촌에서 살아가는 '품팔이 노동자 2세대'의 삶을 영화 속에 꼭 한 번 담고 싶었다고 한다. 2016년 왕더즈는 큐레이터이자 시나리오 작가 송이(宋轶)와 함께 신노동자영화소조를 만들어 〈이민 2대〉와 다큐멘터리 〈야생초가 모이다(野草集)〉를 촬영했다. 두 영화 모두 신세대 농민공 이야기를 담고 있다.

피촌의 한 물류창고에서 〈이민 2대〉 첫 상영회를 열었다. 커다란 창고 안에 빔프로젝터와 의자를 놓으니 바로 영화관이 됐다. 동네의 배달 라이더들과 노동자들이 우리 동네에서 찍고 우리 동네 친구가 출연하는 영화를 보러 모여들었다. 상영장 안에 모인 사람들 중 딱 한 명을 빼고 모두 영화가 끝날 때까지 자리를 뜨지 않았다. 그들은 어린 시절부터 베이징과 같은 대도시에서 살아온 품팔이 노동자 2세대였다.

영화에 단점이 보였다. 스토리 전개상 굳이 필요하지 않은 섹스 장면이 껴 있는가 하면, 여성 캐릭터의 대사가 어색했다. 남성이 중심이 돼 만든 남성 영화라는 점이 아쉬웠다. 만듦새는 영화를 만들어가며 발전할 수 있지만, 시선은 만드는 사람이 비판적으로 인식하지 않으면 바뀌기 어렵다. 그러나 이런 얘기를 하면 분위기를 어색하게 만들지 모른다는 생각에 아무

말도 하지 않았다. 함께 간 친구들과 소곤거렸을 뿐.

"영화 속 여자 대사 좀 이상하지 않아?"

"너도 그렇게 느꼈어? 나도! 히히."

시네토크가 끝나니 어느덧 해가 뉘엿뉘엿 지고 있었다. 서우두국제공항으로 착륙하는 비행기가 노동자의집 바로 위로 지나갔다. 피촌의 버스정류장까지 걸어가는 길에 스위안이 완화산 활동가에게 덜컥 내 대학 전공이 영화연출이고, 〈흔들리는 사람에게〉라는 30분짜리 단편영화를 찍었다는 사실을 알렸다. 첫 만남 때 이런저런 소개를 하다가 얘기했는데 그걸 기억하고 아웃팅한 것이다. 그런데 화산은 거침없이 내 졸업 영화를 상영하자고 제안했다.

"와우! 멋진데요. 그럼 그 영화를 피촌에서 상영할 수 있도록 해줄 수 있을까요? 정말 좋을 것 같은데. 영화를 보고 나서 같이 이야기하는 시간도 갖고요!"

"응? 정말? 괜찮아요?"

"정말이죠. 낯설긴 하지만 한국에서 온 활동가가 만든 단편영화를 같이 보는 것도 피촌에서는 좋은 경험이니까!"

"하지만 내 영화 속 대사는 다 한국어이고, 영어 자막은 있지만 중국어 자막이 없어요."

그러자 스위안이 말했다.

"영어 자막이 있어요? 그럼 괜찮다면 내가 중국어 자막을 만들어보죠, 뭐."

다들 눈을 반짝이며 쳐다보기에 얼떨결에 나도 그러자고 했다. 나로선 영광이었고, 중국 사람들은 어떻게 볼지 궁금하기도 했다. 지난 9월 한국에서 다른 두 편의 단편영화와 함께 다섯 차례 영화관에서 상영회를 했는데, 그때 귀국하지 못해 아쉽게 생각하던 터였다.

순식간에 보름이 지나 상영일이 다가왔다. 그 사이 스위안과 추광은 밤을 새워가며 중국어 자막을 만들었다. 친구들이 영어를 중국어로 번역했고, 내가 번역본을 검토해 완성했다. 몇 번 만나지 않은 외국인 친구의 영화 상영을 위해 고생을 자처한 친구들이 너무 고마웠다.

나는 영화 상영이 끝난 뒤 있을 '감독과의 대화'를 준비했다. 이미 영화를 본 친구들에게 아홉 가지 예상 질문을 들은 뒤 답변을 한국어로 적고 다시 중국어로 옮겼다.

흔들리는 사람에게

상영일인 12월 초, 다시 피촌을 찾았다. 기온은 어느덧 영하 밑으로 떨어졌고 바람은 더 심해졌다. 이번에도 상영 공간은 베이징노동자의집 안 영화관이었다. 피촌 주민들은 주말 저녁마다 60석 규모의 이 영화관에 모여 영화를 본다. 평상시에는 누구나 볼 수 있는 대중영화를, 낮에는 어린이가 볼 수 있는 애니메이션을 상영한다. 매주 일요일 오후엔 주로 중국의 사회 현실을 담은 다큐멘터리나 예술영화를 상영한다. 지난번 왕더즈의 독립영화나 30분짜리 내 졸업 영화는 이 시간에 상영됐다.

초나라 광인, 스위안 등과 함께 피촌에 가니 천리페이가 이미 도착해 있었다. 베이징노동자의집 입구에 상영회를 알리는

베이징노동자의집 영화관에서 내 졸업영화를 상영했다. 상영 소식을 알리는
안내판.

영화 상영이 끝나고 진행한 시네토크.

문구가 광고 칠판에 적혀 있었다.

'활동 보고. 일요일 오후 3시 영화 〈흔들리는 사람에게(致漂泊的人)〉, 이후 감독과의 교류.'

오후 3시 정각, 상영회가 시작됐다. 피촌 주민은 몇 명밖에 없었고, 대부분 피촌 바깥에서 찾아온 청년들이었다. 모두 20명 정도. 생각보다 많아서 안도했다. 공개적인 장소에서 누군가가 내 영화를 본다는 것은 발가벗겨진 채로 수능시험장에 내던져진 기분이 들게 했다. 졸업영화제나 내가 직접 연남동에서 연 상영회 때도 그랬다.

영화는 순식간에 끝났다. 상영회를 몇 번 밖에 안 했지만 상영회 때마다 느낌이 다르다. 어느 땐 쥐구멍으로 숨고 싶은데, 그날은 '이 정도면 그럭저럭 재밌는 영화인가' 싶었다. 상영이 끝나고 객석에서 예상 질문이 나왔는데도 준비한 답변이 잘 생각나지 않았다. 되는 대로 대답했다. 다행히 관객들이 나름의 방식으로 이해해주는 것 같았다. 기분 탓인지, 아니면 중국인들이 예의 있게 반응해준 덕분인지 몰라도 한국에서의 반응보다 훨씬 좋게 느껴졌다.

11월 9일, 20여 명의 대학생과 노동자가 베이징, 상하이, 광저우 등에서 한꺼번에 연행됐다. 학생운동가들의 상황은 최악으로 치달아갔고, 내가 할 수 있는 일은 많지 않았다. 되도록 많은 활동가를 만나고 그들의 이야기를 듣는 것만이 내가 할 수 있는 의미 있는 일이었다. 방법을 찾아 소셜네트워크에서 삭제된 베이징대학과 런민대학의 학생운동가들을 만나기로 결심했다.

신광평민발전협회

한국의 학생운동은 과거에 비해 아주 많이 위축됐다. 1990년 대 이후 정권의 탄압이나 한국 사회의 신자유주의적 변화, 대학의 기업화 등 구조적이고 외부적인 원인이 있지만, 내부적으로 학생운동 조직이 스스로 혁신에 실패했기 때문이다. 내가 대학에 막 들어간 2003년 우리 학교에는 NL과 PD*, 트로츠키주의 등 예닐곱 개의 학생 정치 조직이 있었다. 이들은 서로 경쟁하고 논쟁했으며, 학생운동의 발전과 혁신을 위해 함께 실천했다. 지금은 거의 사라졌다.

과거 한국의 활동가 집단은 학생운동을 '전체 사회운동의

* NLPDR(민족해방 민중민주주의 혁명론)과 PDR(민중민주주의 혁명론)을 통칭 하는 말. 사회운동 내의 이념적 구별을 지칭하지만, 사실 이런 구분은 당시 논쟁을 제대로 반영하지 못한다. 더구나 최근에 와서 기성 언론이 사용하는 이런 논법은 거의 잘못됐고, 인적 네트워크망을 거칠게 구별할 때에만 쓰인다. 2000년대 초중반까지 학생운동에는 이런 전통적인 구분이 무의미하지 않은 수준의 여러 학생운동 그룹이 살아 있었다.

견인차'라고 수식하곤 했다. 사회운동의 중심이나 메인스트림이라고 칭할 수는 없지만, 사회운동의 사상 혹은 실천을 리드하는 역할을 해야 한다고 여겼다. 이런 점은 중국에서도 비슷하다. 근대라는 무대를 연 1911년 신해혁명(辛亥革命)은 학생운동에서 촉발됐다. 마오쩌둥이나 저우언라이(周恩來)를 비롯한 당대의 혁명가들은 모두 신해혁명 시기 넓은 의미의 학생운동을 거치며 혁명가의 길에 나섰다. 중국에서는 아무도 섣불리 그 이름을 꺼내지 못하는 1989년 6월 톈안먼항쟁 역시 대학생이 광장의 한쪽 날개를 자임했다. 많은 학생운동 리더가 감옥에 갇혔고, 이들 중 일부는 여전히 중국 안팎에서 비판적 목소리를 내고 있다.

톈안먼항쟁 이후 중국 대륙의 학생운동은 완전히 소멸했다고 해도 지나치지 않다. 하지만 2018년 여름, 전 세계 언론이 확인했듯 어떤 학생운동은 여전히 어딘가에서 명맥을 유지하며 살아 있었고 엘리트 관료들을 화나게 했다. 학생들은 '마르크스·레닌주의자이자 마오주의자'로 자처하면서, 집정당의 고위 엘리트들이 중국을 잘못된 길로 이끌고 있다고 강하게 비판했다. 중국에 이런 공개적인 학생운동 그룹이 등장한 것은 익숙한 일이 아니었다. 관방에 의해 편성되거나 지도를 받는 공식 조직이 아닌 이상, 독립적인 운동 그룹은 존재 자체로 의심받기 십상이었다. 사회 현실에 비판적인 대학생들이 독자적인 그룹을 형성하기 시작한 것은 20년 남짓밖에 되지 않는다. 2000년대에 독서클럽 수준으로 유지되던 그룹들이 2010년대부터 직접적이고 정치적인 집단 실천에 뛰어들었다. 많은 이들이 비판적인 문제의식을 갖고 공부를 이어가거나 소시민으로 살아갔지만, 어떤 이들은 NGO(중국에서는 '사회조직'이라고 부른다) 활동가가 되거나 공장에 취직했다. 이들은 자본의 노동 착취와 정부의 친자본 노선을 비판했다.

만약 이런 비판과 운동이 없다면 중국에 희망이 있다고 할 수 있을까? 일찍이 문학 연구자 첸리췬은 '민간 사회주의운동'의 필요성을 역설한 바 있다.* 개혁개방의 폐해를 극복하고 정정할 수 있는 방법은 미국적이지도 혹은 권위주의적이지도 않은 "다른 길"로 개혁하는 것뿐이기 때문이다. 그가 말하는 민간 사회주의란 관방이 아닌 민간 영역, 즉 시민사회운동이 고유의 비판 의식을 갖춘 사회주의 사상과 운동을 가리킨다.

우리는 흔히 중국이 공산당 일당독재에 의해 통치되는 사회이기 때문에, 사회주의자나 마르크스주의자라면 할 말을 하며 살아갈 수 있으리라 짐작한다. 하지만 전혀 그렇지 않다. 중국에서 이념적으로 마르크스·레닌주의를 지향하는 민간 사회주의자가 다시 고개를 내밀기 시작한 것은 2003년부터 10년간 유토피아, 깃발넷(旗帜网), 노동자넷(工人网), 동방홍망(东方红网) 등 좌파 소그룹들이 크게 발전하면서다. 홍색중국망그룹(红色中国网工作组)은 이 소그룹들의 사회적 기반을 이렇게 설명한다.

"하나, 90년대 국퇴민진(국영기업은 줄이고 민간기업은 키우는

---

* 연광석·이홍규,《전리군과의 대화: 중국의 사회주의, 자본주의 그리고 민주주의》, 한울아카데미.

정책) 당시 대량 해고의 파도를 직면했던 국영기업 노동자들이 반사유화 투쟁을 벌이던 과정에서 일련의 노동운동가들이 출현했다. 둘, 중국공산당 관료 집단과 일정한 연결망을 갖고 있거나 청년 시절 갖고 있던 공산주의 이상을 아직 포기하지 않은 일부 당원들, 즉 노좌파들이 후진타오 시기 정치적 해금의 분위기를 타고 재결집했다. 셋, 문화혁명 시기 조반파 청년으로서 왕성하게 투쟁하다가 긴 암중모색의 시간을 가졌던 사람들이 재출현했다. 넷, 이데올로기적으로 주변화된 영세 자영업자를 대변하는 사람들도 이런 민간 좌익의 흐름에 합류했다."

2013년 이후 중국의 민간좌파는 새로운 계기를 마련한다. 자유주의 경향이 만연해 있던 대학가에서 마르크스주의나 포스트마르크스주의가 다시 힘을 얻으며 마르크스주의를 학습한 소그룹들이 제각각 발전하기 시작했다. 중국이 마주한 개혁개방의 모순은 청년 실업이나 취업난, 불안정한 일자리 양산 등 많은 문제를 낳았다. 흔히 바링허우(80后: 80년대생)와 지우링허우(90后: 90년대생)*로 지칭되는 20~30대 청년은 대학 졸업장이 더는 중산층으로의 성공가도를 보장하지 않는다는 사실을 깨닫기 시작했다. 이와 같은 사회 변화 속에서 다시 고개를 내밀기 시작한 학생 정치 그룹들은 민간 사회주의운동의 불씨와 같은 역할을 기대하기에 충분했다.

* 바링허우와 지우링허우는 각각 1980·1990년대생을 지칭한다. 개혁개방으로의 전환이 시작된 1978년 이후 태어나 이전 세대와는 다른 특징을 갖고 있다고 설명되며, 현대 중국의 사회 현상을 설명할 때 빠지지 않고 등장한다.

신광평민발전협회의 꿈

학생운동 그룹들 가운데 돋보이는 동아리는 런민대학*의 신광평민발전협회(新光平民發展协会)다. 신광협회는 2011년 봄, 동아리 초대 대표였던 우쥔동(吳俊东)의 주도로 20여 명의 학생이 모여 결성했다. '보통 사람들의 발전을 위한 새로운 빛의 모임'이란 뜻이다. 전부터 농민공 문제에 관심이 많았던 우쥔동은 학내 농민공을 위해 뭔가 하고 싶었다. 그러던 중 1918년 베이징대학의 학자들이 결성한 교역야반(校役夜班)을 알게 됐다. 학교 노동자를 위한 야학운동이었다. 당시 이러한 야학은 런민대학에서 "대학 캠퍼스의 장벽을 허물고 민중들과 함께하자"는 운동으로 발전했다. 신광협회는 교역야반과 비슷한 목적을 지닌 동아리였다. 학생들은 동아리 창립과 함께 신광야학(新光夜校) 프로젝트를 시작한다. 대학의 청소·경비·시설관리 노동자를 위한 야학 수업. 당시 대학가에선 유일무이한 시도였다.

신광협회 이야기를 들으니 반가웠다. 그보다 몇 년 먼저 한국에서도 비슷한 시도들이 있었기 때문이다. 고려대학교에서는 2002년부터 학내 비정규직 노동자와 연대하는 학생운동

---

* 런민대학은 1937년 중국 혁명 성지인 옌안(延安)에서 시작됐다. 당시 혁명가 육성을 위해 세운 산베이공학(陜北公学)을 모태로 하는데, 건국 이후 화베이연합대학과 화베이대학을 거쳐 1950년 10월 3일 베이징 정법학교와 화베이 인민혁명대학을 합쳐 현 런민대학으로 정식 개교했다. 인문사회과학 위주의 연구형 대학이기 때문에 이 분야에서는 높은 명성을 갖고 있다.

이 시작됐다. 불철주야(불안정노동 철폐를 주도할 거야)라는 이름의 모임을 만들어 청소·경비 노동자 등과 긴밀한 관계를 맺으며 한글학교나 컴퓨터교실 같은 프로그램을 운영했다. 2011년 초, 파업을 거쳐 비정규직 노동조합을 만든 홍익대학교에서는 미대 학생회가 나서서 그림교실과 같은 연대 프로그램을 운영했고, 한국예술종합학교에서도 비슷한 시도를 했다. 세 학교는 모두 대학 비정규직 노동자의 노동권을 쟁취하는 데 노학연대의 좋은 전례를 만들었다.

런민대학 학생들의 신광야학은 처음에 반응이 시원치 않았다. 우선 사단(社團)이라 불리는 정식 동아리 등록이 거절당해 강의실을 빌릴 수 없었다. 별수 없이 우췬둥과 동기들은 캠퍼스 안에 있는 할리우드식당(合利屋餐厅)에서 첫 수업을 열었다. 노동자 2명이 참여했다. 하지만 학생들은 실망하지 않고 야학교실을 알렸다. 노동자 숙소 앞에서 전단을 돌리고 매일 문안인사를 나누었다. 그렇게 노력했지만 신뢰를 쌓는 데는 시간이 걸렸다. 노동자들은 명문대생들이 자신에게 무료로 뭔가를 가르쳐줄 리 없다고 생각했다. 어떤 노동자는 학생들이 자신의 돈을 갈취하기 위해 속이는 것이라 의심하기도 했다. 대부분 농민공인 이 노동자들이 그동안 얼마나 각박하고 고통스럽게 살아왔는지 알 만하다.

야학교실 초기 수업 내용은 창업 교육과 비슷했다. 상업학원 박사를 초빙해 창업 수업을 듣고, 조를 나누어 토론하고, 창업계획서를 썼다. 하지만 학생들은 이내 이런 기획이 허무맹랑할 뿐만 아니라 현실적이지 않다는 사실을 깨달았다. 자연스레 야학 커리큘럼은 컴퓨터교실이나 법률 기초, 영어, 회계 기초 등으로 바뀌었다.

야학교실이 본격적인 성과를 거두기 시작한 건 2년하고도 여섯 달이 지난 2014년 가을부터였다. 토요일마다 열린 수업에 점차 많은 노동자가 문을 두드렸다. 50대 노동자를 대상으로 하는 무료 수업은 꾸준한 활동으로 이름을 알렸고, 30명의 노동자가 참여하는 런민대학의 명물이 됐다. 한 노동자는 신광야학 덕분에 책이나 신문을 보는 습관을 들이게 됐다며, 자신도 다시 젊은 시절로 돌아가 대학에 가고 싶다고 말했다. 스마트폰을 쓸 줄 몰랐던 노동자들은 스마트폰으로 채팅을 하거나 기차표를 예매하는 일에 익숙해졌다.

야학운동을 성공적으로 안착시킨 신광협회 학생들은 매년 중추절(한국의 추석)이나 1월 1일 원단(元旦)에 노동자와 함께하는 행사를 기획했다. 또 매월 하루씩 날을 잡아 다과회나 영화 상영회를 열었다. 신광협회의 이런 활동들은 언론에 여러 차례 소개됐다. 중국청소년발전기금회가 주는 격려지원금을 받는가 하면, 량수밍향촌건설센터(北京梁漱溟乡村建设中心)*와 협력 관계를 맺었고, 학내에 동아리방을 얻었다. 동아리 회원 역시 100명에 육박했다. 아마도 이때가 신광협회 최고의 전성기였을 것이다. 많은 이들이 신광협회의 뜻을 지지했으며, 신

---

* 런민대학 향촌건설센터 산하의 민간 공익단체로, 20세기 초 활약한 중국의 철학자 량수밍(梁漱溟)의 뜻을 기리고 그의 향촌 건설 이론을 이어간다는 취지로 설립됐다. 신향촌 건설 사업을 주로 한다.

광협회가 대학 정신을 회복시키고 있다고 격찬했다.

물론 계속 잘 풀리지만은 않았다. 학생들의 높은 이상은 종종 현실과 충돌했다. 수업을 개설하는 과정 하나하나가 고민의 연속이었다. 커리큘럼을 새로 만든다고 해서 노동자들이 모두 만족하는 것도 아니었고, 학생의 언어를 농민공의 언어로 바꾸는 과정도 녹록하지 않았다. 예컨대 2015~2016년 신광야학의 활동을 기록한 다큐멘터리에 따르면, 야학교실에서 진행한 영어 수업이 모두에게 만족스러웠던 것은 아니다. 어떤 노동자들은 열심히 수업을 듣고 따라했지만, 다른 이들은 별로 유용하지 않다고 털어놓았다.

이런 일화도 있다. 2015년 당시 동아리 대표였던 량샤샤(梁莎莎)는 어느 날 학생식당에서 식판을 들고 음식을 받다가 야학에 나오는 한 여성 노동자의 손에 붕대가 감겨 있는 걸 보았다. 그녀는 일하다가 칼에 베었는데 보상은커녕 한나절의 휴가도 받지 못했다고 토로했다. 량샤샤는 이 말을 듣고 크게 분노했지만, 노동자는 그저 쓸쓸하게 웃으며 이렇게 말할 뿐이었다.

"샤샤야, 넌 신경 쓰지 말고 너 자신만 보호하면 돼."

야학이 노동자에게 실질적인 도움을 못 주고 있음이 드러난 사례였다. 나중에 몇 번이고 다른 노동자들에게 이 사건을 이야기했지만 돌아오는 답은 같았다.

"나도 알지. 억울하고 분통 터지는 일이야. 하지만 샤샤야, 부탁인데 그런 말은 하지 말아줘. 골치만 아프고 슬플 뿐이야. 해결할 수도 없잖아."

나이 든 농민공들에게 체념과 절망이 깊게 배어 있었다. 학생들은 노동자들과 관계를 맺고 그들의 이야기를 들으며 하나같이 그런 아이러니와 분노를 느꼈다. 하지만 학생들은 인생 경험이 적었고, 전문적인 지식이 부족했다.

문제는 이것만이 아니었다. 한번은 노동자와 함께하는 영화상영회를 열어 〈가유희사(家有喜事)〉라는 홍콩 영화를 봤다. 장국영, 주성치, 장만옥이 주연한 영화로 1992년 한국에서도 개봉한 적 있다. 결혼 관련 내용으로 어렵지 않고 유쾌하면서 교훈적인 영화라 나쁘지 않을 것으로 생각했다. 그런데 영화를 함께 보던 여성 노동자들이 하나같이 집중하지 못했다. 절반 이상은 도중에 자리를 떴다. 왜 그런지 알 수 없었다. 나중에 한 노동자가 말했다.

"우리 그냥 전쟁 영화 보자."

15년쯤 전에 만들어진 홍콩 멜로영화조차 지루해할 정도로 집중력이 떨어졌던 것이다. 이제 스마트폰 게임은 야학의 최대 경쟁자가 돼버렸다. 문득 노동조합 집회 내내 스마트폰만 쳐다보는 한국의 노동자들이 떠올랐다. 20~30대만 돼도 중국의 대다수 노동자들은 퇴근하기 무섭게 허름한 숙소 침대에 누워 게임을 하고 싶어 하지, 야학 수업을 듣고 싶어 하지 않았다.

열심히 일해도 가난한 사람들

2017년 즈음부터 야학교실 사업이 원활하지 않았다. 2016년 가을에 시작했던 5년차 야학 과정을 수강한 노동자는 처음 20명이었다가 10명으로 줄었고, 이내 2명으로 줄었다. 나중에는 아무도 오지 않았다. 2018년 봄, 마지막으로 시도했지만 상황은 나아지지 않았다. 신광협회는 6년에 걸친 야학교실 운영을 중단하기로 했다. 더는 야학을 발전시킬 방법을 찾지 못했다. 〈인민일보〉로부터 "대학 정신을 드높이고 있다"는 찬사를 받았던 신광야학은 그렇게 중단됐다.

무엇 때문에 그렇게 잘나가던 야학에 노동자들이 오지 않게 됐을까? 일각에서는 교수법이나 수업 내용을 지목했다. 하지만 교수법은 바뀌지 않았다. 오히려 경험이 쌓이면서 발전했다. 수업 내용도 시사나 법률, 육아, 영어, 독서회 등 다양했다. 그렇다면 갑자기 노동자들의 취향이 바뀐 걸까? 야학 수업을 멈추게 돼 죄송하다고 말하자 한 노동자가 이렇게 고백했다.

"학생들, 너희 잘못이 아니야. 너희들이 연 저녁 모임에 난 항상 참가했어. 너무 멋지고 훌륭하더라. 우리는 야학에 안 가고 싶은 게 아니야. 절대 미안해할 필요 없어."

그럼 대체 뭐가 문제였을까? 대부분의 노동자가 고백한 불참 사유는 다름 아닌 '악화된 노동 조건'이었다.

당시 중국의 대학들은 관리 비용을 줄이기 위해 온갖 수단을 동원했다. 가장 먼저 시설관리 노동자의 인건비를 축소했다. 2016년을 지나며 식당 노동자의 숫자가 크게 줄고 임금은 동결됐다. 그 결과 일이 훨씬 고돼졌다. 노동자들은 퇴근 뒤 큰 피곤함을 느낄 수밖에 없었다. 임금 역시 터무니없이 적었다.

노동자들은 "너무 바빠서 시간이 없"거나, "2,000위안으로는 생활을 꾸리기 어려워서 일을 그만둘 수밖에 없"었다. 혹은 고향에 있는 가족의 생계를 위해 투잡을 뛰어야 했다. 그런 삶을 반복하다 보니 야학에 다녀오면 잠을 제대로 자기 어려웠고, 여가활동할 여유가 없었다. 이에 더해 대학의 청소·식당·보안 노동자는 1년짜리 계약직으로 일하거나, 아파도 휴가를 내기 어려운 농민공이자 불안정 노동자였다. 이런 구조적 현실이 만든 한계를 야학교실 학생들이 나서서 해결하기엔 너무나 역부족이었다.

대학생의 상황 역시 나빠졌다. 날이 갈수록 심화되는 경기 침체로 취업 시장의 문이 좁아지면서 마음의 여유가 사라졌다. 2016년 신입회원 모집에 고작 신입생 2명이 찾아왔다. 동아리 멤버가 100명에 근접하던 호시절에 비하면 청천벽력 같은 추락이었다. 이따금 동아리방 문을 두드리는 재학생 중에는 어학연수나 해외 유학을 갈 때 봉사 시간을 인정해줄 수 있는지부터 물어보는 경우가 많았다. 야학 활동을 자기계발 수단으로 삼는 태도다.

그럼에도 신광협회는 야학 중단을 실패라고 여기고 싶지 않았다. 내부 갈등이 늘고 어려움이 많았지만 어떻게든 극복해나가려 노력했다. 학생들은 단계별로 변화를 만들어낼 필요가 있다고 판단했다. 지금은 비록 야학을 중단하지만, 언젠가 적절한 때가 오면 다시 야학을 열기로 했다. 이를테면 20대 경비 노동자가 관심을 갖는 영어회화 수업 같은 건 더욱 실력을 키워서 다시 열 수 있다고 판단했다. 그리고 당장 실천하기 어

쓰촨성 청두 도심의 한 쇼핑몰에서 잠시 휴식을 취하는 청소노동자.

렵지 않은 광장무(广场舞)나 태극권, 운동 등을 노동자와 함께하는 방식으로 연대 활동을 이어갔다. 피촌의 신노동자예술단을 불러 '대지민요연창회(大地民謠唱談会)'를, 2017년과 2018년에는 '노동절맞이 학내 노동자 초청 문화제'를 열었다. 노동자 권익 보호나 자녀교육 문제 상담 등 할 수 있는 모든 콘텐츠를 다 동원했다. 관계 맺음을 지속하기 위한 노력이었다.

거대한 격변을 맞이한 2018년, 신광협회의 활동 방식이 급진적 방향으로 나아갔던 건 어쩌면 당연한 수순이었는지 모른다. 신광협회는 학내 노동자들이 실제로 어떤 노동 조건에서 살고 있는지, 임금은 얼마이고 하루 몇 시간 일하는지, 그 돈으로 어떤 삶을 살고 있는지 등을 조사했다. 2016년 초 베이징대학 마르크스주의학회의 활동을 따라한 것으로, 꽤 좋은 반향을 일으켰다.

신광협회는 이 보고서를 발표하는 자리를 마련하려 했다. 하지만 계속해서 가로막혔다. 심지어 다과회를 여는 것조차 방해받았다. 학교 당국은 신광협회 학생들과 노동자들의 연대가 학내 노동자의 공회 설립 움직임으로 이어지는 것을 극도로 경계했다. 적법한 절차에 따라 이뤄지는 공회 설립만이 베이징에서 가장 열악한 조건에서 일하는 노동자의 삶을 개선하는 방법이었지만, 대학 당국에게 그것은 더 큰 비용을 감당해야 하는 일이었으며 '지나치게 정치적인' 일이었다. 그렇게 여름방학이 됐고 저 멀리 광둥성 선전시에 위치한 자스커지 공장에서 작지만 거대한 싸움이 일어났다. 신광협회 학생들의 시선은 멀리 선전으로 향했다.

자스커지 노동자들과 함께한 10여 개 대학의 학생들이 하나같이 탄압을 받고 있을 때 신광협회 역시 예외는 아니었다. 학회 재등록 위기를 어렵사리 통과해야 했고, 학내에서 동아리 활동은 여전히 쉽지 않았다. 학생들이 학내 노동자와 작은 간담회를 열고자 할 때조차 학교 당국은 모든 수단을 강구해 방해했다. 심지어 빌려주기로 했던 건물을 갑자기 잠가버리고 노동자는 들어갈 수 없다고 통보했다. 두꺼운 파카를 입지 않으면 안 되는 추운 날이었다. 캠퍼스에 큰 소란이 일어났다. 천커신과 샹쥔웨이(向俊伟) 등은 까랑까랑한 목소리로 학교 당국에 항의했다. 이 자리에 수백 명의 학생이 몰려들었다. 아마도 도서관 문 닫는 시간과 맞물려 그랬던 것 같다. 학생들은 그저 노동자들과 함께 이야기하고자 했을 뿐이었으므로, 누구도 그들을 향해 손가락질하긴 어려웠다. 이 용기 있는 외침은 많은 이의 주목을 받았다.

12월 그날, 천커신을 만났을 때 나는 이날 밤을 기록한 영상을 봤다고 말했다.

"너 정말 연설 잘하더라. 너무 멋있어서 뇌리에 깊이 남았어."

천커신은 화가 난 나머지 자기도 모르게 감정적으로 연설한 것 같다며 부끄러워했다. 마음에서 우러나오는 커신의 외침은 무관심으로 일관하던 구경꾼들의 시선을 사로잡았다.

천커신은 런민대학 신광협회나 베이징대학 마르크스주의 학회와 같은 동아리가 짧은 역사를 가지고 있는 것처럼 보이

2018년 늦가을, 런민대학 캠퍼스에서 몇 차례에 걸쳐 학내 시위가 벌어졌다 (출처: 신광평민발전협회).

지만 알고 보면 그렇지 않다고 말했다. 이를테면 우췬둥의 농민공에 대한 관심은 결코 개인에서 출발하지 않았고, 베이징대학 마르크스주의학회 역시 마르크스주의에 대한 단순한 호기심에서 출발하지 않았다는 것이다. 천커신에 따르면, 중국의 좌파 학생운동 동아리들은 과거 지하서클의 역사를 갖는다. 1989년까지 거슬러 올라갈 수 있는데, 그해 6월 베이징에 거대한 항쟁이 일어났다. 바로 톈안먼항쟁이다.

오늘날 중국에서 톈안먼항쟁은 금기어다. '1989년에 있었던 일'이라고 에둘러 지칭한다. 그해 4월부터 톈안먼광장은 대학생들과 노동자들의 함성으로 가득 찼다. 두 달 가까이 이어지던 항쟁은 6월 4일 비극으로 종결됐다. 그날 수많은 학생과 노동자가 목숨을 잃거나 구속됐다. 〈학생방송〉은 "베이징 적십자사 통계에 따르면 사망자 수는 2,600명에 달한다"고 주장했다. 그 다음주 시위는 전국 181개 도시로 퍼졌고, 정부는 경찰을 포함한 계엄군을 동원해 진압했다. 한 달 동안 1억 명 넘게 참가한 시위는 놀랍도록 빠르게 진압되었고, 세상은 빠르게 잠잠해졌다.

이런 정치적 격동이 끝난 이후 학생운동 역시 금기가 됐다. 1989년부터 1990년대 초에 이르는 혼란기에 중국공산당 내 좌파는 역량을 보존하고 다시 개혁을 꾀할 미래를 준비해야 한다고 판단했다. 천커신에 따르면, 당시 뜻있는 당원들이 대학 사회(학원)에 개입하기 시작했다. 이를 문헌으로 확인할 길은 없지만, 구전으로 전해진 후배들의 증언이니 반쯤은 믿을 수 있지 않을까. 이들은 대학에서 독서회를 만들고 역사나 시사 문제를 토론하며 활동을 이어갔다. 그러나 2000년대가 되면서 과거에 가졌던 정치성은 상당 부분 퇴색됐다.

독서 모임 수준의 지하서클들이 수면 위로 올라온 건 후진타오 시기를 거치면서다. 2008년 쓰촨성 지진은 6만 9,227명의 목숨을 앗아가고 1만 7,923명의 실종자를 낳았다. 구조와 복구에 자발적으로 동참한 많은 사람이 단체를 만들어 시민운동을 시작했다. 이것이 중국에서 시민사회를 만드는 기반이 됐다. 물론 누군가 지적했듯이, 시민사회라는 실천적으로 커다란 영향력을 갖고 있음에도 분명히 정의 내리기 어려운 개념을 서구와 "정치·문화·역사적 맥락이 다른 중국에 적용하는 것이 쉽지는 않"다. 더구나 중국에서는 민간 조직마저 정부의 엄격한 등록 제도에 따라 관리되기 때문에 독립성 여부를 판단하기 쉽지 않다. 하지만 수많은 민간 조직 가운데 독립적이고 자주적인 전망을 갖고 있는 곳은 존재한다. 어쨌든 2010년대 이후 태동한 새로운 학생운동의 흐름은 이 시기의 영향을 크게 받는다. 민간 영역에서 활발한 교류가 이루어지면서 비공개 활동으로 정체 상태에 놓여 있던 대학의 지하서클들이 수면 위로 떠오르기 시작했다.

하지만 천커신이나 베이징대학의 셴위쉔은 당시 활동가들의 의식 수준이 그리 높지 않았다고 평가한다. 독서와 토론이 활동의 전부였기 때문에 실천으로까지 나아가지 못했고, 지식인으로 남는 것 말고는 다른 상상을 하지 못했다는 것이다. 2000년에 창립한 베이징대학 마르크주의학회 역시 2010년 이후 급격히 성장하기 전까지는 별 볼 일 없는 학회에 불과했다.

동아리운동 발전의 결정적인 모멘텀은 2010년대에 찾아왔다. 2012년, 시진핑보다 높은 인기를 구가하던 보시라이(薄熙來) 전 충칭시 당서기가 부패 혐의로 몰락의 길을 걷기 시작했다. 공산당 내 일부 좌파는 이것을 음모라고 판단했다. 이런 인식은 학생 서클에도 영향을 끼쳐 활동 재개를 부추긴다. 2013년 3월, 12차 전국인민대표대회를 통해 국가주석이 된 시진핑 정권 초기의 상황은 학생 활동가들이 용기를 갖고 전면에 나설 결심을 하게 만들었다. 당시 시진핑 주석은 대학에서 마르크스주의 학습이 더욱 장려되어야 한다고 자주 언급했다. 그러자 지하서클에 머물러 있던 좌파 학생들이 공개 활동으로 전환하기 시작한다. 2011년에 설립된 신광협회도 노동자 야학 운동을 거쳐 더욱 실천적인 방향으로 변모했다.

학생운동 그룹들이 공개 활동을 개시한 것은 2017년 겨울이다. 베이징 남부 다싱구의 농민공 집단 거주지에서 일어난 화재로 100개 이상의 사구가 철거되고 10만 명 이상의 농민공이 도시에서 쫓겨났다. 그러자 학생운동 그룹들이 들고일어났다. 베이징대학, 칭화대학, 런민대학, 정법대학, 어언대학 학생들이 철거 반대 서명운동에 돌입했고, 베이징시 당국에 공개서한을 보냈다. 비록 철거를 막아내지는 못했지만 학생운동 서클들은 큰 용기를 얻었다.

탄압의 서막을 알리는 사건도 있었다. 서명운동이 한창 벌어지던 2017년 11월 15일, 베이징대학 철학과 졸업생이자 마르크스주의학회 전 회장 장윈판(张云帆)이 광둥성 광저우시에 있는 광둥공업대학에서 세미나를 하던 도중 경찰에 체포됐다.

런민대학 캠퍼스의 항의 시위에서 관계자들의 제지에 저항하는 남자(출처: 자스커지노동자성원단 블로그).

그는 베이징에서 서명운동을 벌인 대학생들의 선배이자 저 멀리 광둥에서 대학생을 조직하고 있던 노동운동가였다. 이는 베이징의 학생운동가에게 던지는 일종의 경고였다. 그럼에도 학생들은 수면 위로 올린 활동을 멈추지 않았다. 오히려 수위를 높였다. 2018년 내내 일어난 미투 피해 여성들과의 연대나 자스커지 노동자들과의 강력한 연대는 이러한 활동을 바탕에 두고 있다.

천커신과 션위쉔을 만난 그해 겨울밤으로 다시 돌아가면 무슨 말을 할 수 있을까? 둘을 만나기 전 나는 섣부른 조언을 메모장에 적었다. 상황이 좋지 않으니 더욱 쓰라린 인내의 시간을 갖자고. 학교 안에서 청소 노동자들과 연대를 준비하고, 더 많은 학생에게 공감을 얻을 수 있는 과정이 필요하지 않겠느냐고. 하지만 몇 시간 동안 이야기를 나누다가 알게 됐다. 이 급진적이고 과격한 이들 또한 유연하고 차분하게 인내의 시간을 오랫동안 가져왔다는 사실을. 그러나 그들이 마주한 벽은 아주 두껍고 높았다. 역사의 상처들이 남긴 갈등과 냉소, 또래 학생들에게 드리워진 허무주의의 그늘, 정부 당국이 만들고 있는 강력한 선전의 힘을 고작 20명 남짓의 그들이 극복하기는 어려웠다.

도광양회

겨울이 다가오면서 베이징은 더욱 건조해졌다. 서쪽에서 끊임없이 찬바람이 몰아쳤고 눈 같은 건 내리지 않았다. 쉬지 않고 부는 바람이 미세먼지를 죄다 날려버렸다. 그토록 맑은 베이징 하늘은 처음이었다.

베이징엔 눈이 거의 내리지 않는다. 내리더라도 강설량이 매우 적다. 야메이는 몇 년 동안 한두 번밖에 보지 못했다고 한다. 베이징에 눈이 희박한 까닭은 대륙성 기후 때문이다. 이따금 베이징을 배경으로 한 중국 드라마에 눈 내리는 장면이 나오면 나는 고개를 갸웃한다. 2022년에 동계올림픽을 개최할 예정이라는데 인공 눈으로 대체하려는 걸까?

늦은 밤이 되면 나는 밖으로 나가 바람을 쐬고 종종 노점상 양꼬치나 마라탕을 사먹었다. 노점상에서 먹는 마라탕은 아무리 값이 싸도 꽤 맛있었다. 근처에 사는 청년들뿐 아니라 퇴근길의 직장인들, 주민들도 하나둘씩 나와 사먹곤 했다.

그러던 어느 날 웨이잉이 위챗 메시지를 보냈다. 지난번에 얘기한 왕신이 오랜만에 베이징에 온단다. 그가 온 김에 나를 만나고 싶다고 했다면서, 네 생각은 어떠냐고 물었다. 늦가을의 나는 내 이야기를 부담 없이 할 수 있을 만큼의 에너지가 없었다. 하지만 부딪쳐보기로 했다.

왕신을 만나기 전 웨이잉은 내게 이렇게 소개했다.

"G매체 편집장인데, 정말 똑똑하고 아는 게 많아. 그는 좀 구좌파, 그러니까 전통적인 좌파 사상을 가진 사람이라고 할 수 있어. 하지만 다른 마오주의자들처럼 답답하진 않아. 대화가 통하고 개방적인 데다 아는 것도 정말 많거든."

우리는 항상 만나던 바로 '그 장소'에서 약속을 잡았다. 내가 도착하고 몇 분 뒤 왕신과 그의 일행이 나타났다. 남성 둘, 여성 둘이었는데 알고 보니 커플들이었다. 왕신 커플은 산둥성에서 왔고, 다른 커플은 베이징 동쪽 교외에 살면서 이런저런 일을 하고 있다고 했다. 산둥성에서 온 둘은 30대 초반이었고, 베이징 외곽에 사는 둘은 20대 중후반이었다. 넷은 어떤 위계 없이 친구처럼 대화했다.

처음엔 무척 어색했지만 서로의 관심사가 비슷해서 이내 마음을 열고 대화할 수 있었다. 두 시간 가까운 대화는 근처의 한 식당으로 이어졌다. 왕신과 일행은 모두 직장에서 일하는 노동자였다. 왕신은 작은 발전소 같은 곳에서 설비 관리 일을 했다. 남들과 똑같이 일하고, 퇴근해서는 각국 좌파들의 투쟁 소식을 모아 번역한다.

이 그룹의 멤버는 20명 남짓으로 모두 다른 도시에 살고 있다. 베이징과 지난(济南), 시안, 충칭, 청두, 상하이 등 전국 방

방곡곡에 흩어져 있다. 그래서 다 같이 모이는 적이 별로 없다. 1년에 한두 번 모일 뿐이다. 보통은 채팅방이나 화상회의를 통해 이야기를 나눈다. 이런 활동 방식이 가능한 이유는 각자 맡은 해외 웹사이트를 리서치해 발췌 번역한 뒤 토론을 거쳐 발표하면 되기 때문이다. 코로나 바이러스가 찾아오기 14개월 전이었지만, 이들에게 언택트(untact)는 이미 일상의 수단이자 운동의 전략이었다.

왕신은 나와 관심사가 조금 달랐다. 그는 나처럼 다양한 사회운동, 자본주의 모순에 저항하는 모든 운동에 관심을 갖기보다는 공산당 또는 적색노조의 이름으로 투쟁하는 해외 좌파들에 집중하고 있었다. 그래서 그가 아프리카 수단이나 그리스의 공산주의자에 관해 이야기했을 때 나는 거의 알아듣지 못했다. 나는 그런 것도 중요하지만, 중국과 한국이 속해 있는 동아시아의 사회운동과 국제연대가 더 중요하지 않느냐고 이야기했다.

"물론 중요하죠. 하지만 저는 한국이나 일본을 잘 몰라요. 한국이나 일본의 사회운동을 소개한 영문 사이트도 못 찾겠고요. 게다가 타이완 좌파는 거의 쇠락해서 아무 힘이 없으니 소개할 게 없잖아요."

그의 말은 사실이다. 한국 사회운동은 한국의 상황을 국제적으로 알리는 일에 유독 관심이 적다. 시민사회단체 가운데 영문 사이트를 갖고 있는 곳이 거의 없으며, 그마저도 아주 드물게 번역이 이뤄진다. 영어를 잘하는 사람이 적고, 꼭 필요할 때가 아니면 국경 바깥 문제에 큰 관심이 없기 때문이다. 또

당장 우리 손에 잡히는 문제일 때만 국제연대에 관심을 기울이지, 평상시 연락을 취하거나 소식을 공유하지 않는 편이다. 1999년 반세계화운동 물결이 몰아쳤을 때 잠시 활발한 연대가 이뤄졌지만, 이후 다시 잠잠해졌다.

나는 왕신에게 영문 글이 올라오는 웹사이트나 진보적인 언론사들의 영문 기사 웹 주소를 정리해서 보내주겠다고 약속했다. 또한 내 중국어 작문 실력이 나아지면 종종 한국 사회운동 소식을 정리해서 보내줄 테니 G매체에 실어달라고 부탁했다. 그들은 흔쾌히 그러겠노라고 답했다. 공식 언론으로는 좀처럼 전달되지 않는 내부 소식을 전하다 보면 서로에 대한 이해가 조금 깊어지지 않을까?

왕신 일행을 만나고 몇 주가 지난 12월, G매체 그룹의 또 다른 멤버를 만났다. 웨이잉 말로는 리카이둥이 이 그룹의 실질적인 리더라고 했다. 흥미로운 건 리카이둥이 전 세계에 진출한 대형 기업의 엔지니어라는 사실이었다. 회사에서는 평범한 직장인으로 일하고, 퇴근하면 중국 사회와 자본주의 시스템을 비판하는 활동가가 된다는 점이 신기하고 대단했다. 그는 이런 이중적인 삶을 즐기는 것 같았다.

우리는 우다오잉(五道营) 근처의 후통에서 만났다. 후통은 베이징 특유의 오래된 골목이다. 수백 년 된 집들이 만들어내는 골목의 정취 때문에 관광객의 발길이 끊이지 않는다. 리카이둥은 배포가 크고 시야가 넓었다. 그는 세계 자본주의의 흐름과 중국의 정세를 꿰뚫어보면서 자기 위치에서 할 수 있는 일을 고민하고 있었다. 웨이잉은 리카이둥이 이끄는 이 그룹이 정치적 성향을 띠는 민간 활동가 그룹 가운데 손에 꼽힐 거라고 귀띔했다. 20명이 일하는 조직이 그렇게 큰 영향을 미친다고? 믿기지 않았다. 어쩌면 웨이잉만의 생각일지 모른다. 하지만 리카이동은 적어도 청년 활동가들 사이에서 명성이 자자했다. 한 행사에서 우연히 리카이동을 만난 적이 있는데, 20대 활동가들이 멋진 선배를 맞이하듯 리카이동과 인사하곤 했다.

"넌 어떻게 해서 이런 운동에 관심을 갖게 됐어?"

내가 물었다.

"대학 시절이지 뭐. 난 2005학번이거든. 그때 대학에서는 막 마르크스주의나 서구에서 온 좌파 이론 같은 것들에 관심을 갖기 시작했어. 지제크, 바디우 이런 사람들 있잖아. 나도 그랬거든. 어떤 독서회에 함께하면서 급진화됐어."

그는 따를 만한 선배나 전례도 없이 스스로 길을 찾아나갔다. 마르크스와 레닌, 마오쩌둥을 다시 읽으면서 현실사회주의가 실패한 역사를 돌아보고, 중국에서는 전혀 인기 없는 트로츠키 저작도 읽었다.

"난 확실히 트로츠키주의자는 아니야. 하지만 내가 아는 트로츠키주의자 친구들 중엔 괜찮은 사람들이 있거든. 그들의 영향도 분명 받은 것 같아."

"그럼 넌 마오주의자야?"

"마오주의자이기도 하지, 뭐. 마오주의가 뭐냐에 대해선 더 많은 설명이 필요하겠지만"

나는 베이징대학 학생들을 만나며, 베이징에서는 마오주의가 하나가 아니라는 사실을 알게 되었다. 저마다 생각하는 마오주의가 있었다.

리카이둥의 호탕함은 사람을 끄는 무언가가 있었다. 그는 처음 만난 사람이건, 자기보다 나이가 적거나 많은 사람이건, 혹은 외국인이건 거리낌 없이 솔직하게 이야기했다. 동의할 수 없는 주장에 대해선 쏘아붙이듯 떠들다가도 이내 껄껄 웃으며 어깨를 두드렸다. 뭐 이런 애가 다 있나 싶을 정도였다. 완전히 처음 만나는 유형의 사람이었다.

중국에 오기 전 현대 중국을 연구하는 한 교수님의 주선으로 중국 광둥성에서 온 공회 리더와 노동운동 연구자의 이야기를 직접 들을 기회가 있었다. 공회 리더의 말을 들으면서 신기한 매력에 빠져들었다. 방 안에 있던 10명 남짓의 사람들을 한 명 한 명 둘러보며 이야기하는데, 그 눈빛과 말의 강세, 호탕한 웃음소리, 빠른 말 속에 섞인 억양이 좌중의 시선을 사로잡았다. 나도 나름 여러 인간관계를 경험하고, 난다 긴다 하는 연설가들의 말도 많이 들어봤다. 하지만 그날 만난 공회 리더에게서 느낀 카리스마는 남달랐다. 우스운 비유지만, 마치《삼국지》속의 영웅호걸을 만난 느낌이랄까. 첫인상이 너무 좋아서 그 자체만으로 배울 점이 많다고 생각했다. 그리고 여기 베이징에서 이따금 중국인들로부터 그때와 비슷한 느낌을 받곤 하는데, 카이둥은 단연 으뜸이었다.

비겁한가, 무모한가
우리는 자연스레 베이징대학 마르크스주의학회가 맞닥뜨리

고 있는 탄압에 관해 이야기했다. 그는 이 모든 과정을 잘 알고 있을 뿐더러 깊게 관계를 맺고 있었다. 특히 그는 베이징대학 마르크스주의학회 등 일련의 그룹을 통칭하는 '청년선봉' 또는 '칭잉'과 칭화대학, 정법대학, 베이징사범대학 등에서 활동하는 학생운동 그룹을 통칭하는 '구시학회' 사이에서 중재 역할을 하기도 했다. 카이동에 따르면, 이들은 본래 이따금 만나 토론하는 시간을 가졌다. 그런데 공개적인 활동을 전면화할 즈음, 그리고 자스커지 투쟁으로 탄압이 심해질 때부터 토론이 제대로 되지 않았다.

'공개 활동' 논쟁에서 카이동은 공개 활동을 개시할 만큼 좋은 상황이 아니라고 주장했다. 하지만 청년선봉은 더 이상 기다리지 말고 공개 활동을 해야 한다고 주장했다. 골방에서 션위쉔을 만났을 때 그녀는 이 주장의 근거를 다음과 같이 설명했다.

"무엇보다 2010년 이후 중국 노동자운동이 크게 폭발하면서 광둥성을 중심으로 상당수 활동가가 생겨났어. 물론 최근 잠시 탄압이 있긴 했지만 생각만큼 그렇게 심한 수준은 아니야. 자생적으로 폭발한 노동자운동을 그대로 두는 것은 미련한 짓이고, 혁명적인 시기가 오기만 기다리는 태도는 비겁해."

그러면서 그녀는 레닌의 어떤 글을 인용했는데, 정확히 기억나지 않는다. 아무튼 그녀의 주장대로라면 청년선봉은 마오주의 좌파라기보다 전통적인 마르크스·레닌주의자처럼 보였다.

카이동은 그것이 섣부르다고 판단했다. 그는 준비가 미흡하고 대중적인 지지도 얻기 어려운데 주체적인 의지만으로 일을 벌이는 건 위험하다고 생각했다. 게다가 당국은 결코 이런 활동을 내버려두지 않을 것이며, 정치 위기가 고조되는 만큼 활동가에 대한 탄압이 극심해질 것으로 판단했다. 결과적으로 그가 옳았다. 하지만 전통적인 변혁론에 근거한다면, 션위쉔의 말도 틀리지 않다. 문제는 중국 사회를 어떻게 규정하며, 복잡한 현대 자본주의 사회에서 대중운동이 어떤 방식으로 작동하고 어떻게 시스템의 변화로 이어지는가에 대해서 하나같이 판단이 미흡하다는 점이었다. 션위쉔이나 천커신은 기본적인 원리는 변함이 없다고 말하겠지만, 나는 꼭 그렇지는 않다고 생각한다.

카이둥을 비롯한 G그룹 친구들은 완전히 다른 전략이 필요하다고 생각했다. 그들은 노동자 계급의 역량이 중요하다고 했을 때 농민공의 정치적 각성이 중요한데, 아직은 그런 준비가 안 되어 있다고 했다. 그들은 중국 사회의 약한 고리는 언론 자유가 없는 상태라고 생각했다. 언론 자유를 매개로 광범한 대중운동이 있어야 비로소 민주주의적인 사회 조건을 확보할 수 있고, 그래야만 사회주의자의 공개적인 운동이 가능하다는 것이다. 꽤 도식적이긴 했지만, 딱히 틀린 얘기는 아니었다.

그러고 보니 나는 어딜 가든 '너도 옳고, 쟤도 옳다'는 식으로 이야기했던 것 같다. 예전엔 나도 꽤 엄밀한 사람이었다. 하지만 굳이 내가 중국 활동가들의 논쟁에 낄 필요는 없다고 생각했다. 어느 정도 존중할 만한 고민과 진지한 활동을 하고 있다면 모두와 두루 관계를 맺는 게 더 중요하달까.

하지만 그해 12월 골방에서 선위쉔과 천커신을 만났을 때
는 꽤 솔직한 생각을 말했다. 11월 내내 이뤄진 거센 탄압과
동아리 폐지 위험 등 최악의 상황으로 치닫고 있었기 때문에
나는 그들이 우선 멈춰야 한다고 생각했다.

"난 그게 항복이라고 생각하지 않아. 너희는 충분히 유의미
하게 싸웠고 전 세계에 이런 모순을 알렸잖아. 하지만 지금은
역량을 보존하고 미래를 기약해야 하지 않을까?"

"그건 맞아. 우리도 계속 이렇게 밀어붙일 생각은 없어. 하
지만 잡혀간 우리 친구들은 석방시켜야 하잖아."

그것은 맞는 말이었다. 문제는 구명운동 역시 당국의 심기
를 거스를 수밖에 없다는 점이다. 하지만 어떻게 아무것도 하
지 않을 수 있겠나. 그건 비겁한 짓이다. 친구들을 구해야 하고
잊지 말아야 한다는 명분 앞에선 그 누구도 운동을 멈출 수 없
다는 생각이 들었다. 내가 당사자라도 아무것도 하지 않는 건
상상하기 어려웠다.

도광양회

격류망 사무실에서 활동가들을 만난 건 이듬해 1월이었다. 몇
달 전 야메이가 초대했다. 베이징노동자의집이나 투더우코뮌
과 관계를 맺고 있는 그는 격류망 활동가들과 두루 알고 지냈
다. 야메이의 넓은 발 덕분에 나는 많은 활동가를 소개받을 수
있었다.

격류망은 중국 안의 사회 문제에 관해 비판적인 글을 발표하는 몇 안 되는 좌파 독립매체다. 농민공 등 노동자의 시선으로 사건을 바라보고, 사람들이 놓치기 쉬운 쟁점을 날카롭게 파고든다. 뿐만 아니라 마오 좌파의 역사를 들쭉날쭉하지 않고 일관되게 평가해 소개한다. 이따금 당국으로부터 글을 삭제당하는 등 통제를 받기도 하지만, 크게 위험선을 벗어나지 않기 때문에 지금껏 살아남았다. 만약 격류망이 없었다면, 사회비판적인 좌파의 시각이 전혀 공유되지 않았을 테니 역할이 작지 않다고 볼 수 있다.

이전에 나는 격류망에서 주최한 작은 강연에 참여한 적 있다. 중국의 아프리카 사업에 관해 비판적이었던 한 서양인 교수의 강연이었다. 중국에서 태어나고 자란 그는 매우 유창한 중국어로 좀처럼 언급되지 않았던 아프리카 문제를 제국주의 비판의 관점에서 설명했다. 이처럼 이따금 열리는 오프라인 강연이나 온라인 강좌는 격류망의 주된 활동 가운데 하나였다. 이런 꾸준한 활동 덕분에 수백 명의 후원회원을 확보할 수 있었고, 그 힘으로 단체를 유지하는 것 같았다.

격류망 사무실은 피촌의 정반대편인 베이징 서남쪽 교외에 있었다. 처음 간 서남쪽은 뻥 뚫린 터에 고층 아파트가 세워져 있어 김포 신도시 같은 느낌이었다. 지하철역에서 10분 정도 걸어가 한 오피스텔 건물로 들어갔다. 고층에 격류망 사무실이 있었다. 40대 초반의 활동가 P와 야메이의 친구이자 칭화대학을 막 졸업한 젊은 활동가 H, 그리고 베이징사범대학에서 운동권 동아리 활동을 하고 있는 4학년 학생이 있었다.

두 대학 모두 청년선봉과 겹치지 않았다.

사무실 한쪽 탁자에 전자레인지가 있고 그 옆에 냉장고와 싱크대가 있었다. 그리고 그 위에 마오쩌둥 초상이 걸려 있었다. 중국 어딜 가나 볼 수 있는 흔한 초상화였다. 우리는 여지없이 긴 대화를 나눴다. 한국 사회운동이나 노동자운동, 내가 베이징에 온 이유에 관한 질문이 이어졌고, 자스커지 투쟁에 관해 길게 토론했다.

그들은 자스커지 투쟁에 확실한 거리를 두고 있었다. 왜냐하면 베이징대학 마르크스주의학회 등 청년선봉 그룹의 활동가들이 지나치게 맹동주의적으로 싸우고 있기 때문이라고 했다. 당분간 두 그룹이 화해할 길은 없어 보였다.

"그럼 당신은 어떻게 생각하세요?"

P가 내 생각을 물었다.

"지금 필요한 건 도광양회(韜光養晦)가 아닐까 싶어요."

"맞아요. 도광양회죠. 그런 말을 아시네요. 매우 동의합니다."

도광양회는 나관중(羅貫中)의 소설 《삼국연의(三國演義)》에 나온다. 조조가 동탁 세력을 무찌르기 전 그의 식객으로 있던 유비는 워낙 눈치가 빨랐다. 그는 자신의 재능과 야망을 숨기고 일부러 멍청하고 순박한 척 행동한다. 조조가 자신을 경계하지 않도록 하기 위해서다. 유비가 야망과 실력을 숨긴 것이 '재능을 감추다'를 뜻하는 '도광'이라면, '은거해 덕을 쌓으며 시기를 기다리다'를 뜻하는 것이 '양회'다.

오늘날 도광양회는 덩샤오핑 때문에 널리 알려졌다.

1980~1990년대 중국은 도광양회의 외교 전략을 취한다. 경제적으로는 개혁개방을 택했지만, 여전히 미국에 비해 힘이 없으니 강력한 국력이 생길 때까지 침묵하면서 야망을 숨기려 했다.

노동조합과 사회운동단체를 거치며 나는 한국의 사회운동, 한국의 좌파가 완전히 망했다는 걸 깨달았다. 대부분의 사람은 좌파를 떠올릴 때 한 줌의 마르크스주의자들이나 사회민주주의자들을 떠올리지 않았다. 아무리 좋게 봐야 리버럴리스트인 문재인 대통령과 그 지지 세력을 좌파라고 지칭했다. 그것은 한국 사회의 정치적 시선이 한참 오른쪽에 치우쳐 있다는 방증이기도 하지만, 좌파의 존재감이 미미한 수준으로 추락했음을 보여준다.

이렇게 망했다면 그걸 담담하게 인정하고 주변 환경을 "냉정하게 관찰(冷静观察)"해야 한다. 이는 덩샤오핑이 언급한 '28자 방침'의 첫 구절이다. 어떤 행동을 취하기 전에 정세가 어떻게 바뀌고 있는지 냉정하게 관찰해야 한다는 뜻이다. 그러면서 자신의 역량을 공고하게 키워야 한다(稳住阵脚). 내가 현재 갖고 있는 힘과 얻을 수 있는 성과를 고려해 침착하게 대처해야 하며(沉着应付), 좀처럼 자신을 드러내지 말고 무조건 실력을 길러야 한다(韬光养晦). 능력이 없는 척 저자세를 유지하고 (善于藏拙), 결코 앞장서서 대빵이 되려고 하지 않아야 한다(决不当头). 그런 가운데 어쩔 수 없이 해야 하는 일을 한다(有所作为). '28자 방침'을 사회운동과 대응시키는 것이 억지스러운 측면이 있지만, 사태 파악도 제대로 하지 않고 자기 힘을 기르는 일에 게으른 오늘날의 한국 사회운동 좌파에게 피가 되고 살이 되는 말이 아닌가 싶다.

나는 중국의 사회운동 좌파, 민간의 사회운동가에게 도광양회의 자세가 필요하다고 생각했다. 지금은 힘이 약하고 주체적 역량이 많이 부족하므로, 한껏 웅크린 채 당국의 눈치를 보면서 먼 미래를 위한 힘을 기르는 게 중국 사회운동이 할 일이다. 베이징대학 션위쉔과 런민대학 천커신을 만났을 때에도 나는 도광양회를 이야기했다. 둘은 고개를 끄덕이면서도 에둘러 자신들의 싸움이 얼마나 중요한 의미를 갖는지 이야기했다. 아마도 열에 일곱 정도는 인내하기보다 역사적인 계기가 필요하다고 여기는 것 같았다.

민간좌파들 간의 논쟁 과정에서 격류망은 '좌익 지구전을 논한다'라는 글을 발표한다. 이는 청년선봉과 자스커지노동자성원단의 싸움이 섣부른 것이었다는 기존의 비판을 뒷받침한다. 이에 대해 청년선봉은 비판론자들을 '좌의(座椅)'*라고 부르며 거세게 반박한다. 청년선봉이 보기에 자스커지 투쟁은 "빠른 승리"를 꿈꾼 것이 아닐 뿐만 아니라, "지구전"을 위한 과정이었다. 그러니 중국의 젊은 혁명가들은 훈련된 활동가를 양성하며 지구전을 도모하되, 모험주의를 피해야 하고, 우경화된 기회주의 역시 피해야 한다는 것이다.

어쨌든 중요한 건 좌파 그룹들 간 갈등이 회복 불가능한 수

---

* 본래 '좌의'는 좌석 또는 시트를 뜻하지만, 여기서는 '입좌파'와 같은 비유적인 멸칭이다.

구이저우성 싱이시 남쪽에 위치한 작은 마을 완푸촌에서 공개게시판에 당에
서 내려온 새로운 게시물을 붙이고 있다.

준까지 치닫지 않는 데 있었다. 그래야 이 모든 사태가 마무리된 뒤 다시 함께할 수 있는 계기를 만들 수 있기 때문이다. 하지만 그즈음 이들의 갈등은 최악으로 치달았다. 인터넷에서 온갖 상호 비방이 이어졌다.

저는 베이징대학 사회학과 16학번 추잔쉬엔입니다!

부지불식 크리스마스가 다가왔다. 베이징 시내에 크리스마스 캐럴이 흘러나오는 곳은 거의 없었다. 가끔 대형서점에서 클래식한 캐럴이 흘러나왔지만 서울보다 훨씬 조용했다. 서점 가느라 종종 찾던 아이친하이(爱琴海) 백화점 앞에 화려한 루미나리에 조명이 설치됐다. 하지만 장식이나 형상이 딱히 크리스마스를 연상시키진 않았다. 최대한 서구 소비문화의 색을 빼려는 노력이 엿보였다. 그렇다고 해서 이 도시가 소비문화와 무관하게 발전하고 있는 것처럼 보이지 않았다. 곳곳에 값비싼 소비재가 넘쳐났다.

언론 보도에 따르면, 불과 2년 전인 2016년 크리스마스 때만 해도 이렇지 않았다고 한다. 당시 베이징 거리엔 쉴 새 없이 캐럴이 흘러나왔고, 백화점은 크리스마스 상품으로 가득했다. 이에 문제의식을 느낀 당국이 자제령을 내렸다. 가령 허베이성 랑팡시(廊坊市) 당국은 크리스마스 시즌에 '차분함을 유지하라'는 공문을 발표했다. 또 공원이나 광장 같은 공공장소에서 "종교를 유포하는 행위"를 자제하라면서 "발견 즉시 신고"하라고 요청했다.

야메이는 올해 크리스마스가 최근 들어 가장 조용하다고 일러주었다. 서구 외신들은 이런 현상이 2017년 10월 열린 19차 중국공산당 전국인민대표대회에서 "중국 문명의 위대한 부활"이 제기된 뒤 "사상 통제가 강화됐기 때문"이라고 보도했다. 인터넷에서 여러 흉흉한 이야기가 떠돌았다. 크리스마스 시즌에 관광객에게 시비를 거는 애국시민이 돌출적으로 등장하기도 했다. 그러자 관영언론들은 '중국 전역에 크리스마스 금지령이 내려졌다'는 세간의 이야기는 사실과 다르다고 반박했다. 〈환구시보〉의 영자판 매체 〈글로벌타임스〉는 "랑팡이나 쿤밍 같은 일부 도시에서 크리스마스 행사와 판촉 행위를 엄격히 규제하고 있지만, 중국 곳곳에서 성탄절 분위기를 쉽게 찾아볼 수 있다"고 보도했다. 이를테면 여러 클럽이나 쇼핑 거리가 모여 있는 산리툰은 베이징에 주재하는 외국인이 즐겨 찾는 지역으로, 이곳의 유명 백화점 앞에 약 10미터 높이의 크리스마스트리가 세워져 있었다. 하지만 그걸로 "쉽게 찾아 볼 수 있다"고 말하긴 어렵다. 베이징의 핫스팟 중 하나인 우다커우나 왕징, 치엔먼 거리(前门大街) 같은 곳에서 크리스마스 분위기는 전혀 찾아볼 수 없었다.

사실 난 크리스마스에 별 관심이나 낭만이 없다. 그저 매년 느끼던 익숙한 풍경이 사라져 어색했을 뿐이다. 한국에서도 해가 갈수록 상업화된 크리스마스 분위기가 사라져가고 있다. 금융 위기 이후 경기 침체가 지속되고 소비 심리가 위축되면서 크리스마스에 대한 체감이 떨어지고 있다. 소비자본주의의 대표적 지표인 '크리스마스 특수'가 사라졌다는 뉴스를 본 기억이 난다.

물론 크리스마스 상업화에 제동을 거는 일은 나쁘지 않다. 독실하고 검약한 기독교 신자는 예수의 탄생을 축복하는 날이 상품 소비로 넘쳐흐르는 것에 문제의식을 느낀다. 자본주의 소비문화에 문제의식을 느끼는 삐딱이들은 거리를 장악한 크리스마스적 낭만에 시니컬하게 반응하며, 그저 성탄절 특수의 높은 물가가 싫은 사람들도 있다. 하지만 정부 당국의 일방적 제재를 통한 통제가 좋은 방식인지는 모르겠다. 고도로 상업화된 메가시티의 시민은 지극히 자본주의적인 생활양식과 소비문화 속에서 살아간다. 크리스마스가 아닐지라도 화려한 상품들이 늘 넘쳐난다. 크리스마스 특수보다 더 심각한 풍조는 내버려두고 크리스마스만 통제하는 것은 중국 정부가 기독교 확산을 거북하게 여겨 탄압하는 행위와 맞닿아 있을지 모른다.

공개서한

그해 베이징 사람들은 제각각 다른 분위기 속에서 크리스마스를 보냈던 것 같다. 베이징대학 마르크스주의학회 멤버들도 그랬다. 그들에게 크리스마스는 아무것도 아니었다. 학기 초부터 마르크스주의학회는 재등록 과정에서 어려움을 겪었고, 각 단과대와 학과 측은 신입생들에게 탈퇴를 종용했다. 야학과 연대를 통해 돈독해진 정으로 학생들을 도우려 했던 학내 경비 노동자들은 해고당했다. 이런 상황에서 마르크스주의학회는 몇 걸음쯤 후퇴하고 싶어도 후퇴할 수 없었다. 학생들은 베이징대학 총장에게 "비상식적인 탄압을 멈추어달라"고 청원했다. 12월 19일에는 왕양린(王仰麟) 부총장에게 보내는 공개서한을 전달하려 했지만, 건물 안에 들어가지도 못하고 학교 보위부가 이끄는 폭력적인 퇴거를 맞닥뜨려야 했다. 수많은 보위부 관계자가 10여 명의 학생들을 포위한 뒤 비난했다.

학생들은 할 수 있는 모든 일을 하려 했다. 다가오는 마오쩌둥 탄생 125주년*을 맞이해 행동주간을 기획했다. 누군가에겐 그저 광장에 세워진 거대한 동상에 불과한 마오쩌둥이 마르크스주의학회 학생들에겐 여전히 정치적이고 실질적인 상징이었다. 전국 마오주의자들을 향한 학생들의 공개서한은 크리스마스이브에 발표됐다.

우리는 자스커지노동자성원단 소속 대학생입니다. 25일, '위대한 지도자 마오 주석 탄생 125주년을 기념해 마오 주석의 진정한 학생들을 함께 구하자' 행동주간에 맞춘 기념 활동을 시작하며, 당신의 참여를 특별히 요청하고자 합니다.

마오 주석의 일생은 세 개의 큰 산(제국주의, 봉건주의, 관료자본주의)에 맞서 중국 인민을 해방시키고 행복한 삶을 도

---

* 마오쩌둥은 1893년 12월 26일 후난성 샹탄(湘潭)의 농가에서 태어났다.

모하는 것이었습니다. 안위엔(安源) 광산에서 정풍산까지, 다시 옌안까지 마오 주석은 불꽃을 점화시켰고, 결국 어두웠던 중국 하늘을 밝혔습니다. 마오 주석이 없었다면 혁명의 승리도 없었을 것입니다! 우리가 오늘 마오 주석을 기념하는 것은 근본을 잊지 않기 위함이며, 인민을 위해 복무한다는 기본을 굳게 기억하기 위함입니다.

일찍이 마오 주석을 기념하는 활동에는 청년의 그림자가 있었습니다. 지금까지 점점 더 많은 청년이 역사를 반성하고 현실을 통찰하며, 당대 노동자·농민의 고난을 체득하면서 마오쩌둥 사상의 진리를 발견했으며, 이로부터 믿음을 견고히 했습니다. 그뿐 아니라 자스커지노동자성원단의 청년들은 노동자들이 맞닥뜨린 자본가의 착취와 악덕 경찰의 탄압 이후 마오쩌둥 사상을 따르는 길을 선택했습니다. 노동자 계급이 자신의 노동조합을 가질 수 있고, 자신의 권익을 보호해 맨 앞에서 투쟁할 수 있도록 하는 것입니다. 이것이 바로 안위엔 철광 노동자 투쟁의 목표 아니었습니까?

지난 7월 29일 성원단이 결성된 후 저희는 노동자들의 공회 설립 투쟁에 연대했고, 지금까지 5개월의 시간이 지났습니다. 처음부터 성원단은 흑악 세력(黑恶势力)*으로부

---

* 중국공산당 전국인민대표대회 상무위원회는 2002년 4월에 열린 27차 회의에서 흑악 세력을 다음과 같이 규정했다. "1) 안정적인 범죄 조직으로 조직되어 구성원이 많고, 조직자와 리더가 명확하며, 골간 성원이 탄탄함. 2) 위법한 활동이나 기타 수단을 통한 경제적 이익 취득으로 일정

터 미행, 감시, 납치, 폭력 진압 등 무수한 탄압을 겪어왔습니다. 광둥성 경찰 당국의 반동적인 탄압 아래서도 흑악 세력과의 투쟁에서 성원단은 나날이 성장해왔습니다. 이 위대한 투쟁에서 일련의 진보적 청년학생들이 쏟아져 나왔고, 그들은 마오 주석의 가르침을 굳게 기억하고 있습니다. 청년은 노동자, 농민과 함께하는 길로 나아가야 합니다. 하지만 광둥 경찰 당국은 수십 명의 동지를 체포했고, 오늘까지 여전히 29명이 감옥에 갇혀 있습니다. 국민당 백색테러*와 무엇이 다르다고 할 수 있겠습니까? 이번 마오 주석 탄생 125주년 기념제에서 우리는 '위대한 지도자 마오 주석 탄생 125주년 기념 활동'을 개최하고자 합니다. 함께 기념하고, 함께 구출합시다."

다음 날 후난성 샤오산에서 마오쩌둥 탄생 125주년 행사가 열렸다. 자스커지노동자성원단에서는 노동자 황란펑(黄兰凤)과 장저잉(张泽英), 런민대학 학생 옌즈하오(严梓豪), 베이징대

한 경제력을 갖추고 있음. 3) 폭력이나 협박, 기타 수단으로 범죄를 저지르고, 대중을 억압하며, 군중을 살해함. 4) 불법 범죄를 저지르거나 공무원의 비호 또는 방임을 통해 어떤 지역 또는 업계에 불법적으로 악영향을 끼쳐 경제사회 발전 질서와 서민 생활에 두려움을 조성함." 이 말은 주로 정부가 범죄 조직 소탕 과정에서 사용한다. 하지만 사회운동을 탄압할 때 악용되기도 하고, 사회운동가가 부패한 정부 관료를 비판할 때 사용하기도 한다.
* 1930년대 초반 중국 대륙을 통치하고 있던 국민당 정부가 중국공산당 활동가들에게 저지른 전반적인 탄압을 일컫는다.

학 학생 장전전(展振振) 이렇게 4명이 대표로 참가했다. 이들은 25일 낮 현수막을 들고 행사 장소 일대를 행진했고, 당일 저녁 대예당에서 열린 집회에서 참가자들의 용기를 북돋는 발언을 했다. 이 자리에서 학생들은 〈동방을 붉게 물들이리라(东方 红)〉, 〈인터내셔널가〉 등을 제창해 청중들의 박수를 받았다. 학생들은 "마오 주석 만세! 노동자 계급 만세! 노동자들은 무죄다! 학생들도 무죄다! 구속자들을 무죄 석방하라!" 등의 구호를 외쳤다.

당시 공유된 몇 개의 영상들을 통해 본 현장 분위기는 매우 뜨거웠다. 사람들은 다소 격앙된 목소리로 지금의 현실을 비판하고, 썩은 관료들의 노동자 탄압을 비난했다. 이 행사에 참가한 사람들은 마오쩌둥 사상을 지지하고 중국 혁명의 초심을 순수하게 지지하는 마오주의 좌파로 분류되는 노당원이었다. 그들은 오늘날 중국공산당과 정부가 노동자운동에 가하는 탄압에 매우 비판적이었다. 20대는 자스커지노동자성원단뿐이었다. 이 행사는 전통 좌파 혹은 마오주의 노당원들의 축제처럼 보였다. 그럼에도 자스커지노동자성원단이 이 행사에 참가한 이유는 이 자리에 자신들의 목소리에 귀를 기울이고 지지해줄 만한 사람들이 많이 오는 데다, 중국공산당 내부에 비판 여론을 만드는 데 도움이 될지도 모른다는 판단 때문이었다.

하지만 다른 그룹 활동가들의 냉정하고 쓰라린 평가에 따르면, 고령의 마오 좌파들은 오늘날 중국공산당에서 영향력을 잃은 지 오래다. 개혁개방 전후로 시작된 세력 다툼에서 크게 밀려났고 그나마 남아 있던 지방 관료들도 대부분 은퇴했다. 그러니 학생들의 축제 참가는 '해볼 수 있는 건 다 해본다'는 수준에서의 기획이었을 뿐이다.

기숙사 앞에서 체포되다

그렇다고 효과가 없었던 것은 아니다. 행동주간 초대장이 발표되자 학교 당국은 크게 경계하기 시작했다. 크리스마스 밤까지만 해도 모든 게 평온해 보였고, 기념 행사는 예정대로 진행될 것만 같았다. 하지만 26일 자정이 지나기 무섭게 당국의 공격이 시작됐다. 26일 오전 1시 10분 사회학과 당서기 스장이(石长翼)가 마르크스주의학회 소속 학생 추잔쉬엔(邱占萱)의 기숙사 방문을 두드리며 즉시 방에서 나와 조사를 받으라고 소리쳤다.

"공안이 널 조사할 예정이다."

그렇지 않아도 추잔쉬엔은 계속해서 당국의 감시와 조사를 받아왔다. 그런데 새벽 1시에 갑작스레 들이닥치자 놀라지 않을 수 없었다. 잔쉬엔은 동행을 거부했다. 쓰장이 당서기가 조사받는 이유를 이야기해주지 않았을 뿐만 아니라 영장 비슷한 서류도 없었고, 새벽 1시는 너무 늦은 밤이었다. 그러자 얼마 뒤 신원이 불분명한 예닐곱 명이 들이닥쳤다. "이런 늦은 시간에 조사를 받을 순 없으니 떠나달라"고 말했지만 소용없었다. 괴한들은 "아침 9시 옌위안 파출소로 나오라"는 말을 남기고 사라졌다.

아침에 잔쉬엔은 자신의 위챗 계정이 삭제됐음을 알았다. 아마 바깥에 소식을 전달하는 경로를 봉쇄하기 위한 포석이었을 것이다. 당황스럽지만 어떻게든 이 소식을 친구들에게 알려야 했다. 부들거리는 마음으로 기숙사 건물을 나서는데 사회학과 덩안치(邓安琪) 서기와 리평헝(李泙恒) 부서기가 경비실에서 그를 맞이했다. 그들은 잔쉬엔을 보자마자 두 팔을 붙잡으면서 경찰서로 가자고 했다. 잔쉬엔은 이들을 뿌리치고 도망쳐 베이징대학 동문 앞의 지하철역으로 뛰어들었다. 하지만 그가 동문을 나서자마자 예닐곱 명의 괴한이 나타났다. 그곳에서 몇 시간 동안 잠복한 모양이었다. 괴한들은 잔쉬엔을 제압한 뒤 휴대폰을 빼앗고 지하철역 안의 벤치에 앉혔다.

이들은 자신을 공안부 하이뎬* 사무소 소속 경찰이라고 밝혔다. 내가 저지른 불법 행위가 대체 뭘까? 잔쉬엔으로서는 아무리 생각해도 납득할 만한 일이 없었다. 경찰들은 잔쉬엔을 베이징대학 동문역 경찰 사무실로 데려가려 했다. 잔쉬엔은 길거리에서 고래고래 고함을 질렀다.

"저는 베이징대학 사회학과 16학번 학생 추잔쉬엔입니다! 대체 제가 무슨 잘못을 저질렀습니까? 무슨 법을 어겼다고 당신들이 제게 이러는 겁니까?"

하지만 경찰은 아무 대답도 하지 않았다. 그저 무뚝뚝한 표정으로 로봇처럼 움직이며 지하철역 안 시민들이 자신들의 비

---

* 하이뎬구는 베이징 북서부에 위치한 행정구다. 유명 대학들이 대체로 이곳에 있다.

열한 행동을 볼 수 없게 하려고 애썼다. 경찰들은 잔쉬엔을 강제로 묶어 움직이지 못하게 했다. 잔쉬엔이 영장을 제시하라고 요구하자 그들은 "이거 구두소환이야. 뭔지는 알아?"라고 대답했다. 아무 근거도, 영장도 제시하지 않았다. 한참 뒤 잔쉬엔이 화장실에 가고 싶다고 하자 한 경찰이 잔쉬엔을 발로 걸어찼다. 잔쉬엔이 자빠지며 뒤통수를 바닥에 심하게 부딪혔다. 잔쉬엔은 머리를 감싸고 웅크리며 병원에 보내달라고 소리쳤다. 하지만 경찰은 무시했다. 이들은 잔쉬엔을 질질 끌고 가 차 안에 쑤셔넣더니, 잔쉬엔의 발이 차 문에 낀 것도 아랑곳하지 않고 출발해버렸다.

중관촌 서구 파출소로 향하며 경찰은 잔쉬엔에게 소환장을 보여줬다. 소환장에 적혀 있는 체포 사유는 '분쟁을 조장했다(尋釁滋事)'였다.

"내가 일으킨 분쟁이 대체 뭡니까?"

"분쟁 조장이 분쟁 조장이지 뭐겠어."

도무지 말이 통하지 않는 좀비였다.

24시간 동안 심문이 이어졌고 잔쉬엔은 극도의 피로 속에서 끊임없이 취조를 받아야 했다. 모두 여덟 차례에 걸쳐 기록을 요구받았는데, 심지어 한번은 새벽 1시가 넘은 시각에 진행됐다. 심문 과정에서 잔쉬엔은 여러 차례 "도대체 내가 위반한 법이 뭐냐"고 되물었지만, 경찰은 아무 대답을 하지 않았다.

경찰은 잔쉬엔에게 "다시는 이런 활동에 참가하지 않을 것"이고 "다시는 학교를 성가시게 굴지 않겠다"고 약속하면 학교에 정상적으로 다닐 수 있게 해주겠노라고 회유했다. 만약 그 제안을 받지 않고 예전처럼 불평을 늘어놓으면, 형사처분을 받아 생활기록부에 기재될 것이며 '옌위안 파출소 집중 감시 대상'에 등록돼 일상생활이 매우 어려워질 것이라고 협박했다. 경찰의 의도는 분명했다. 잔쉬엔의 진짜 죄목은 '분쟁 조장'이 아니라 '학교를 성가시게 한 것'이었다.

스무 시간 넘게 반복 심문한 뒤 경찰은 잔쉬엔을 풀어줬다. 그쯤이면 충분히 겁을 줬다고 판단한 모양이었다. 경찰은 떠나기 전 행정 처벌 증서를 내던졌고, 사회학과 당위원회는 그에게 곧 학교의 징계 처분이 내려질 거라고 말했다. 경찰이나 학교 당국이 말하는 근거는 하나같이 똑같았다. '학교 사무실 앞에서 치안을 어지럽히는 행동을 했다'는 것이다. 애초 학교 당국이 동아리를 탄압하지 않았다면 벌어지지 않을 일이었지만, 그런 인과 관계는 아무 소용이 없었다. 8월에 눈이 내린다고 해도 우기기만 하면 모두 그렇게 믿을 것 같은 무리였다.

2018년 12월 26일은 마오쩌둥 탄생 125주년 기념일이었다. 잔쉬엔은 경찰서에서 심문을 당하고 있어서 대신 다른 학생들이 기념 활동에 참여했다. 경찰은 12월 26일 처분 통지서를 배포하면서 정해진 시각에 정해진 장소로 와서 받아가야 한다고 말했다. 처분 통지를 통해 활동 가능한 학생들의 참여를 방해하고 기념 활동을 기획한 학생들을 터무니없는 죄명으로 잡아두기 위해서였다. 공안 당국이 그동안 미행, 납치, 협박 등 갖은 방법을 다 써왔기 때문에 충분히 예상 가능했다. 하지만 마르크스주의학회 학생들은 이런 꼼수에 굴복하지 않았다.

지록위마

처절한 싸움이 계속됐다. 학교 당국이 오랫동안 준비한 대비책이 마침내 등장했다. 12월 27일, 베이징대학 마르크스주의 학원의 원장을 맡고 있는 쑨시궈(孫熙国) 교수는 마르크스주의학회 학생들에게 아무 통지를 하지 않은 상황에서 학회 '개조'를 강행했다. 쑨 원장은 지금까지 마르크스주의학회의 어떤 활동에도 참가한 적 없는 32명의 학생을 소집해 결의를 진행했다. 이 32명 대부분은 공산주의청년단*에 소속된 말 잘 듣는 모범생들이었다. 중국의 대학에서 학생 간부는 한국처럼 학생회 선거로 선출되지 않는다. 거의 학교 당국이 선발하는, 예전 한국 중·고등학교 선도부 같은 존재였다. 심지어 학교의 명단에는 그동안 마르크스주의학회 활동을 조롱하던 학생 간부 왕위보(王昱博)도 포함돼 있었다. 마르크스주의학회 학생들로서는 기가 막힐 노릇이었다. 어용 선도부를 동원해 자치활동을 노골적으로 통제하려는 의도였기 때문이다.

다음 날인 12월 28일 오후 2시, 학생들은 베이징대학 동남문 부근의 한 건물 앞에서 '학회 개조에 견결히 항의한다!', '즉시 불합리한 개조 결정을 철회하라!', '32명의 개조 멤버들 중엔 마르크스주의학회 회원이 아무도 없다!' 등의 손 팻말을 들고 침묵 시위를 벌였다. 그러자 학교는 보안경찰 10여 명을 동

---

* 중국공산주의청년단(中國共產主義青年團)은 14~28살의 청년 단원으로 구성되어 있다. 청년을 대상으로 다양한 정치 교육과 선전 활동을 펼치며, 중국공산당의 지도를 받는다.

원해 행인들을 해산시키고 사진 촬영을 막았다. 마르크스주의 학회 학생들은 구경꾼들을 마주 보며 말없이 피켓 시위를 이어갔다. 보안경찰들은 학생들을 포위했고, 학생 간부들과 교직원들이 가세해 학생들을 강제로 해산시켰다. 학생들은 서로 팔짱을 끼고 버텼지만 보안경찰들에게 강제로 끌려가 구타를 당했다. 어떤 학생은 건물 안으로 끌려갔고, 어떤 학생은 바닥에 내동댕이쳐져 손가락에 피가 났으며, 안경이 부러진 학생도 있었다. 건물 안으로 끌려간 학생들은 보안경찰의 폭력에 항의했다. 누군가는 스마트폰을 빼앗겼고, 또 누군가는 두 손이 묶였다. 그 과정에서 한 남학생이 보안경찰에 연행됐고, 다른 여학생 한 명은 강제로 벽에 짓눌려 부상을 입었다. 완강한 저항 끝에 일부 학생이 탈출해 이과 건물 입구에서 소리쳤다.

"학교 당국이 가짜 동아리를 만들어 강제로 우리 동아리를 없애버렸습니다! 캠퍼스 안에서 오랫동안 일하던 노동자들을 해고했습니다! 학교 당국의 폭력에 반대합니다! 노동자들을 복직시켜주십시오!"

이런 끔찍한 대치 상황은 오후 5시까지 이어졌다.

결과적으로 역부족이었다. 기존의 마르크스주의학회는 폐지됐고 새로운 마르크스주의학회가 등장했다. 마르크스주의학회라는 이름을 달고 있었지만, 회원 중에 마르크스주의에 관심 있는 이는 아무도 없을 게 분명했다. 사람들은 이를 두고 지록위마(指鹿为马)라고 비꼬았다. 사슴을 가리켜 말이라고 했다는 고사에서 비롯된 성어다. 소셜네트워크에서 기존 마르크스주의학회를 지지하던 사람들은 "새로운 마르크스주의학회

베이징대학 캠퍼스에서 열린 마르크스주의학회 소속 학생들의 항의 시위(출처: 자스커지노동자성원단 블로그).

는 마르크스주의학회(马会)가 아니라 록회(鹿会)"라며 비난했다. 기존의 마르크스주의학회 학생들은 이제 정식 활동이 완전히 어려워졌다.

이틀 뒤 마르크스주의학회 학회장마저 연행되자, 마르크스주의학회는 결국 임의로 폐쇄당했다. 난징대학 마르크스주의열독회, 런민대학 신광평민발전협회, 베이징어언대학 신신청년 등도 폐쇄 수순을 밟았다. 모두 자스커지노동자성원단의 멤버가 소속된 동아리였다. 2019년 1월 2일, 런민대학 동아리연합회는 신광협회의 활동을 잠정적으로 중단시키겠다고 선포했다. 이에 이틀이 지난 4일 신광협회는 "런민대학 정신에 따라 노동자들과 함께 소리 내고 싸웠는데 '개조'당했다"며, 이를 "받아들일 수 없다"고 밝혔다. 다음 날 캠퍼스 안의 한 벽을 까맣게 칠하고 "아무것도 남지 않은 어두운 밤, 나를 위로해줄 이 어디에 있는가"라고 적었다.

보름이 지난 18일 런민대학 측은 신광협회 소속 일부 학생과 식당 노동자 한 명이 공모해 급식비를 훔쳤다는 혐의로 신광협회에 재차 경고했다. 21일, 동아리연합회는 신광협회의 동아리 자격을 오늘부터 박탈한다고 발표했다. 끝까지 동아리를 지키고자 노력했던 학생들은 마오쩌둥의 한 어록을 인용하며 이 일을 잊지 않고 계속 싸워나갈 뜻을 밝혔다.

"천하가 우리의 천하이고, 나라가 우리의 나라이며, 사회가 우리의 사회인데, 우리가 말하지 않으면 누가 말하겠는가? 우리가 나서지 않으면 누가 나서겠는가?"(1919년 마오쩌둥이 쓴 《상강평론(湘江评论)》 창간사 중에서)

무력감

베이징에서 학생운동 동아리들이 하나둘씩 폐쇄 조치를 당하고 활동가들이 체포되던 그즈음 애국주의적인 환호가 중국의 주요 언론 지면을 장식했다. 달 탐사선 창어4호(嫦娥四號)가 세계 최초로 달의 뒷면 착륙에 성공했다. 이 무인탐사선은 달 토양의 수분 함량 분석 등 몇 가지 과학 문제를 해결할 것으로 기대됐다. 언론은 이것이 중국의 우주과학기술이 세계적인 수준에 다다랐음을 방증한다고 예찬하면서도, 1년 가까이 지속되고 있는 미국과의 무역 분쟁이 '신냉전 시대'의 도래를 향해 질주하고 있다고 예견했다.

나는 군것질을 좋아한다. 2019년 1월 8일, 나는 여느 때처럼 숙소 건너편의 세븐일레븐 편의점에 가서 과자와 요거트를 샀다. 그런데 평소와 다르게 도로에 차가 한 대도 보이지 않았다. 국내 뉴스를 보다가 이날 베이징에 북한의 최고 지도자 김정은이 기습 방문했다는 사실을 알게 되었다. 2018년 남북정상회담을 계기로 북한 개방이 기정사실화되는 분위기였으므로 베이징 방문 역시 그 과정의 하나로 여겨졌다. 평양역에서 전용기차를 타고 온 김정은은 8일 오전 베이징역에서 내린 뒤 시진핑 주석과 정상회담을 갖고 베이징의 첨단 기업들을 시찰했다.

김정은 방문 뉴스로 떠들썩한 언론 지면 어디에도 짓밟히고 끌려간 대학생들에 관한 소식은 없었다. 나는 이곳에서 발생한 암울한 정치적 상황에 무력감을 느꼈다. 이들을 도울 힘이 없었다. 불과 보름 전까지만 해도 베이징에 1년쯤 더 머무르는 걸 고민하던 나는 봄이 되기 전에 서울로 돌아가는 쪽으로 생각을 바꾸었다. 가급적이면 방문 밖으로 나가고 싶지 않았다.

사상파티

이런저런 고민에 빠져 있던 어느 날 706청년공간의 책임자 우
팡룽 선생님이 단체 채팅방에 나를 초대했다. 1월 19일 '사상
파티(思想派对)'를 개최하니 발표자로 참석하면 좋겠다는 제안
이었다. 실패청년파티에 이은 새로운 기획으로, '실패'에서 '사
상'으로 나아가는 경로가 자못 놀라웠다. 사상과 파티라니! 전
혀 어울릴 것 같지 않은 두 단어를 섞어 재밌는 일을 벌여보
겠다는 호기가 멋져 보였다. 이럴 때마다 난 중국 사회가 많은
부분에서 정치적 가능성이 봉쇄되어 있음에도 정치적 상상력
은 한국보다 더 풍부하다고 느낀다.

"네, 당연히 해야죠."

자동반사적으로 답했다. 난 항상 이렇게 일단 지르고 뒷일
은 나중에 생각하는 편이다. 그날 밤 집에 돌아오자마자 고민
에 빠졌다. 대체 나의 무슨 사상을 발표하지? 우리에게 필요한
사상이 대체 뭐지?

신세대의 역사 허무주의

사회주의를 표방하는 중국에서 사상 문제는 복잡한 역사적 궤적을 갖는다. 혁명 이후 마오쩌둥을 비롯한 중국공산당 지도자들은 현실사회주의 국가의 난제인 관료주의를 놓고 갈등했다. 5개년 경제 계획을 세워 굶어 죽는 인민을 살리는 과정에서 새로운 정치·경제·기술 엘리트가 출현했다. 이는 공업화 과정에서 불가피한 것이었지만, 사회주의 체제의 목표 및 이상과 충돌했다. 1956년 마오쩌둥은 '사회주의 사회의 모순'에 관심을 돌리고 '백화제방 백가쟁명(百花齊放 百家爭鳴)' 방침을 세운다. "온갖 꽃들이 다투어 피듯이, 서로 다른 많은 입장을 지닌 이들이 자유롭게 논쟁하자"는 뜻이다. 자유로운 토론과 논쟁을 장려해 아래로부터 대중운동을 계속 추동하려는 목적이었다.

처음에는 백가쟁명과 정풍운동의 효과가 드러나지 않았다. 지식인은 정말 자기 생각을 말해도 되는지 망설였다. 혁명 직후의 사상개조운동이 당 바깥의 지식인에게 '당의 견해와 다른 생각을 말하면 시련을 겪는다'는 뼈아픈 교훈을 안겼기 때문이다. 중국공산당은 "말하는 자에게 죄를 묻지 않는다(言者無罪)"며 적극적인 참여를 호소했다. 그러자 갑자기 중국공산당과 마오쩌둥에 대한 비판이 쏟아져나왔다.

공산당의 고위 관료들은 그즈음 헝가리에서 발생한 반스탈린 봉기와 같은 저항이 중국에서도 일어날까 우려했다. 당 기관은 "만개한 꽃들 중 독초를 주의해야 한다"고 경고하기 시작했다. 결국 백화제방 백가쟁명 운동은 반우파 투쟁으로 탈바꿈한다. 공산당을 비판한 지식인은 졸지에 '우파분자'로 몰려 직장에서 쫓겨나거나 농촌으로 추방됐다. 당시 무려 55만여 명이 우파분자로 낙인 찍혔지만, 이것으로 관료주의 모순이 해결되지는 않았다. 관료주의 문제는 1950~1970년대 내내 가장 뜨거운 논쟁 주제였다. "악명 높은" 문화대혁명 역시 혁명정당의 관료화된 사령부를 어떻게 극복할 것인지, 진정한 사회주의 혁명을 이루고 혁명을 반혁명에 의해 후퇴시키지 않기 위해 무엇을 할 것인지를 둘러싼 기나긴 혼돈의 시간이었다.

주지하다시피 문화대혁명은 실패로 끝났다. 모든 게 파괴적으로 종결되고 마오쩌둥마저 사망한 1976년 이후, 중국공산당은 이상적 사회 건설을 위한 항로를 멈추고 과거의 혼돈에 대한 사유를 중단한 채 자본주의의 길을 걷는다. 이처럼 긴 혼돈과 철저한 망각 이후 개혁개방과 신자유주의적 사회개혁으로 점철된 지난 40여 년이 오늘날 중국 사회를 낳은 동력이다.

여전히 문제는 사상이다. 철학자 허자오톈(賀照田)은 1980년에 있었던 '판샤오(潘曉) 토론'* 분석을 통해 문화혁명의 좌절 이후 청년이 더 이상 삶의 의미를 제대로 다루거나 심신을 안정시킬 수 있는 윤리·생활의 감각을 형성하기 어렵게 된 것, 그로 인해 자아에 지나치게 집착하게 된 상황을 돌아본다. 그

---

* 1980년 잡지 〈중국청년(中國青年)〉이 기획하고, 몇몇 언론사가 참여한 이 토론은 여공 황샤오쥐와 대학생 판이의 편지를 바탕에 두고 있다. 토론 주제는 인생관, 청년이 겪는 정신적 위기였는데, 문화혁명 이후 청년 세대의 정신적 공황을 반영한다.

러면서 도덕의 위기와 허무주의가 만연해졌고, 오늘날 중국 사회의 정신적 공황이 만들어졌다고 분석한다. 그는 윤리 문제를 자본주의나 현대성의 모순, 인문정신의 결핍 등으로 추상화하지 말고 역사적으로 접근해야 한다고 주장한다. 또 지난 역사에서 제기된 곤경들에 대해 개혁 대 반개혁, 봉건 대 계몽, 혁명 대 신세대와 같은 도식으로 단죄할 게 아니라, 역사 발전의 복잡하고 다양한 가능성을 사유해야 한다고 말한다.

개혁개방 이후 중국공산당은 혁명 이후 펼쳐진 역사의 혼돈을 집단적 망각 강요를 통해 해소하려 했다. 경제 발전이라는 새로운 국가 목표에 대중을 동원하고 제도를 다시 배치해 해결하려 했지만 떠오르는 정신적 위기를 피할 수 없었다. 허자오톈은 허무주의가 지금 중국 사회가 마주한 문제들에 대한 대응력을 크게 약화시키며 심지어 악순환을 낳고 있다고 본다. 그리고 이것이 단지 중국 내부만이 아니라 세계와 관계에서도 부정적인 영향을 주고 있다고 말한다.

《88만 원 세대》나 《90년대생이 온다》 등을 통해 펼쳐지는 세대 담론은 기성세대의 시선으로 신세대를 바라보는 인식이 바뀌어야 함을 피력한다. 중국에도 이와 비슷한 세대 담론이 있다. 바로 바링허우(80년대생)나 지우링허우(90년대생)의 성격을 둘러싼 사회적 논의이다. 이들은 1자녀 정책에 따라 외동으로 태어났고 자본주의 상품소비시장을 경험하며 자랐다. 경제 발전의 성과를 어린 시절부터 누리면서 소위 '혁명담론'에서 멀어졌으며, 하나의 집단으로 불린 첫 세대이다. 한편에서는 "바링허우와 지우링허우가 고생을 모르고 자란 나머지 힘든 것을 참지 못하며 씀씀이가 헤프다"고 폄훼한다. 하지만 내가 보기에 이런 식의 인상 비평은 반추해야 할 것을 못하게 방해할 뿐이다.

사회학자 양칭샹(杨庆祥)은 역사와 생활의 분리에 따른 역사의식의 결여를 바링허우의 특징으로 규정한다. 바링허우의 성장 과정에서 일어난 사건들은 그들의 삶에 영향을 미치지 않았다. 그들의 삶이 역사와 대면했던 것은 쓰촨성 대지진이나 베이징 올림픽 등 단기간에 불과했다. 스스로 바링허우이기도 한 양칭샹은, 자기 세대가 표면적인 역사에 높은 열정을 갖고 일시적으로 역사적 존재감을 찾으면서도 그 일시성 때문에 허무주의적이기도 하다고 말한다. 또 바링허우는 역사성이 배제되고 탈정치화된 일상에서만 생활한다고 평가한다. 그는 이런 현상을 '역사 허무주의'라고 부른다. 가령 바링허우는 어떤 사태를 철저하게 대상화된 시선으로 희화화하는데, 이런 시선은 자의적이고 임의적일 뿐만 아니라 별다른 목적이 없다고 한다. 양칭샹이 찾은 문제의식의 기원도 허자오톈이 분석한 판샤오 토론이다.

이와 같은 역사 허무주의는 오늘날에도 지리멸렬하게 이어지고 있다. 소수의 학생운동가들이 강렬한 역사 인식 속에서 헌신적으로 활동하고 있지만, 일반적으로는 그렇지 않아 보인다. 베이징대학 마르크스주의학회 학생들이 학내에서 해고 노동자들과 연대해 왕성한 활동을 벌였을 때 대다수 학생은 철저한 무관심과 냉소로 일관했다.

사상과 파티

어쩌면 이상한 종교 행사를 떠올릴지 모르겠다. 파티하자고 불러놓고 사상을 이야기하면 얼마나 황당하겠는가. 사상과 파티는 그만큼 어울리지 않는다. 하지만 행사 분위기는 파티가 확실했다. 저녁 6시가 넘어 706공간에 들어서자 이미 발 디딜 틈이 없었다.

발표자는 모둠을 만들어 30분 정도씩 자기 생각을 발표하고 나눌 수 있었는데, 내 프로그램 시간은 밤 10시였다. 세 시간 넘게 다른 사람들의 이야기를 들을 기회가 생긴 셈이다. '당신은 정말 들을 줄 아십니까? 개인의 진화와 조직 변혁에 기초한 깊이 있는 경청' 같은 자기계발부터 '기자의 이야기'나 '인디뮤지션의 고민' 같은 직업에 관한 토론, '중국 인구 구조 변화는 우리와 어떤 관계가 있을까?' 같은 사회학, 그리고 '사회성별 주제의 희극 공동창작'이나 '유행음악에 대한 잡담 나누기'까지 다양했다. 대부분 자신의 직업과 일상에서 갖게 된 고민이나 시사와 학술 관련 이야기들이었다.

사상파티가 시작된 지 한 시간쯤 지났을 때 어느 때보다 뜨거운 열기가 느껴졌다. 사상파티라는 이름에 걸맞게 맥주와 마른안주가 있었다. 나는 술기운이 올랐다가 자칫 발표를 망쳐버릴지도 모른다는 걱정 때문에 발표 전까지 한 모금도 마실 수 없었다. 이리저리 돌아다니며 귀동냥을 하다가 아는 사람들과 대화를 나누거나 새로운 사람들을 만났다. 우다오잉에서 만나 거하게 얻어먹은 리카이동도 이 자리에서 다시 만났다.

나는 리카이동과 함께 몇 개의 토론에 참여했다. 그는 자유주의적이고 친서구적인 입장에서 타이완 독립과 민주주의를 주장하는 타이베이 출신 유학생과 격렬하게 논쟁하는가 하면, '예술가들이 다룬 신노동자(新工人)에 관한 미술 작품'을 주제로 발표한 학생들에게는 "신노동자가 아니라 그냥 노동자라고 불러야 한다"고 거칠게 비판했다. 그리고 다시 웃으면서 그들과 인사를 나누었다. 동의할 수 없는 부분도 꽤 있었지만 정말 특이하고 묘한 매력이 있었다. 베이징의 여러 청년 좌파들이 그를 존중하는 까닭은 무협지 속 '영웅호걸' 같은 그의 매력 때문일 거다.

밤 10시쯤 스태프의 안내를 받아 2층 도서관으로 올라갔다. 그곳에서 '소위 우익 포퓰리즘, 그리고 최근 동아시아 각국의 민족주의 문제를 어떻게 볼 것인가(怎么看所谓的右翼民粹主义—及最近东亚各国的民族主义问题?)'를 주제로 20여 분 정도 이야기할 예정이었다. 사람들이 하나둘씩 모여들었다. 대략 12명이었다. 어떤 사람은 그저 한국 이야기이기 때문에, 어떤 사람은 민족주의에 관한 관심으로 온 것 같았다. 누군가는 e스포츠 관전하듯 이야기를 들었다.

"제가 이 주제를 제안한 의도는 다른 사람들과 함께 최근 세계적으로 활발하게 생겨나고 있는 우익 포퓰리즘에 관해 토론하고 국제주의의 필요성을 이야기하고 싶어서입니다. 그리고 무엇보다 베이징 청년들과 이야기하고 싶어서죠. 이 화제를 떠올린 데에는 몇 가지 계기가 있었는데요, 우선 최근 세계적으로 우익 포퓰리즘과 민족주의의 광풍이 불고 있다는 사실입니다. 미국에서는 2년 전 트럼프가 대선에서 의외의 승리를 거두며 기존의 세계 자본주의 질서를 흔들고 있습니다. 알다시피 일자리를 잃거나 불안정한 일자리로 내몰린 백인 노동자 계급의 지지를 얻었죠. 그는 동성애와 이주자 혐오를 바탕으로 국내의 인종주의적 정서를 끌어올리고, 한편으로는 보호무역주의를 통해 자국 중심의 질서를 강화하고 있습니다. 중국 혐오도 그의 주요한 선전 수단이죠. 들어보셨는지 모르겠네요."

몇몇이 들어봤다는 듯 고개를 끄덕였다.

"사실 이는 자유민주주의 체제의 정치 선진국으로 찬사받기 일쑤인 독일에서도 마찬가지입니다. 독일 좌파는 고전을 면치 못하고 있으며 극우파 정당이 새롭게 부상하고 있죠. 극우파는 난민 이슈에 관해 적극적으로 발언하면서 유럽에서 난민 혐오와 배제의 정치를 내세우고 있습니다. 비단 두 나라뿐만이 아닙니다. 헝가리, 스페인, 오스트리아, 브라질, 심지어 노르웨이에서도 극우정당 바람이 불고 있죠. 세계 역사가 이성의 간지(奸智)에 의해 작동될 것이란 믿음은 크게 흔들리고 있습니다."

물론 내가 유려하고 거침없이 얘기한 것은 아니다. 아주 더듬거리면서, 때로는 출력해 온 대본을 보면서 이야기했다. 베이징의 젊은 청자들은 이런 미숙함을 잘 이해해주고 기다려주었다. 마치 난민 망명자가 공항에 도착해 기자회견을 하는 기분이었다.

"우리가 사는 아시아 역시 예외가 아닙니다. 일본에서는 아베의 독주가 지속되고 있습니다. 재작년 아베 정권의 독단적 행보에 반대하는 대규모 시위가 있었지만, 결과적으로 아무 힘도 쓰지 못하고 수그러들었죠. 필리핀 역시 마찬가지입니다. 두테르테는 고질적인 부패를 강력하게 처벌하겠다는 공약으로 인민의 지지를 획득해 대통령이 됐습니다. 그는 강력한 공포 정치를 작동시키며 무차별한 사형 행렬을 잇고 있고, 노동조합운동과 밀림 속 좌익 반군을 넘어 시민사회운동 전반에 강력한 탄압을 이어가고 있습니다. 토벌 부대까지 꾸렸다고 하더라고요.

그리고 중국 상황에 대해서는 여러분이 이미 저보다 더 잘 아실 겁니다. 우리 모두 하고 싶은 이야기가 많지만, 다들 알고 계실 만한 이유로 생략하겠습니다. 한국도 예외는 아닌데요. 2년 전 박근혜 정부를 퇴진시키고 더욱 진보적인 문재인 정권을 탄생시켰지만, 여전히 한계를 안고 있습니다. 민주주의는 조금 확대됐지만 진정한 민주가 오진 않았습니다. 촛불운동에 드러났던 여러 요구들은 뭉개지고 있죠. 게다가 최근에는 경제 위기의 징후가 감지되고 있습니다. 한편에서는 여성 혐오와 미투운동의 대결이 지속되고, 이주 난민에 대한 혐오도 극심해지고 있습니다."

한국 역사에 꽤 많은 지식을 갖고 있어서 그 전에도 내게 몇 번 말을 걸었던 친구가 물었다.

"한국인들이 조선족을 별로 좋아하지 않는다는 이야기는 들었어요. 맞죠?"

포털 사이트에 뜨는 중국 관련 기사 댓글을 보면 중국에 대한 엇나간 혐오가 늘고 있다는 것을 알 수 있다. 이런 사실이 중국에도 꽤 알려진 모양이었다. 가령 한국에서 생활하다가 되돌아간 중국인 유학생이나 조선족 이주노동자가 한국에서 받은 상처를 전했을 것이다. 인정하지 않을 수 없었다.

"일부 네티즌이 그런 혐오를 드러내는 건 사실이에요. 모든 사람이 다 그렇게 생각하는 것은 물론 아니고요."

내 말이 끝나기 무섭게 누군가 말했다.

"근데 말예요, 그런 네티즌은 어디에나 있어요. 중국에도 공격적이고 국가주의적인 소리를 내뱉기 일쑤인 사람들이 아주 많잖아요."

서너 명이 고개를 끄덕이거나 추임새를 덧붙였다. 흔히 한국 언론은 중국 여론을 보도할 때 가장 극단적인 현상이나 목소리만을 옮기곤 한다. 섬뜩하고 충격적인 이야기가 차분하고 중립적인 이야기보다 훨씬 전파력이 강하며, 그 전파력에 기대 페이지뷰와 트래픽을 늘려야 이득이기 때문이다. 이는 계획적이라기보다 무의식적이고 습관적이다. 이런 '트래픽 장사'는 다시 대중 여론에 영향을 끼쳐 상호 증폭을 반복한다.

"그런 극단적인 국가주의자들은 어디에나 있지만 요즘 들어 걱정이 더 많이 됩니다. 어쨌든 하려던 말을 계속하죠. 극우 포퓰리즘은 뭘 바탕으로 할까요? 주요한 원인으로 지목되는 것이 경제 위기입니다. 1970년대 이래 세계 자본의 이윤율이 고전을 면치 못하면서 자본은 생산단가 절감을 위한 다양한 수단을 선택했습니다. 우리는 이것을 신자유주의 세계화라고 부르죠. 국가마다 다른 양상을 보이지만, 세계 전체로 봤을 때 자본의 이동이 자유로워졌고 노동의 이동 역시 크게 늘었습니

261

다. 동시에 노동자운동에 대한 억압이 강화됐습니다.

이를테면 한국의 삼성은 아시아 각국에 공장을 갖고 있어서 어디든 자유롭게 이동할 수 있습니다. 이들은 임금이 오르고 노동생산성과 이윤율이 떨어지면 공장을 비우고 더 낮은 임금으로 노동자를 부려먹을 수 있는 나라로 이동하죠. 삼성은 한국에 있던 공장 대부분을 중국으로 옮겼고, 그다음엔 베트남으로 향했습니다. 폭스콘 역시 베트남이나 인도에 공장을 세우기 위해 투자를 모색하고 있습니다. 선전에 있는 거대한 폭스콘 단지는 곧 사라질지도 모릅니다.

최근 중국에서 나타나는 노동쟁의의 가장 큰 원인은 자신의 일터가 갑자기 동남아시아나 중국 서부 내륙으로 떠나면서 일터를 잃어서입니다. 이런 상황에서 노동자는 자발적인 혹은 조직적인 저항을 일으키지만 실패할 수밖에 없습니다. 자본이 떠나고 공장을 옮기는 데 방법이 있나요? 한국에서 비일비재하게 이런 일들이 있었지만 별 대책이 없었습니다. 몇 달 전 뤼투 선생님이 한 강연에서 이런 이야기를 하시더라고요. 미국과 유럽에 있던 공장들이 남아공과 남한으로 가고, 다시 중국과 동남아 등으로 이동하는 과정에 대해서요.

그리고 이런 실패의 귀결은 타국민에 대한 혐오로 나타납니다. 미국 자동차 공장에서 일하다 일터를 잃은 백인 노동자계급은 중국인을 혐오하고, 어떤 한국인은 베트남 사람들이 자신의 일자리를 빼앗았다고 생각합니다. 사실은 자본이 저지른 짓인데 말이죠. 이런 양상은 건설업계나 열악한 공장 같은 곳에서 더 심각한데요. 한때 한국인 건설노동자가 조선족 노동자들을 싫어한 가장 큰 이유는 그들이 자신들의 일자리를 빼앗았다고 생각하기 때문이었습니다.

오늘날 세계는 대혼란의 시대를 마주하고 있습니다. 지금 상황은 70년 전과 달리 서유럽이라는 한 대륙에 그치지 않고 있는데요. 당시 아시아는 식민 통치에 맞서 저항하고 있었고, 미국은 서구 사회의 새로운 주인으로 등극하고 있었습니다. 하지만 지금은 그런 대안을 보여주는 헤게모니 국가가 없습니다. 여러분, 지금의 우익 포퓰리즘과 민족주의, 자본주의 시장 경제의 위기는 유럽, 아시아, 아메리카 등 전 세계 주요 국가를 아우르는 현상입니다. 세계가 다시 나치 이전의 모습으로 돌아가는 걸까요?"

주위를 둘러봤다. 도서관 반대편에는 기타를 치며 노는 사람들이 옹기종기 모여 있었다. 두세 명씩 모여 토론하는 사람, 캔맥주를 들고 두리번거리며 낄 곳을 찾는 사람도 보였다. 나는 이 낯설고 친근한 풍경이 좋았다. 늦은 밤이었지만 꿋꿋하게 말을 이어나갔다.

"앞에서 말한 것처럼 자본은 더 효율적인 착취를 위해 자유롭게 이동하는 데 반해, 세계 사회운동의 단결과 대응은 매우 미흡합니다. 물론 기존의 노동조합운동이나 NGO는 국제적인 수준에서 고민해왔고 함께 회의를 열며 인식의 통일을 이루기 위해 노력합니다. 이건 엄청 중요하죠. 하지만 여기엔 몇 가지 문제가 있습니다. 하나는 '조직된 운동'에 국한되어 있다는 점입니다. 이런 상황에선 조직되어 있지 않은 영역에 문제의식이 공유되지 않습니다. 또 하나, 오늘날의 대중운동은 조직되지 않은 저항이 조직운동을 초월한다는 점입니다. 튀니지나 한국, 프랑스 노란 조끼 시위 모두 마찬가지인데요, 그들은 조직운동이 자신을 대표한다고 여기지 않습니다. 마지막으로, 공통 인식이 번역되지 않으니 당연히 전혀 다른 두 개의 세계가 같은 사건을 완전히 달리 해석한다는 점입니다. 여기에 미디어가 막대한 역할을 하고요."

예컨대 이렇다. 중국공산당의 입장을 대변한다고 알려진 대표적인 관영 언론 〈환구시보〉에 어떤 설부른 입장이 게재되면 대륙의 광신적 애국주의자들이 소셜미디어에서 뜨겁게 반응한다. 이를 서구의 언론이 보도하면, 다시 한국 언론이 받아쓰는 식이다. 이렇게 몇 번의 각기 다른 의도와 시야가 투사되어 우리의 스마트폰으로 전달된 중국의 분위기는 말 그대로 괴물 같은 '이상한 나라'에 다름없다. 하지만 과연 그것이 대륙의 모든 것인지는 항상 난센스로 남는다.

"지금 상황을 개선하려면 다양한 노력이 필요합니다. 그 중에서 저는 국제주의 연대에 주목해야 한다고 생각해요. 국가를 초월한 억압받는 사람들의 상호이해가 확대되어야 이후에 진정한 위기가 도래했을 때 아래로부터 연대를 구축할 수 있습니다. 지금 아시아에 국제주의가 있나요? 거의 없습니다. 100년 전에는 이보다 훨씬 활발했죠. 하지만 지금은 사라졌습니다. 학계에서 일정한 교류가 이뤄지고 있지만, 학자들의 교류는 학계 안에서만 이뤄질 뿐 그 이상이 없습니다. 어떻게 보면 100년 전 사람들의 시야가 지금보다 더 넓지 않았나 생각합니다. 문화적 교류는 케이팝 같은 대중오락 산업에만 집중

돼 있습니다. 이제 계급적인 조건이 아니라 국적이나 민족이 자신의 정체성이 되어버린 것 같아요. 저는 사회운동 영역에서 아래로부터 교류를 확대하고 싶습니다. 국제주의에 대한 이해가 전무하다시피 한 상황에서 국제주의의 출발은 대중들의 상호이해니까요."

내 이야기는 이렇게 끝났다. 더듬더듬 익숙하지 않은 언어로 이야기하다 보니 길지 않은데도 30분 넘게 걸렸다. 그렇지만 진지한 문제의식을 10명 남짓의 청년과 공유했다는 것만으로도 알찬 시간이었다. 이야기가 끝나고 거대한 목표에 상반된 소박한 구상을 털어놓았다.

"그래서 제가 떠올린 지극히 개인적인 사업 구상을 공유하고 싶어요. 정말 뜬금없이 들릴 수 있는데, 여러분 의견을 듣고 싶어요."

내가 떠올린 아이디어는 크게 두 가지였다. 하나는 동아시아 각 도시들의 다크투어 무크지를 만드는 일이다. 가령 '제주편'에서는 1948년에 있었던 항쟁의 역사적이고 사회적인 맥락을 이야기한다. 장소에 관한 이야기일 수도 있고, 사람이나 사건에 관한 것일 수도 있다. 사람들은 이 책을 통해 역사와 사회를 질문하는 여행을 떠날 수 있다. 이런 취지로 광저우, 자카르타, 호찌민시티, 홍콩, 가오슝 등 다양한 도시를 다룰 수 있지 않을까?

두 번째 아이디어는 상설 동아시아국제연대센터를 만드는 것이다. 706청년공간의 다양한 활동을 보면서 떠올린 아이디어다. 베트남, 중국, 일본, 인도네시아 등에서 온 청년들이 이

구이저우성의 소도시 골목에 있는 마오쩌둥 벽화.

곳에서 지내며 교류하고, 여러 시민교육 프로그램을 통해 배우고 가르치는 공간으로 만들 수 있다. 역사 속에 존재했던 국제연대의 씨앗을 다시 뿌리는 일이 상시적으로 이루어지지 않을까? 100년 전 일본의 국제도시들은 이런 민간 교류가 이루어지는 정치적인 공간이었다. 이곳에 유학 온 중국 대륙과 조선, 베트남 청년들이 근대 사회의 비전과 좌파 사상을 습득했으며, 자국으로 돌아가 아이디어를 마음껏 펼쳤다. 그것이 1930~1940년대 동아시아 해방운동의 한 출발이 됐다.

발표가 끝나자 사람들은 내게 여러 잡다한 것들을 물어봤다. 한국 영화부터 케이팝, 한국의 노동자운동과 박근혜 퇴진 촛불 등 밑도 끝도 없는 대화 주제들이 쏟아져 나왔다. 죽도록 피곤한 하루였다. 하지만 동아시아 국제연대에 관한 상상을 교환했다는 사실에 나도 모르게 심장이 두근거렸다. 모든 게 지긋지긋해 이곳에 왔는데 다시 이런 떨림이라니, 당황스러웠다.

가난한 연구자와의 대화
사상파티가 끝나고 T가 말을 걸어왔다. 나이는 나랑 비슷해 보이지만 'T형' 또는 'T라오스(선생님)'라 부르고 싶다. 중국정법대학에서 철학 석사를 마친 뒤 캐나다 유학을 다녀온 그는, 낮에는 영어학원에서 아르바이트를 하고 저녁에는 블로그에 장문의 세태 비평을 쓴다. 가끔은 세미나를 열어 열띤 토론을 펼치고 서평 모임을 조직해 사회 비판적 청년들을 규합한다. 21

세기 초야에 묻혀 세상을 바꾸기 위해 살아가는 선비가 있다면, 아마 그를 떠올려야 하지 않을까. T가 내게 말을 건넨 이유는 내게 궁금한 점이 많고, 자신 역시 5·4운동과 오늘날의 청년 세대에 관해 전하고 싶은 이야기가 많아서였다. 이런 적극성이라니! 부담스러웠지만, 스스럼없이 대화를 청하는 중국인의 기질에 또 한 번 놀라 "그러자"고 했다.

며칠 뒤 베이징 시내 3환 인근의 쇼핑몰에서 만났다. 그즈음 나는 한국의 미술작가로부터 부탁받아 무용수 최승희에 관한 자료를 찾아다니고 있었다. 최승희에 관한 오래된 영상 필름을 소유하고 있는 관영 영상자료원을 들렀다가 알게 된 근처 쇼핑몰이었다. 겨울 베이징의 오후 5시는 이미 어둑어둑했다. 우리는 저녁식사도 하지 않고 세 시간 가량 긴 대화를 나눴다. 대화라기보다는 일방적인 인터뷰에 가까웠다. 나는 5·4운동에 관해 별로 아는 게 없어서 딱히 뭘 물어야 할지 감을 잡지 못했다. T는 흡사 기자 같았다. 내 이야기를 스마트폰으로 녹음하고 타이핑했다.

며칠 뒤 그는 자신의 블로그에 나를 만난 이야기를 정리해 올렸다. 내 이름을 감추어주었다. 좀 민망한 구절들이 있긴 하지만, 베이징에 머무는 동안의 내 활동을 보여주는 몇 안 되는 기록 가운데 하나라서 옮겨본다. 그의 글은 이렇게 시작한다.

M군은 서른이 넘은 나이, 중간 키에 허여멀쑥하게 생긴 문약한 서생의 모습이다. 말투가 온화하고 수줍어 보이지만, 10여 년 경력의 좌익 활동가다. 청년들이 직접 준비하고 기

획한 '사상파티'에서 동아시아의 배외주의에 관해 화두를 던졌다. 이날 행사에 사람이 너무 많아 소란스러웠기 때문에 행사 이후 따로 만나 이야기를 나누었다. 그에게 내가 발표한 5·4운동 주제를 얼마든 물어보라고 했지만, 세 시간 동안 거의 나만 질문을 던졌다. (……) 베이징에서 1년 동안 M군은 적지 않은 중국의 좌파 또는 평등파 청년들을 만났다. 그가 중국에 온 이유는 한국의 많은 노동자들 때문이다. 수많은 일자리가 베트남이나 중국 등 해외로 빠져나가면서 발생하는 배타적인 정서와, 이웃나라(중국과 일본)에 대한 한국 지식인의 관심이 미국과 유럽에 대한 관심보다 못한 것을 보고 미래에 닥쳐올 상황을 걱정하게 됐다고 한다. 그는 특히 동아시아 국제연대의 분위기가 조성되기를 바랐다. 아직 많은 지지를 획득하지 못한 선구자로서 그는 외국어 습득의 중요성을 처음 느꼈다고 한다. 나는 조선어를 모르기 때문에 한국 상황에 관해서는 인터넷을 통해 검증하는 것이 어렵다. 외국어 능력의 중요성을 새삼 깨달았다.

만약 내가 영어를 잘했다면 그와 영어로 대화할 수 있었을 것이다. 10대 때 10년을 배운 영어보다 현지에서 1년 머무르며 배운 중국어 회화가 더 편하다는 건 참 아이러니다.

M군에 따르면, 다수의 좌파 활동가는 상층 정치가 썩고 전망이 어두워 적극적으로 참여하지 못하고 있다(有所作为)고 한다. 이는 M군에게도 실망스러운 일이었다. 그는 부르주

아민주주의가 비록 완벽하지 않지만, 지금은 이에 개입해 변화를 위해 싸워야지 제도 밖에 있으면 더더욱 영향력을 발휘하기 어렵다고 본다. 노동자운동과 노동조합은 의회의 도움을 필요로 할 때 자유주의 정당에 저자세로 지지를 구할 수밖에 없는 게 현실이기 때문이다. 중국 정치에 대해서도 그는 오늘날과 같이 언론 자유가 억압받는 상황에서 우선 부르주아민주혁명 성격의 변화가 필요하며, 이를 위해 좌익과 일부 자유파의 협력이 필요하다는 견해를 표명했다. 이에 대해 나는 전적으로 동의한다.

물론 이는 논란의 여지가 많은 생각일지 모른다. 지금은 다시 유보적인 편이 됐지만, 그 당시 심각한 탄압과 언론 통제를 목격하고 있을 때에는 언론 자유의 위상을 근본적으로 고민해볼 수밖에 없었다. 베이징에서 만난 일부 활동가로부터 영향을 받기도 했다.

(……) M군은 새로운 매체를 만들고 싶어 하며 단순히 1년의 전망을 구상하는 게 아니라 10년 이상의 장기적인 전망을 통해 사회운동의 기반을 구축해야 한다고 생각한다. 1년 주기로 활동하다 보면 연말에 1년 동안 별 성취가 없었다는 것을 발견하는 일만 반복하기 때문이다. 만약 10년의 계획이 순탄하게 이루어진다면 10년 뒤 그는 동아시아 각국의 사회운동 연대를 구축해 매년 한 차례 정세와 전략 회의 교류를 갖길 원한다. 그 밖에도 좌익 정당이 한국 의

회에서 최소 3분의 1 정도의 의석을 차지하는 게 M군의 꿈이다.

비록 미래에 대한 아름다운 전망이 있지만, 현실에서 M군은 낙관주의자가 아니다. 심지어 때로는 맥이 빠지기도 한다고. 때때로 그는 대학 동기 대부분이 이미 차가 있고 집을 사는 등 사회적 성공을 이룬 데 반해, 자신은 돈 한 푼 없다는 사실에 침울함을 느끼기도 한다. 노동조합의 분투가 상황을 크게 변화시킬 기미가 보이지 않는다는 점도 침울함을 보태는 요인이다. 그는 친구들의 삶과 자신의 삶을 비교할 필요가 없다고 생각하지만, 현실 생활의 곤궁은 실재한다. (……) 부모님은 그의 활동을 이해하지 못하기도 하고, 또 결혼을 종종 압박하기도 한다. 그래서 그는 서울에서 일하고 있음에도 따로 집을 구해 살았다고 한다. (……)

M군은 한국어로 번역된 왕후이의 저작들을 거의 모두 읽어봤다고 한다. (……) 겸허해서인지 아니면 그의 말처럼 완벽히 이해하지 못해서인지 비판적 서평을 쓰기는 어렵지만, 일부 의구심도 있다고 한다. 그가 만난 중국의 일부 좌익 인사들의 "왕후이나 다이진화(戴金華) 등이 국가주의로 기울었다"는 주장에 대해 어떻게 생각하느냐고 묻자, "1980~1990년대 성장하고 명성을 얻은 이전 세대 문화 엘리트들의 공통 감정이나 최대 공약수는 민족주의였기 때문에 어떤 상황 속에서 국가주의로 전환하는 것은 자연스러워 보인다"고 답했다. 나아가 M군은 며칠 전 사상파티에

서 한 좌익 청년이 왕후이를 일컬어 '자유주의자'라고 말한 것에 대해 동의하기 어렵다고 했다. 나 역시 그의 견해에 동의한다. 과도한 규정이다. 어쩌면 이는 중국의 좌익 청년들이 갖게 된, 사회적 지위가 높아진 이전 세대의 문화 엘리트들에 대한 실망감의 반영이 아닐까 싶다. 사람들은 문화 엘리트들이 더 많은 것을 하길 기대하고 그들이 순종적이거나 자기검열에 빠지지 않길 바라지만, 내가 보기에 그들은 자신의 직업 안전에 영향을 끼칠 수 있는 대중사업에는 다다르지 못한다. 더 많은 자기희생을 할 마음도 없다.

확실히 T는 인간의 각성과 주체성에 많은 관심을 갖고 있었다. 언젠가 그가 한 인터넷 매체에 기고한 글 '5·4운동의 정신과 오늘날 청년의 약점(五四运动的精神和今日青年之弱点)' 역시 그런 점에 초점을 맞추고 있었다. 아마도 이런 주의주의(主意主義)는 중국 운동의 역사성에서 기인하는 게 아닐까 싶다. 최근에는 프랑스혁명 이후 계몽주의에 관심이 많다고 한다.

또한 M군은 차오정루의 소설 《민주 수업》도 읽었다고 한다. 내가 "그 소설은 남녀 간의 애정 관계를 너무 많이 다룬다"고 하자 어느 정도 동의한다고 했다. 나는 사회변혁 사업을 위해서는 사적 감정의 배제를 택한 파벨 코차킨(Pavel Korchagin)과 같은 문학이 더 좋다고 생각한다.

파벨 코차킨은 니콜라이 오스트롭스키의 소설 《강철은 어떻게 단련되었는가(Как закалялась сталь)》속에 나오는 주인 공이다. 러시아혁명 시기를 무대 삼아 가난한 청년 노동자 파벨이 정치적으로 각성하고 혁명가로 변모해가는 과정을 그렸다. 사회주의 리얼리즘 문학의 전형처럼 언급되는 고전이다. 이 대목에서 내가 제대로 말하지 못해서인지 모르겠지만, 나는 T의 생각에 동의하는 부분이 조금은 있지만 사적 감정이 배제된 문학이 좋은 문학이라고는 생각하지 않는다. 더구나《민주수업》을《강철은 어떻게 단련되었는가》와 비교해 우위를 따진다면 더욱 동의하기 어렵다. 중국의 좌익 청년들은 그들이 혁명에 대해 한계적으로 생각하는 것처럼, 여전히 리얼리즘을 정박된 의미로만 이해하는 것 같다.

(……) 나의 개인적 관찰을 통해 생각해보면 한중일 3국의 사회운동 수준에 있어서 한국은 일본과 중국보다 훨씬 높다. 중국은 가장 뒤떨어졌고, 일본은 좌익 정당에 고령층이 많고 젊은 층은 적다. 그는 "한국인들은 거리 시위를 좋아하는 사람들인 것 같다"며 웃었다. 확실히 한국은 최근 투쟁들에서 성취를 거두었다. 멀리는 1970~1980년대 군부 정권에 맞선 운동이 있고, 가까이는 2018년의 미투운동이 있다. 이 운동에 기폭제가 된 것 가운데 여성화장실에서의 몰래카메라 문제가 있는데, 이로 인해 수만 명의 여성이 도심에 모여 집회를 여는 등 평등을 위한 요구가 이어졌다.

타국에 있을 땐 누구나 애국자가 된다고 하던가. 돌아보면 한

273

국 운동 상황을 너무 긍정적으로만 말한 게 아닌가 싶다. 비관적인 요소와 낙관적인 요소를 번갈아가며 이야기했는데, 아무래도 긍정적으로 이야기할 때 더 힘이 실렸던 게 아닐까. 남들은 BTS를 이야기했을 텐데 활동가끼리 운동 이야기만 했으니 한국 사회운동에 대한 환상만 심은 꼴이다. 후회된다.

(……) 1970~1980년대 한국 학생과 노동자가 힘을 합쳐 싸웠던 역사 외에도, 한국은 최근 중국뿐 아니라 세계에 우수하고 진보적인 문화 콘텐츠를 많이 제공해왔다. 특히 영화가 돋보이는 성취를 보였는데, 예를 들면 〈도가니(熔炉)〉, 〈버닝(燃烧)〉, 〈택시운전사(出租车司机)〉, 〈설국열차(雪国列车)〉 등이 있다. M군은 이들 영화의 배후에 있는 제작자 대부분은 1980년대 사회운동의 흐름에서 영향을 받았을 것이라고 말했다. 〈버닝〉의 감독 역시 그가 졸업한 영화과의 스승이라고 한다. 이 대목에서도 나는 투쟁 정신이나 투쟁 수준, 단결력과 전통 등에 있어서 한국이 우리와 비교도 안된다는 사실을 다시 한 번 느낄 수밖에 없었다.

그의 글을 통해 알 수 있지만, 중국 활동가들은 사회 비판적인 성격의 한국 상업영화를 빼놓지 않고 볼 뿐만 아니라 매우 높게 평가한다. 한국적 맥락에서 〈도가니〉는 사회파 영화이긴 하지만, 어떤 사회 모순이 몇몇 변태와 악마에 의해 배태된 것처럼 묘사한다는 점에서 정상성에 대한 도덕주의적 희구에 그치기도 한다. 반면 중국적 맥락에서 〈도가니〉는 주체의 각성과 행동을 강조할지도 모르겠다.

나는 약간 과장해 M군이 중국에 와서 중국의 좌익 청년들과 교류한 것을 100년 전 상하이의 러시아 조계지에 체류하던 네덜란드 출신의 사회주의자 마링(Henk Sneevliet)과 러시아 출신 그레고리 보이틴스키(Grigori Voitinsky)에 비교했다. M군이 베이징에 온 것은 개인적 결정이었지만, 중국의 좌익 청년들에게 객관적인 시야를 넓혀주고 경험을 제공해 협력의 가능성을 열어주었다. 나는 한국 사회와 사회운동의 경험과 반성문을 중국어로 써달라고 독려했는데, 안 그래도 그는 중국의 여러 독립매체에 기고하기로 했다며 한국에 돌아가면 집필을 준비할 것이라고 말했다. 작별 후 자전거를 타고 돌아오는 밤길에 문득 옛말이 떠올라 반복하며 상기했다. 넓은 세상, 큰일을 해냈다(广阔天地, 大有作为).

저지 가능한 상승곡선

영하 20도에 달하는 싸늘한 북방 도시 베이징의 1월은 날씨만큼이나 혹독했다. 3주 동안 나는 가급적이면 조심스럽고 안전한 일상을 보내려 했다. 한국 인터넷 사이트에 접속하지 않으려 했고, 위챗으로는 중국인 친구들과 시시껄렁한 대화만 나눴다. 출발 보름 전 광저우행 기차표를 예약했는데, 출발일이 가까워질수록 '좀 더 일찍 떠날걸 그랬나' 하고 후회했다. 베이징에서 남은 하루하루가 불안하고 초조했다. 텐진에서 6명의 베이징대학 및 런민대학 학생이 체포됐다는 소식을 들은 건 그즈음이었다. 어느덧 자스커지 투쟁으로 체포된 사람이 40명에 달했다.

베이징을 떠나기 전 추광, 량스위안, 천리페이, 펑칭, 웨이잉, 따치 등과 작별 인사를 나누었다. 펑칭과 나는 마지막으로 훠궈를 먹고 함께 즉석사진을 찍으며 훗날을 기약했다. 헤어지기 전 추광은 아쉬움에 눈물을 흘렸다. 버스를 타고 손을 흔들던 모습이 아직도 눈에 선하다. 그때만 해도 어쩌면 봄에 다시 돌아올 수 있다고 생각했으므로 가볍게 인사했다. 불행히도 광저우행 기차를 타기 전까지 베이징대학과 런민대학 활동가들은 만나지 못했다. 거의 한 달 만에 연락이 닿은 천커신은 '안전하게 숨어 있으니 걱정 말라'며 '곧 다시 만날 수 있길 바란다'는 메시지를 보내왔다. 내가 할 수 있는 말은 많지 않았다.

'몸 조심해, 커신!'

만나서 길게 이야기 나누며 깊은 동지애를 느꼈던 몇몇이 하나둘씩 체포되자 불안감이 엄습했다. 내 스마트폰을 감시하고 있지 않을까 하는 우려, 내 방에 갑자기 누군가 들이닥치지 않을까 하는 공포가 스트레스를 줬다. 그럴 리 없음에도 불구하고 괜한 걱정에서 헤어 나오지 못했다.

광저우행 기차에 오른 건 1월 23일 낮이었다. 이른 아침 베이징남부역에 도착하자 조금씩 긴장이 풀리기 시작했다. 탑승 시간이 되어 3층 침대 열차에 오르자 완전히 긴장의 끈이 풀렸다. 건조하고 차가운 겨울, 베이징에서 마음 졸이며 보낸 날들이 주마등처럼 스쳐 지나갔다. 사계절 동안 만난 멋진 사람들의 얼굴, 한편으론 열정적이고 한편으론 근심 가득한 그들의 표정이 떠올랐다. 그러면서도 한동안은 베이징에 돌아오고 싶지 않다고 생각했고, 다시 그런 생각을 하는 내 모습이 부끄러웠다. 어차피 여기도 평범한 사람들이 살아가는 대도시일 뿐인데 내 괴이한 호들갑이 참 우스꽝스러웠다.

김산의 동료들이 묻힌 곳

기차 안에서 하루를 꼬박 보내고 다음 날 아침 광저우남부역에 도착했다. 역에서 내려 예약한 숙소로 향했다. 하룻밤에 50위안(8,250원)짜리 싸구려 방이었는데 그리 나쁘지 않았다.

광저우의 풍경은 베이징과 많이 달랐다. 거리의 가로수는 열대활엽수였고 한겨울에도 초록색이 남아 있을 정도로 따뜻했다. 방언이 심해 지나가는 사람들이 하는 말을 거의 알아들을 수 없었다. 홍콩 광둥어만큼 강하게 구별되지 않지만, 많은 광저우 시민이 쓰는 말도 광둥어이긴 마찬가지다.

광저우에 가면 꼭 가고 싶은 곳이 있었다. 하나는 광저우기의열사능원(广州起义烈士陵园)을 비롯한 광저우 코뮌의 흔적이 남아 있는 역사적 장소들이었고 다른 하나는 좌파 독립매체 투더우코뮌 사무실이다.

1927년 12월 광저우에서 일어난 노동자와 공산주의자의 봉기는 많은 사람의 죽음으로 끝났다. 기록에 따르면, 당시 약 2만 명이 사망했는데 그중 절반 이상이 민간인이었다. 200여 명의 조선인도 있었다. 님 웨일스가 조선 출신 혁명가 김산을 만나 인터뷰한 기록을 바탕으로 쓴 《아리랑》에는 광저우 봉기에 참여한 조선인들의 이야기가 자세히 적혀 있다.

나는 김산의 경로를 따라 샤미엔섬(沙面岛)으로 갔다. 샤미엔섬은 말 그대로 '모래로 덮인 섬'으로, 청나라 말기인 1859~1884년에 프랑스와 영국에 조차됐다. 복잡하게 설계된 육교를 건너 섬 안에 들어가면 갑자기 150년 전으로 타임슬립된 풍경이 펼쳐진다. 0.3제곱킬로미터, 그러니까 축구장 42개

광저우기의열사능원 한가운데에 있는 거대한 탑.

정도 면적의 이 섬은 가운데에 곧게 뻗은 길과 나무들이 있고, 양쪽에 서양식의 고풍스러운 건물들이 줄지어 있다. 관광지이다 보니 호텔과 레스토랑, 관광 상점이 대부분이다.

1927년 김산은 200~300명의 동료 청년과 함께 이 섬을 공략했다. 섬 한복판에 2,000여 명의 국민당 병력이 지키고 있었다. 《아리랑》에 따르면, 이튿날 새벽까지 총알을 쏟아부었지만 적군 30명을 사살했을 뿐 점령할 수 없었다. 비록 재빠른 섬 점령에 실패했지만, 1927년 12월 11일 머나먼 남쪽 나라에 온 조선인 청년 200여 명은 중국인 공산군과 함께 광저우 점령에 성공했다. "농민에게 땅을 주자!", "가난한 민중과 노동자에게 식량을!", "병사들에게 평화를!" 같은 구호를 외치고, 여덟 시간 노동 및 노동 조건 개선, 남녀 동일임금 보장 등 개혁을 단행했다. 청년들이 꿈꾼 사회를 마침내 건설할 수 있을 것만 같은 밤이었다.

하지만 광저우 코뮌은 국민당 군대의 기습 공격을 받아 3일 만에 막을 내린다. 아름다운 3일의 꿈은 순식간에 사라졌고, 200여 명의 조선인 청년은 열대활엽수와 이국적 풍경이 펼쳐진 낯선 땅에서 이른 나이에 세상을 떠난다. 김산은 가까스로 목숨을 건져 도망쳤다. 정신을 잃고 해류에 밀려 광저우를 빠져나왔다고 한다. 포탄에 목숨을 잃은 200여 명 중 일부가 이곳 광저우에 묻혀 있다. 샤미엔섬 근방 광저우기의열사능원이 바로 그곳이다. 이곳에 함께 묻힌 무명의 전사자 5,000여 명 가운데 조선인 청년들이 있다.

공원 안에 들어가자 가장 먼저 중국의 옛 혁명가요를 부르고 있는 노인들이 시선을 끌었다. 이처럼 도심 속 공원에 가면 노인들의 홍색 추억이 곳곳에서 스며 나온다. 청두 인민공원에 갔을 때도, 쿤밍 추이후공원(翠湖公园)에 갔을 때도 마찬가지였다. 꼼짝 않고 열정적으로 전통악기를 켜는 모습을 맨 앞자리에 앉아 보고 있으면 하염없이 시간이 흐른다. 이곳에 묻힌 200여 명 영혼을 누가 기억할까? 이름조차 제대로 정리되지 않았다는 이야기를 들으니 마음이 안타까웠다.

조선인 활동가들의 영혼은 광저우 남쪽 황푸군관학교와 근처의 조선인 추모비에도 서려 있다. 샤미엔섬에서 한 시간 넘게 걸릴 정도로 도심에서 멀리 떨어져 있긴 하지만 느긋한 마음으로 다녀오기에 나쁘지 않았다. 알고 보니 김산, 김원봉, 오성륜, 김성숙 등 이름만 들어도 알 만한 독립운동가들이 이 학교를 나왔다. 조선에서 온 앳된 청년들에게 광저우는 독립과 계급 투쟁을 승리로 이끌 능력을 키워줄 땅으로 여겨졌다. 하지만 이곳에서 국민당에 의해 이뤄진 끔찍한 학살로 너무 많은 목숨이 이른 나이에 죽었다. 이들은 하나같이 20대 언저리였다.

폐허에서 희망을 일구는 사람들

광저우에서 찾기로 한 또 다른 곳은 투더우코뮌 사무실이었다. '투더우(土逗)'는 '감자'를 뜻하는 '투더우(土豆)'와 발음이 같다. 그러면서도 '豆' 대신 '재미있다', '머무르다' 등을 뜻하는 '逗'를 써서, 재미있고 머무르고 싶은 중국 사회 고유의 이야기를 전하는 조직이 되겠다는 포부를 담았다.

나는 오후 4시까지 사무실로 가서 활동가들과 대화하기로 했다. 베이징노동자의집과 706청년공간, 격류망에 이어 중국에 와서 네 번째로 찾은 사회운동 성격을 띤 단체 사무실이었다.

베이징노동자의집을 제외한 다른 단체들이 그렇듯 이곳 역시 아파트 단지 안에 자리 잡고 있었다. 단지 안으로 들어가려면 다소 거추장스러운 절차를 거쳐야 했다. 지금은 이곳에 얼굴 인식 출입 시스템이 도입됐다고 한다. 엘리베이터에서 내려 벨을 누르니 활동가들이 반갑게 맞이했다. 일전에 베이징 우다오잉 골목에서 만난 Y, 그리고 또 다른 여성 활동가 Z가 있었다.

"사무실에서 일하는 사람이 이렇게 둘인가요?"

"아뇨, 4명이에요. 다른 둘은 완전 상근자는 아니고, 우리 둘이 전임상근이에요."

"그렇군요. 월급은 받으시죠?"

"물론이죠. 아주 적긴 하지만요."

Y가 멋쩍게 웃었다. 나는 한국의 활동가도 아주 적은 돈을 받는다고 말했다. 하지만 그들이 액수를 얘기했을 때 비교되지 않는 수준이라 민망했다. 중국의 사회운동가는 정말 열악한 상황에서 활동하고 있었다.

"투더우코뮌에선 활동비를 어떻게 마련해요?"

"여러 후원자가 있어요. 그분들이 돈을 모아서 비용을 마련하는 방식이죠."

"주로 어떤 사람들이 후원하는지 물어봐도 되나요?"

"대학에서 공부하는 본과생이나 연구생이 있고, 또 대학 교수 같은 사람이 있어요. 회사원도 있고요. 주로 지식인들이라고 할 수 있죠."

Y에 따르면 투더우코뮌의 후원자는 전국적으로 수백 명, 구독자는 6만 명에 달한다. 이들이 모두 왕성한 활동을 하지는 않지만, 어느 정도 투더우코뮌의 활동을 주목하고 지지하는 사람들이라고 할 수 있다. 예전에 투더우코뮌의 계정이 몇 번 폐쇄되기 전에는 팔로워가 20만 명에 달했던 적도 있다고 한다.

"그래서 그런지 모르겠는데요, 투더우코뮌에서 발표하는 글들을 읽어보면 저한테는 꽤 어렵더라고요. 왠지 지식인이 주된 독자일 것 같다고 생각한 적 있어요."

"하하하~ 그래요? 맞아요. 그런 글이 있어요. 그래서 안 좋아하는 사람들이 있고요. 지식인 교육과 조직화가 중요하다고 생각해서예요. 그런데 한편 저희도 쉽고 재밌는 글을 쓰려고 해요. 예를 들면 문화평론 같은 글은 훨씬 읽기 쉽게 쓰죠."

"아~ 맞아요. 저도 몇 편 본 적 있어요. 중국 드라마 비평 글이 있었던 거 같고요. 맞다! 미투운동에 관한 글은 정말 잘 읽었어요! 제가 그 글 번역해서 한국에 소개했던 거 알아요?"

"네, 야메이한테서 얘기 들었어요."

그 글은 꽤 길게 중국 여성의 현실이 어떠한지, 중국에서 미투운동이 왜 필요하며 어떤 방식으로 전개되어야 하는지를 이야기하고 있었다. 나는 그 글을 한국의 한 인터넷 언론사에 가명으로 번역 기고했다. 미투운동이 뜨겁게 벌어지던 한국에 좋은 참고가 될 거란 생각에서였다.

나는 투더우코뮌에 궁금한 점이 많았다. 한국에 돌아가면 서로의 소식을 교류할 주요 파트너 매체로 관계를 맺고 싶었다. 이를테면 '삼성 자본은 수십 년 동안 어떻게 노조 설립 시도를 무너뜨려왔는가'나 '2000년대 이후 한국의 여성 노동자 운동' 등에 관한 글을 써서 투더우코뮌에 기고하면 꽤 많은 중국 활동가와 학생이 읽을 수 있을 것 같았다. 내 제안에 Y는 흔쾌히 좋다고 호응했다. 반대로 투더우코뮌이 전하는 중국 사회 비평을 한국에 소개할 수 있다면 한국과 중국의 시민사회가 조금씩 가까워질 거라는 기대를 감추지 않았다.

2019년 봄 투더우코뮌은 중국 노동자의 실상을 알리는 심층 프로젝트를 개시할 계획을 세우고 있었다. 2018년 쑤저우와 선전의 한 공장 내 성폭력 실태를 알리는 현장 조사 보고서를 발표했으며, 2019년 음식 배달 플랫폼 노동자의 노동 조건을 심층적으로 조사하고 연구해 보고서를 낼 계획이었다.

"너무 좋은 아이디어네요! 꼭 그렇게 되길 바라요. 한국 매체에 꼭 번역해서 싣고 싶네요."

"얼마든지요!"

나와 Z는 자스커지 투쟁에 대해서도 길게 토론했다. 나는 베이징대학 마르크스주의학회와 런민대학 신광평민발전협회 활동가들과의 만남을 말해주었다. 그들의 열정과 헌신이 너무 멋지고 많은 귀감이 됐지만 동의하지 않는 부분도 있다고 이야기했다.

"그게 어떤 거예요? 밍짜오처럼 생각하는 사람이 중국의 좌파 중에도 많다는 걸 알고 있어요. 논쟁도 많고요."

난 격류망 사람들과 나눈 이야기를 공유했다.

"그래서 저는 이 말을 떠올리곤 해요. 지금 중국의 학생운동가나 노동운동가에겐 도광양회가 필요하다고요."

"하지만 저는 사실 생각이 좀 달라요."

Z는 단도직입적이고 솔직하게 이야기했다. '상황이 매우 나쁘다는 건 분명한 사실이다. 하지만 자스커지노동자성원단 학생들이 일군 투쟁은 중국 노동자운동에 또 다른 획을 긋는 계기가 될 것이다.' 왜 그럴까?

Z가 보기에 그전까지 중국 노동자운동은 지나치게 경제 투쟁 중심이었다. 2010년 난다이혼다 공장 파업 이후 광둥성에서 매우 많은 파업이 일어났다. 하지만 아무리 위력적인 파업에서조차 정치성은 거의 제거되었다. 경제 투쟁이란 자본주의 사회에서 노동자가 자본에 맞서 싸울 때 '임금 상승'과 같은 경제적인 요구에만 올인하는 것을 가리킨다. 경제 투쟁을 어떤 방식으로 하느냐에 따라 코포라티즘과 전투적 노동운동 사이를 널뛰듯 오간다. 둘은 매우 다른 것처럼 보이지만 경제 투쟁만 한다는 점에서 닮아 있다.

Z의 말은 분명 설득력이 있었다. 중국 노동자 계급과 노동운동을 연구해온 푼 응아이 홍콩대학 교수 역시 자스커지 투쟁의 역사적 의의를 언급할 때 이런 입장을 공유한다. 한국에 돌아와 몇 달이 지나고 나서야 알게 된 사실이지만, 푼 교수는 중국 당국으로부터 이미 주된 타깃이 되어버렸다. 베이징에

서 만난 어떤 사람은 푼 교수가 학생운동에 너무 깊숙하게 연루돼 있다고 비판했고, 또 다른 누군가는 "다소 무책임하다"고 말했다. 자세한 사정을 모르니 그렇게까지 비판할 일인가 싶긴 하지만, 결과와 책임을 놓고 말한다면 안타까운 일임에 틀림없다. 이후로도 푼 교수는 몇 차례 자스커지 투쟁을 평가하는 글을 발표했다.

대화를 마치고 나서 Y는 투더우코뮌 사무실을 소개했다. 사무실은 커다란 침실 하나, 화장실 둘, 방 하나로 이뤄져 있었다. 침실 안에 2층 침대와 싱글 침대가 있어 활동가들이 쉴 수 있었다. 공간 사용료로 보증금 1만 위안(165만 원)과 월세 4,000위안(66만 원)을 내기 때문에 재정이 꽤 빠듯한 편이다. 그래도 이 정도 기반을 만드는 과정이 쉽지 않았다고 하니 그들의 앞날이 더 창창하면 좋겠다.

헤어질 때 몇 가지 선물을 받았다. 투더우코뮌에서 제작한 에코백과 배지 등으로, 수익 사업의 하나로 만든 굿즈라고 한다. 헤어지면서 우리는 중국과 한국의 시사 문제나 사회운동에 관한 글을 공유하자고 다시 약속했다. 불행히도 이 약속은 이제 지키기 어렵게 됐다. 몇 달이 지난 뒤 Z는 자스커지 투쟁에 개입하지 않았는데도 체포 위기까지 내몰려 경찰의 조사를 받았다. 투더우코뮌 웹사이트와 위챗 공식계정은 당국에 의해 차단돼 지금까지 감감무소식이다.

2019년 여름, 투더우코뮌 활동가들과 친밀하게 지내온 한 청년이 유학 목적으로 서울에 왔다. 그는 투더우코뮌이 활동을 전면 중단할 것 같다고 전했다. 안타까웠다. 내가 투더우코된 사람들에게 마지막으로 보낸 한국 소식은 빅뱅의 승리가 저지른 성폭력 사건과 여성운동의 대응에 관한 칼럼, 그리고 내 생각을 담은 메모였다. 사이트 폐쇄 직전 투더우코뮌은 이 사건에 관한 꽤 날카로운 비평을 내놓았다.

상승곡선

이튿날 광저우 구도심을 돌아다니다가 창싱지에(昌兴街) 거리의 좁은 뒷골목에서 조용하고 매력적인 서점을 발견했다. 유명 소설가의 이름을 딴 보르헤스서점(博尔赫斯书店)이었다. 여느 서점들과 달리 작고 조용했으며, 문학과 철학, 예술 서적으로 가득했다. 베이징, 쿤밍, 청두, 시안, 광저우 등 여러 대도시의 유명 서점들을 가봤지만 여기처럼 강한 고집이 느껴지는 곳은 없었다.

한참을 돌아보던 나는 베르톨트 브레히트의 풍자극 《阿吐罗·魏的有限发迹(아르투로 우이의 저지 가능한 상승곡선)》을 샀다. 1941년 브레히트가 나치 독일을 피해 소련과 핀란드 등에 망명하던 시절, 헬싱키에서 짧게 체류하며 쓴 희곡이다. 그가 미국 시카고에 머물며 목격한 사회 풍경을 소재로 한다. 원래부터 나는 브레히트의 서사극이나 시를 꽤 좋아했다. 영화과 입학 뒤 처음 쓴 단편영화 시나리오도 〈소시민의 칠거지악〉으로, 브레히트의 동명 작품에서 제목과 아이디어를 따왔다. 졸업 영화 제목도 〈흔들리는 사람에게〉였다.

이 작품에서 브레히트는 시카고 암흑가를 제패한 갱단 두

광저우시 구도심의 골목 풍경.

목 알 카포네의 출세와 독일 히틀러의 집권을 유비한다. 이 희곡의 주인공 아르투로 우이의 여정은 1930년대 독일의 정치적 상황과 비슷하다. 브레히트의 설명에 따르면, 그는 "흉악한 살인자에 대한 일반적이고 위험천만한 존경심을 파괴하기 위해" 이 우화를 썼다. 이윤만능주의에 빠진 자본주의 시스템 속에서 수단과 방법을 가리지 않고 권력을 장악하는 갱 두목의 출세는 역사상 가장 잔혹한 파시스트로 불리는 히틀러의 집권과 다르지 않다는 것이다. 나는 사슴을 말이라 우기고, 모순을 아름다움이라 치장하고, 엄연한 자본주의를 사회주의라 고집하는 중국의 현실도 아르투로 우이의 아이러니와 그리 다르지 않다고 생각했다.

보르헤스서점이 있는 작은 골목에서 빠져나와 남쪽으로 10분 정도 걸었더니 도심 한복판에 큰 절이 나타났다. 10세기 5대 10국 시대에 세워진 1,100년 된 대불고사(大佛古寺)였다. 처음부터 그렇게 지어진 것인지 아니면 근대에 와서 증축된 것인지 모르겠지만, 절 중앙에 호텔 건물을 방불케 하는 5층 건물이 위엄 있게 서 있었다. 건물 이름이 궁금해 찾아보니 홍법대루(弘法大楼)였다. 불법을 널리 전파하는 큰 건물. 한참을 멍하니 서서 쳐다보는데 넓은 길 위에서 코 고는 소리가 들렸다. 주황색 작업복을 입은 건설 노동자였다. 이른 새벽부터 일하다가 점심식사를 하고 잠시 낮잠을 자는 모양이었다.

1941년 《아르투로 우이의 저지 가능한 상승곡선》을 쓴 브레히트는 1953년 이후 제목에서 '저지 가능한'을 빼버렸다고 한다. 나치 집권이 우화를 통한 윤리적 각성만으로 저지 가능

광저우의 어느 공사 현장에서 잠시 낮잠을 자고 있는 노동자.

하지 않다고 생각한 게 아닐까? 그렇다면 그것을 어떻게 저지할 수 있을까?

대륙에서 가장 먼저 서구 문물이 유입되면서 근대 초기의 격렬한 계급 투쟁을 거친 도시의 풍경이 거대한 거짓말처럼 느껴졌다. 100년 전 광저우가 계급 투쟁의 성지였다면, 오늘날 광저우는 길고 긴 낮잠에 빠진 것만 같다. 잠들어 있는 것은 열악한 조건에서 일하는 농민공, 광저우라는 계급 투쟁의 기억, 중국 사회만이 아니다. 세상을 바꾸는 사유와 실천을 잠에서 깨어나는 것으로 비유한다면, 오늘날 우리가 사는 세계는 아직 긴 잠에 빠져 있다.

망연히 사방을 둘러보다

가까스로 선전행 기차에 올랐다. 광저우 남쪽과 둥관의 주장 강 하류를 지나 30분 남짓이면 선전에 들어선다. 광둥성의 경제 중심인 이곳은 무려 1,350만 명이 살고 있는 메가시티다. 홍콩과 바로 맞닿아 있으며, 개혁개방 시대 급격한 변화의 상징으로 얘기되곤 한다. '세계의 공장'으로서 중국을 대표하는 도시는 단연 선전이다. 2006년 초, 중국의 발전상을 둘러보고자 방중 길에 나선 북한의 김정일 국방위원장 역시 이곳을 시찰지로 삼았다. 2018년 하반기 중국 사회를 놀라게 한 자스커지 공장도 선전의 공단 지역에 위치해 있다.

1977년만 해도 선전은 인구 3만 명 남짓의 농어촌 지역에 불과했다. 그러던 선전이 경제특구로 지정된 것은 1979년 1월 시진핑 주석의 부친인 시중쉰(习仲勋) 당시 광둥성 공산당위원회 제2서기 등 개혁파 리더들이 적극적으로 움직이면서부터다. 불과 한 달 전인 1978년 12월 중국공산당 제11기 중앙위원회 제3차 전체회의에서 경제 발전을 당의 최우선 목표로 설정한 것이 기반이었다. 영국 식민지이자 국제도시인 홍콩을 접경으로 하며 화교 자본가가 많다는 점이 근거였다. 선전 이외에도 광둥성 주하이(珠海)와 산터우(汕头), 그리고 푸젠성 샤먼(厦门)이 수출특구로 지정됐다. 이들 도시에 대외무역권과 금융 활성화, 임금·물자 관리 권한을 비롯한 폭넓은 자율성이 주어졌다. 당시 중국 중앙정부는 돈이 없어서 경제특구 개발 자금을 지원할 수 없었다. 선전시는 화교 자본을 유치하기 위해 세금 감면 등 특혜를 제시했으며, 부동산 개발을 통해 재원을 마련했다. 또한 외국 투자자가 공장을 짓고 안정적으로 저렴한 노동력을 활용할 수 있도록 노동권을 제약했다. 현재 개혁개방의 모순이 부동산 버블과 노동 착취로 드러나고 있는 원인이다.

그로부터 40여 년이 지난 지금의 선전은 말 그대로 천지개벽했다. 해외 자본이 투자한 유명 제품을 생산하는 수많은 공장이 있고, 수백만 명의 노동자가 그 공장들에서 일한다. 이들은 중국 경제 발전의 주역이면서 동시에 가난하고 가장 억압받는 계급이다. 도시의 사회보장제도나 사회복지 시스템으로부터 소외되어 있고, 회사에서 일하다가 잘려도 노동권을 제대로 보장받지 못한다. 편히 머무를 방 한 칸 구하기 힘들 뿐더러 자식을 학교에 보내기 어렵다. 호적 없는 상주인구를 모두 농민공으로 규정할 수 없지만, 선전에서 호적이 없는 사람은 849만 명에 달한다. 선전시 상주인구의 63.2퍼센트(2019년 말 기준)이다. 수치나 비율 모두 국내 최고 수준이다. 자스커지 공장의 노동자 역시 이런 모순에 맞닥뜨렸을 것이다. 그들은 부당함에 맞서 싸우다가 고난을 맞이했다.

1980년대 후반에서 1990년대 초반 중국 사회는 폭풍우와 같은 시간을 보냈다. 1989년 봄 톈안먼항쟁 이후 얼마간 최고 지도부는 개혁과 보수 논쟁을 거쳤다. 또 나라 밖에선 소련과 동구권의 현실사회주의가 연달아 붕괴했다. 중국의 개혁 담론에는 민주주의 확대와 경제 발전 등의 요소가 혼합되어 있었다. 하지만 1989년을 거치며 정치 개혁은 여러모로 수면 위로 떠오르기 어려웠다. 이제 남은 것은 '개혁개방'이란 이름의 경제 발전 계획을 실행하는 것뿐이었다.

1992년 1월 덩샤오핑은 한 달에 걸쳐 남부 지방 일대를 시찰했다. 그러면서 기차를 타고 들르는 도시들에서 정치적인 목적의 연설을 남겼다. 이 연설을 '남순강화(南巡讲话)'라 부른다. 선전에 도착한 덩샤오핑은 경제 발전을 기본으로 삼아 부르주아민주주의를 차단해야 한다고 말했다. '생산력 발전은 도모하되 정치적 자유화는 방지해야 한다'와 다름없었다. 단순하게 정리하면, 박정희 시기에 수출 지향 공업화와 가파른 경제 성장을 추구하면서 '한국식 민주주의'란 이름의 독재와 착취를 강화했던 것과 같다. 2020년 말 세상을 떠난 에즈라 보걸(Ezra F. Vogel) 하버드대 명예교수는 덩샤오핑과 비교해 박정희는 어떤 지도자였는지 묻는 질문에 "박정희의 발전 경험은 중국이 1978년 겨울 이후 개혁개방 정책으로 전환하는 데 큰 도움을 줬다"고 답했다. 개혁개방은 중국의 고위 지도층이 서구 중심의 세계 자본주의 질서로의 편입을 선택한 것이라 볼 수 있다. 현실사회주의 붕괴 속에서 이는 불가피했다. 그러나 가장 밑바닥에서 착취당하고 있는 이들의 생존과 노동권을 박탈한 것 역시 불가피한 선택이었는지는 의문이다.

개혁개방 이후 40년, 선전에서 무수한 저항이 있었다. 농민공이 도시의 공장으로 몰려들기 시작한 1993년에는 즈리장난감(深圳致麗玩具) 공장에서 화재 참사가 일어났다. 공장 안에서 일하던 130여 명의 여성 노동자는 대피할 수 없었다. 공장주가 문을 걸어 잠그고 하루 열두 시간씩 일을 시켰다. 2층과 3층에 있던 많은 노동자가 창문을 깨고 밖으로 뛰어내렸지만, 대부분 연기에 질식하거나 불에 타 죽었다. 87명이 목숨을 잃고 47명이 중상을 입었다.

이즈음 초국적 자본은 신자유주의 세계화의 파도를 타고 동아시아로 공장을 옮기고 있었다. 1990년대 이후 많은 공장이 생산단가 절감을 위해 인건비가 비싼 서구나 한국, 일본을 떠나 중국과 동남아시아로 향했다. 초국적 자본의 이런 국경을 넘어선 이동은 노동자에게 '바닥을 향한 경주(race to the bottom)'를 강요한다. 본래 공장이 있던 지역에선 일자리 사수를 위한 목숨을 건 투쟁이 벌어지고, 새로운 공장 이전지에선 헐값의 착취가 이루어진다. 1990년대 이후 30년 동안 중국에서 대형 참사가 빈번하게 발생한 까닭은 이런 구조적인 착취와 무관하지 않다. 자본가는 가난한 농촌에서 도시로 올라와 아무 권리 없이 일하는 농민공을 초과 착취해 막대한 이윤을 챙겼다. 이는 중국 정부에게 경제 발전의 토대가, 외국계 자본에게 이윤 극대화의 수단이 됐다. 1990년대 이후 중국으로 옮겨간 한국의 많은 기업도 이 절호의 기회를 놓치지 않았다.

1993년 11월 선전시에 위치한 즈리장난감 공장 화재 참사에서 많은 여성 노동자가 목숨을 잃었다(출처: 트위터 @XunLongJi).

도농 이원 구조에서 도시의 농민공은 노동권과 사회보장 제도, 사회적 편견 등에서 훨씬 더 열악한 처지에 놓인다. 어려서부터 도시의 공장에서 일해야 하므로 교육 혜택을 받지 못하는 데다, 워낙 많은 이들이 도시로 몰려오므로 헐값에 노동을 팔아넘길 수밖에 없다. 이는 당연히 노사 갈등의 주요한 요인이 되었다. 농민공은 일자리에서 쫓겨나거나 임금 체불을 당했을 때, 산업재해로 돌이킬 수 없는 신체적 손상을 입었을 때 자본에 맞서 맨몸으로 싸웠다. 개혁개방 초기 이제 막 농촌에서 올라온 농민공에게 저항은 삶의 최저선을 지키기 위한 생존의 몸부림이었다.

선전을 또 다른 말로 표현하면 '맨땅 위에 세워진 신자유주의 메트로폴리스'가 아닐까 싶다. 도심 한복판에 금융센터와 증권거래소, 화웨이·ZTE·텐센트 등 세계적 빅테크 기업이 있으며, 명품 브랜드 매장 앞에는 세일 때마다 손님이 줄지어 서 있다. 하지만 북쪽의 도시 외곽에는 거대한 공단 지역이 숨어 있다. 2019년 말 기준 선전시 국민경제 및 사회 발전 통계 자료에 따르면, 1인당 국내총생산(GDP)이 한국과 비슷한 3만 달러에 달한다. 놀랄 만한 숫자지만, 여기엔 지독한 초과 착취의 그늘이 드리워 있다. 아마도 도심 속 명소만을 맴맴 돌아서는 그 그늘을 발견하기 어려울 것이다.

신세대 농민공

국가통계국(国家統計局) 데이터에 따르면, 2019년 기준 농민공은 2억 9,077만 명에 달한다. 그중 1980년 이후에 태어난 신세대 노동자가 차지하는 비율이 절반을 넘는다. 이는 해가 갈수록 증가하고 있다. 중화전국총공회의 또 다른 조사에 따르면, 윗세대 노동자가 처음 사회로 나와 일을 시작한 평균 연령은 26살이다. 반면 1980년대생은 18살이다. 1990년대생은 겨우 16살에 지나지 않는다. 곧 신세대 농민공의 성장 경험이 점점 도시의 또래들과 같아진다는 뜻이다. 그들은 대부분 농사를 지은 경험이 없으며, 학교를 졸업하고 바로 공장으로 간다.

인구학자 위젠롱(于建嵘)이 2017년에 발표한 학술 보고에 따르면, 2세대 농민공의 노동과 저항은 인류학자 제임스 스콧(James C. Scott)의 '생존이성(生存理性)'에 근거하지 않는다. 오히려 "도시에 가서 일하는 것"을 일종의 신분 상승의 사회 경로로 여긴다. 대도시에서 성공하겠다는 그들의 꿈은 부모 세대에 비해 더 고집스럽다. 노동 조건과 주거 조건의 쾌적도, 일자리가 가져오는 사회적 지위 등도 더 중시한다. 나아가 차별이나 불공평한 대우에 대해 더욱 강렬하게 권리를 인식한다. 하지만 위젠롱은 신노동자의 의식이 기존 체제에 대한 도전으로 이어진다고 보지 않는다. 오히려 기존 질서가 더욱 합리적으로 강화되길 바라는 '규칙의식(规则意识)'이 강하다고 말한다.

오늘날 신세대 농민공을 여전히 '농민공'이라 부르는 것은 고민스럽다. 농촌에 호적을 두고 있지만 신노동자는 분명 부모 세대와 여러 측면에서 다르다. 우선, 과거보다 훨씬 교육 수준이 향상됐다. 2019년 기준 71.3퍼센트(소학 15.3퍼센트, 중학 56퍼센트)가 9년 의무교육을 거쳤으며, 고졸(16.6퍼센트)과 전문대 이상의 학력자(11.1퍼센트)도 매년 늘어나고 있다. 부모 세대 대부분이 소학교나 중학교를 겨우 졸업했던 것에 비하면 꽤 달라진 수치다.

더구나 중국사회과학원이 실시한 신세대 농민공에 관한 연구조사에 따르면, 신노동자의 60퍼센트는 기본적인 농업 생산 지식과 기능이 부족하며, 그중 24퍼센트 이상은 농사를 지어본 경험이 전무했다. 그러므로 도시에서의 삶이 고통스럽고 일자리를 찾기 힘들어도 농촌에 가겠다는 생각 자체를 하지 않는다. 그들은 도시에 안정적으로 머무르기도 어렵고 농촌으로 돌아갈 수도 없는 오갈 데 없는 신세다.

신노동자의 일상은 대도시의 소비문화에 익숙해진 지 오래다. 이들은 악착같이 아껴서 고향에 돈을 부치던 부모 세대와 달리 수입의 80퍼센트를 소비한다. 2011년 국가통계국이 실시한 〈신세대 농민공 수, 구성, 특징(新生代农民工的数量, 结构和特点)〉 조사에 따르면, 신세대 농민공의 월 평균 생활비 지출은 앞 세대보다 19.3퍼센트 많은 약 1,000위안(16만 5,000원)이었다. 2013년 기준 1인당 고향으로 보낸 송금액 역시 이전 세대보다 29.6퍼센트 적었다.

무엇보다 신노동자는 문화와 일상생활에서 스스로의 정체성을 부모 세대와 상당히 다르게 규정한다. 1세대 농민공에게 도시는 '언젠가 다시 떠날 곳'이기 때문에 과객 또는 디아스포라 정서를 공유했다. 하지만 신노동자는 호구를 대도시에 두고 있는 시민과 별반 다르지 않다. 그들은 부모 세대처럼 더 이상 근면한 정신으로 무장하고 일하지 않는다. 더럽고 힘든 일은 되도록 피하며, 삶에서 맞닥뜨리는 울분을 참지 않는다. 오히려 자신의 권리와 이익을 지키고자 하는 의지가 강하다. 2010년 이후 급증한 노동쟁의에 관한 많은 연구가 신노동자가 가진 이와 같은 정서의 변화를 특징으로 꼽는다. 울분을 견딜 정도의 참을성을 갖지 못했고 오히려 권리 의식이 강한 이들이 거리 시위와 파업 등 집단적 저항을 통해 억압적 일상의 출로를 찾는다는 것이다. 그것은 여전히 정치적인 성격을 띠고 있진 않지만, 억압할 수 없는 최저선이 폭발한 것으로 볼 수 있다. 문제는 이와 같은 '저항들마저 국가 권력에 의해 원천 차단될 때 어떤 일이 벌어지느냐'다.

죽음의 공장

선전의 남쪽 끄트머리에 숙소를 잡은 나는 폭스콘 공장이 있는 북쪽으로 향했다. 폭스콘은 세계 전자제품 위탁생산 서비스 시장의 절반 이상을 점유하고 있는 홍하이정밀공업유한공사(鴻海精密工業股份有限公司)의 해외 상호다. 애플의 아이폰과 아이패드, 아마존의 전자책 리더기 킨들, AI스피커 에코닷, 엑스박스와 플레이스테이션, 닌텐도 스위치 등을 만들고 있다.
홍하이는 1977년 직원 10명의 작은 플라스틱 공장으로 시작했다. 하지만 당시 미국의 전자 기업들이 제품 생산을 위탁생산 체계로 변화시키자 발 빠르게 위탁생산 전담 영역에 뛰어들었다. 모든 운이 맞아떨어졌다. 일본에서 최신 주형 설비를 들여오는 데 성공했고, 중국의 개혁개방으로 싼값에 선전에 공장 부지를 구할 수 있었다. 게다가 저렴한 노동력까지. 1996년 폭스콘이 처음 선전에 공장을 세웠을 때 고용한 노동자는 100여 명 남짓이었다. 20여 년이 지난 지금 1만 배 이상으로 불어났다.

2010년대에 폭스콘은 '자살 공장'으로 악명 높았다. 2010년 중국 대륙 곳곳의 폭스콘 공장에서 17~25살의 젊은 농민공, 즉 신노동자 20여 명이 연이어 자살을 시도했고, 그중 14명이 사망했다. 이 사건은 중국만이 아니라 세계에 충격을 안겼다. 소비사회의 시민이라면 누구나 '머스트 해브 아이템(must have item)'이라 여기는 물건을 만드는 20살 남짓의 노동자들이 왜 연달아 목숨을 던졌을까?

2010년 1월 23일, 19살 노동자 마샹첸이 기숙사에서 뛰어내려 사망.

2010년 3월 11일 밤 9시 반, 20살 가량의 노동자 리 아무개가 생활구역 C2기숙사 건물 5층에서 뛰어내려 사망.

2010년 3월 17일 오전 8시, 여성 노동자 첸 아무개가 기숙사 건물에서 뛰어내려 자살 시도.

2010년 3월 29일 새벽 3시, 후난성 출신의 23살 노동자가 J1기숙사 건물에서 뛰어내려 사망.

2010년 4월 6일 오후 3시, 장시성 출신의 18살 노동자 라오 아무개가 관란 공장 C8기숙사 7층에서 뛰어내려 자살 시도.

2010년 4월 7일 오후 5시 반, 윈난성 출신의 18살 노동자

닝 아무개가 공장 바깥에 위치한 기숙사 건물에서 뛰어내려 사망.

2010년 5월 6일 새벽 4시 반, 입사한 지 1년 남짓의 24살 노동자 루신이 룽화 공장 기숙사 건물 6층 발코니에서 뛰어내려 사망.

2010년 5월 11일 밤 9시, 한 여성 노동자가 공장 인근 수이더우촌(水斗富豪新村)의 숙소 8층 꼭대기로 갑자기 올라가 골목을 향해 소리친 후 뛰어내려 사망.

2010년 5월 14일, 21살의 안후이성 출신 노동자 란 아무개가 룽화 공장 북문 인근의 푸화숙사(福华宿舍)에서 뛰어내려 사망.

2010년 5월 21일 새벽 4시 50분, 21살의 남성 노동자가 기숙사에서 뛰어내려 사망.

2010년 5월 25일 새벽, 한 노동자가 관란 공장 남쪽에 위치한 화난교육센터(华南培训中心) C4동 건물에서 뛰어내려 사망.

2010년 5월 26일 밤 11시 32분, 한 노동자가 룽화 공장 D2 기숙사 건물에서 뛰어내려 사망.

2010년 5월 26일 늦은 밤, 동료로부터 10분 전에 있었던 투신 자살 소식을 들은 한 노동자가 룽화 공장 인근의 대형 쇼핑몰 RT마트(大润发商场) 앞에 서 있다가 쓰러져 사망.

2010년 5월 27일 새벽 4시, 기숙사 안에서 손목을 그은 20살 가량의 남성 노동자가 동료들에 의해 발견돼 바로 롱화인민병원으로 실려 갔으나 사망.

2010년 11월 5일, 23살의 남성 노동자가 기숙사 건물에서 뛰어내려 사망.

선전의 폭스콘 공장은 롱화(龙华)와 관란(观澜)으로 분리돼 있다. 두 곳은 서로 가까워서 하나의 공단으로 봐도 무방하다. 선전의 북쪽 외곽으로 빠지는 버스에 이어 M505번 버스로 갈아타야 관란 공장 근처에 도착할 수 있다. 15킬로미터가 넘으니 서울로 치면 여의도에서 부천시청까지의 거리와 비슷하다.

나는 지도와 인터넷에서 찾은 정보 외에 아무것도 모른 채 찾아갔다. 연구자나 기자가 아니었지만, 이 악명 높은 공장이 어떤 외연을 띠고 있는지, 그 주변에서 어떻게 사람들이 살아가고 있는지 두 눈으로 확인하고 싶었다. 낮 1시쯤 버스에서 내렸다. 낡고 한적한 동네가 나타났다. 버스 정류장 앞에 오래된 상가 건물이 있었는데, 팔을 괴고 앉아 무언가 생각에 잠긴 상인 말고는 아무도 보이지 않았다. 모두 공장에 갔나? 지도를 보고 공장 쪽으로 걷자 사람 냄새 나는 골목이 펼쳐졌다. 10층 남짓의 낡은 건물들이 즐비했다. 흔히 '공위(公寓)'라 부르는 낡은 주택이었다. 층별로 공동 화장실이 있고 방은 아주 작다. 풀옵션 같은 개념은 없다. 작고 딱딱한 침대, 작은 테이블을 놓을 수 있는 공간 그리고 바짝 붙어 있는 주방과 화장실이 전부다.

도심과 너무나 다른 낯선 풍경이었다. 10~13층짜리 건물들의 간격이 너무 좁아서 대낮에도 10층 밑으론 해가 들어오지 않았다. 물론 해가 들어온다 해도 노동자는 광합성을 할 수 없

303

다. 하루 종일 공장 안에서 일해야 하기 때문이다. 폭스콘의 온라인 구직 사이트에 오른 공고에 따르면, 노동자는 기본 여덟 시간에 더해 매일 두 시간의 연장 근무를 해야 하며 매주 최소 하루의 휴일을 보장받는다. 불과 몇 년 전까지만 해도 하루 열다섯 시간 이상 일하면서 한 달에 하루밖에 못 쉬었다.

이따금 거리에서 마주친 사람들은 대개 20~30대처럼 보였다. 하나같이 스마트폰만 쳐다보고 있었다. 나 역시 현대의 흔한 스마트폰 중독자이지만, 중국인들은 훨씬 심한 것처럼 느껴졌다. 스마트폰 속 세계는 손에 잡히지만, 일상은 그보다 지리멸렬하고 비루하기 때문 아닐까.

폭스콘 공장 단지 남문 앞에 다다르니 빼곡하게 빨래를 넌 기숙사가 보였다. 기숙사의 작은 방 하나에 적게는 12명, 많게는 16명의 노동자가 숙식한다. 늦은 밤 공장 일을 마치고 돌아와 기숙사 빌딩 발코니에서 회색 공단을 바라보며 노동자들이 과연 지금보다 나은 미래를 상상할 수 있었을까.

인터넷에 떠도는 폭스콘 노동자들의 증언에 따르면, 이전부터 공장을 드나드는 사람이 매우 많았다고 한다. 매월 수만 명의 노동자가 일을 그만두고, 또 그만큼의 노동자가 새로 들어간다. 2010년 연쇄 자살이 공개적으로 알려진 시점에 폭스콘의 퇴사자 수는 최정점에 달했다. 2010년 6월에만 5만 명 이상이 공장을 떠났다.

그해 봄 폭스콘 공장에서 노동자가 연쇄 자살하고 있다는 뉴스가 세계 전역에 퍼지기 시작했다. 애플과 델, HP 등은 "진상 조사 중입니다"라는 멘트 말곤 아무 대책을 내놓지 않았다.

선전시 폭스콘 공장 앞 노동자들이 거주하는 작은 월세방이 모여 있는 골목.

선전시 룽화구 관란 지역에 위치한 폭스콘 노동자 기숙사.

당시 애플의 CEO였던 스티브 잡스는 "매우 안타깝다", "문제를 인식하고 있다"는 짧은 답만 내놓을 뿐이었다. 원청 기업의 무책임한 대응에 언론과 시민의 비난이 쏟아졌다(애플은 2012년이 돼서야 본격적으로 움직이기 시작했다).

전 세계의 관심이 쏠린 건 불 보듯 빤했다. 그런데 폭스콘 회장 궈타이밍(郭台銘)은 무사안일한 대응으로 일관했다. 처음에는 공단 안 수영장과 식당을 언급하며 "노동 착취 공장이 아니"라는 말만 되뇌었다. 그러면서 심리학자를 불러 연쇄 자살에 관한 진단을 요청했는데, 이 학자의 결론이 가관이었다. 그는 폭스콘 선전 공장에만 42만여 명이 일하고 있다는 점을 강조하며 "폭스콘의 자살률은 10만분의 2 수준으로, 중국 전체 자살률인 10만분의 12보다 훨씬 낮다"고 주장했다.

한 술 더 떠 궈타이밍은 우타이산(五臺山)에서 법사 3명을 초청했다. 우타이산은 중국의 불교 성지로 우리에게는 신라 시대에 《왕오천축국전》을 쓴 혜초(慧超)가 입적한 곳으로 알려져 있다. 5월 11일 늦은 밤 공장에 온 법사들은 법회를 열고 죽은 영령을 극락세계로 인도했다고 한다. 하지만 그날 밤 공장 근방 수이더우 주거단지에서 또 한 명의 노동자가 몸을 던졌다. 24살의 여성 노동자 주천밍(祝晨明)은 자신이 머무르던 숙소 건물 8층에서 뛰어내려 사망했다. 5월에만 8명의 폭스콘 노동자가 그렇게 세상을 떠났다.

유명한 풍수지리 전문가를 찾아가 대체 폭스콘 공장에서 연쇄 자살이 계속되는 이유를 묻기도 했다. 궈 회장이 원하는 답은 정해져 있었다. 즉, '풍수가 좋지 않다'는 말로 얼렁뚱땅

덮고 넘어가는 것이었다. 비난이 계속되자 이번에는 칭화대학 심리학과 교수를 찾아갔다. 심리학자는 "자살한 노동자들의 마음이 위약해서"라고 답했다.

폭스콘 공장에서 벌어지는 끔찍한 죽음의 행렬에 충격 받은 이들에겐 하나같이 귓등에도 들어오지 않을 헛소리였다. 그런데 사측이 취한 진짜 대응책은 따로 있었다. 노동자들에게 일종의 권리 포기 각서를 쓰게 했다. 연쇄 자살이 부각된 뒤 폭스콘은 새로 입사하는 모든 노동자에게, 자해나 자살 등의 행위를 했을 때 회사 절차에 따라 처리한다는 각서에 사인하도록 했다. 또 기숙사 발코니와 바깥으로 나가는 계단 주변, 그리고 공장 주변에 그물망을 설치했다. 높은 층 창문에는 촘촘하게 쇠창살을 붙여 노동자가 뛰어내리지 못하게 막았다. 역사에 길이 남을 자살 방지 대책이다. 회사 스스로 폭스콘 공장이 거대한 강제수용소라는 사실을 고백하고 싶었을까.

비난 여론이 멈추지 않고 폭스콘 주가가 크게 떨어지자 사측은 한 수 굽혀 몇 가지 조치를 취했다. 기본급을 당시 광둥성 법정 최저임금인 월 900위안(14만 8,000원)에서 1,200위안(19만 8,000원)으로 올렸고, 9월에는 300위안을 추가 인상했다. 그동안 지독한 초과 착취로 벌어들인 자금이 충분했으므로 가능한 일이었다. 또 공장 안에 24시간 심리상담센터를 설치했는데, 이후 하루 1,000건 이상의 자살 충동 상담 전화가 걸려왔다. 단합대회를 열어 불꽃놀이나 합창 프로그램을 진행하기도 했다. 하지만 이것이 노동자의 정신적인 고통을 근본적으로 경감하는 대책이 될 순 없었다.

폭스콘 공장의 문제는 풍수지리나 노동자 개개인의 문제가 아니었다. 터무니없이 낮은 임금을 받으면서 하루 12~14시간씩 일해야 하는 현실, 휴가도 마음껏 쓰지 못하면서 시달려야 하는 고강도 노동 때문이었다. 고교 졸업 뒤 폭스콘에서만 5년 넘게 일했다는 한 노동자는 언론 인터뷰에서 이렇게 말했다. "매일 반복적으로 기계를 조종하는 일을 하죠. 비록 임금이 조금 오르긴 했지만 항상 희망이 없다고 생각하곤 했어요."

컨베이어벨트에서 기계와 한 몸이 되어 같은 일을 반복하면 누구나 그런 생각이 들 것이다. 특히 폭스콘과 같은 위탁생산 공장은 전 세계로 전달되는 엄청난 양의 제품을 단기간에 만들어야 하기 때문에 여러 공정을 다양하게 쪼개놓았다. 닭장처럼 밀집된 라인에 일렬로 늘어선 노동자들은 하루 열두 시간 넘게 같은 일을 반복하며 정신없이 하루를 보낸다. 이렇게 반복되는 일상이 가져오는 정신적 스트레스는 상상을 초월한다.

새벽 4시 반, 공장 기숙사 6층 발코니에서 뛰어내린 루신은 기본급 2,000위안(33만 원) 가량을 받는 계약직 노동자였다. 노래경연대회에 참가하며 가수의 꿈을 키워왔던 그는 잇따른 동료들의 죽음을 목격하다 소셜네트워크에 짧은 글을 남기고 목숨을 끊었다. "돈 벌려고 공장에 왔지만 여러 문제로 일이 잘 안 풀렸다. 연구개발 쪽 일은 못하고 컨베이어벨트에서 일하고 있다. 돈은 그럭저럭 벌고 있지만 목숨을 낭비하고 있다. 너무 후회된다. 내 삶은 첫걸음부터 잘못됐다. 아득하고 뿌옇기만 하다."

폭스콘의 궈타이밍 회장은 노동자 연쇄 자살 사건의 대책으로 기숙사 건물 아래에 그물망을 설치했다(출처: guestlist.net).

정부나 공회는 어떻게 대응했을까? 보안 인력을 지원해 자살 방지용 치안을 강화하고, 심리상담사를 지원하고, 공장 안 체육 활동을 돕는 등의 지엽적인 지원에 그쳤다. 몇 차례 노동을 감독했지만 요식 행위에 그쳤다. 선전시총공회는 말단 관리자를 대상으로 노무관리 교육을 실시했다. 교육이라 해봤자 노동자에게 욕설해선 안 된다는 정도의 내용이었다. 폭스콘 기업공회는 현장 안에서 접촉면을 확대하고 현장 노동자의 고충 접수를 위한 창구 '사랑의 편지 78585'를 신설했다. 하지만 얼마 지나지 않아 유명무실해졌다.

2017년엔 이런 일도 있었다. 레이저광으로 아이폰 부품을 만드는 사출 라인에서 일하는 한 여성 노동자가 마모된 보호 안경 보급이 늦어지는 문제, 레이저 위험수당이 제대로 나오지 않는 문제, 남성 관리자가 위협한 문제에 관해 투서했다. 이튿날 그는 과장으로부터 "투서를 철회해달라"는 전화를 받았다. 더구나 '사랑의 편지' 접수원은 익명을 전제로 한 제보자들에게 사번을 요구하기도 했다. 이런 조건에서 노동자가 고충을 솔직하게 말할 리 만무하다.

기업공회가 지닌 모순도 마찬가지다. 우연히 공회 회의에 참가한 노동자가 하루에 8위안(1,300원)밖에 되지 않는 야간 근무수당이 "너무 적다"고 말하자, 공회 간부들은 싸늘하게 반박했다. 어용에 가깝거나 심각하게 관료화되지 않고선 이렇게 반응하기 어렵다.

그즈음 폭스콘은 이미 베트남과 인도로 이전을 추진 중이었다. 아이폰 생산 라인 일부를 인도 공장으로 옮기고 있었으며, 2021년 이후 아이패드·맥북·에어팟의 조립 라인을 베트남 박장성으로 이전할 예정이었다. 이런 흐름은 미-중 무역 분쟁 이후 더욱 심화될 수밖에 없다. 무엇보다 애플 EMS(전자제품 위탁생산 서비스) 공장으로서 압도적 지위를 유지하고 싶은 폭스콘은 중국 정부와 좋은 관계를 유지하길 원하면서도, 노동자 연쇄 자살과 같은 문제로 시끄러워지는 걸 원하지 않는다. 궈타이밍이 애플 공정 전체를 로봇으로 대체하겠다는 비전을 밝힌 이유다. 많은 이들이 30만 명의 신세대 농민공이 일자리를 잃게 될지 모른다고 걱정하지만 아직 요원해 보인다. 자본가는 필요에 따라 노동자를 이 라인에서 저 라인으로 유연하게 전환시킬 수 있지만, 산업용 로봇은 그렇게 할 수 없기 때문이다.

폭스콘 연쇄 자살은 더 이상 뉴스거리가 아니다. 하지만 그렇다고 해서 노동자의 죽음이 사라진 것은 결코 아니다. 이듬해 2011년에도 자살은 이따금 이어졌으며, 해마다 비극적인 소식이 끊이지 않는다. 다만 알려지지 않을 뿐이다.

더구나 이는 폭스콘 선전 공장만의 일이 아니다. 2018년 기준 세계 30개국 폭스콘 공장에 약 150만 명의 노동자가 일하고 있다. 그중 3분의 1이 선전에, 다른 3분의 1이 청두 등 중국의 다른 도시들에, 나머지가 중국이 아닌 국가들에 있다. 또 페가트론이나 위위안 신발 공장 등 거대한 위탁생산 또는 하청 공장에서도 폭스콘에서와 비슷한 일들이 벌어지고 있다.

이렇게 거대한 공장이 필요한 이유가 뭘까? 오늘날 초국적 자본이 구축한 공급 사슬 때문이다. 1970년대 신자유주의 물결이 세계 자본주의 체제를 지배하기 시작한 이래 초국적 기업은 과거처럼 소비재를 디자인하고 제조·판매하는 전 과정을 모두 담당하진 않는다. 연구개발이나 디자인은 직접 담당하지만, 이보다 부가가치가 떨어지는 조립 등은 OEM 공장에 맡긴다. 그래야 생산 계획을 수립하거나 조정하기에 유리하고 소비 시장에서 유연한 전략을 구사하기 쉽다.

이런 대형 공장에서 벌어지는 참극에 대해 선진국의 원청 기업을 압박하는 것은 효과가 있다. 폭스콘 연쇄 자살 사건 역시 세계 사회운동이 애플에 맞서 전방위적으로 압박했기에 어느 정도 대응할 수 있었다. 하지만 이보다 규모가 작은 공장들에선 훨씬 대응이 어렵다. 가령 같은 선전에 있는 자스커지 공장에서는 국제연대가 거의 통하지 않았다.

폭스콘 시티를 떠나 다시 버스를 타러 가는 길에 육교와 버스정류장에 내걸린 현수막을 봤다. '흑악 세력을 몰아내자' 등의 구호가 적혀 있었다. 여기서 '흑악 세력'은 사기꾼을 지칭하지만, 실제로는 선전에서 노동조합 건설을 돕고 저항을 컨설팅하는 활동가를 일컫는다. 사회주의 현대화를 부르짖는 당국은 노동운동이 폭발적으로 증가했던 '세계의 공장'에서 고분고분하지 않은 활동가의 흔적을 지우려 애쓰고 있다.

게임 고수 혹은 홈리스

롱화구의 폭스콘 공장과 그리 멀지 않은 곳에 대규모 싼허인력시장(三和人力市场)과 하이신신인력시장(海新信人才市场)이 있

313

폭스콘 공장 입구 앞의 청년. 그는 이렇게 쪼그려 앉아 몇 시간 동안 스마트폰 게임을 했다.

다. 이른 아침 일자리를 구하려는 신세대 농민공들로 붐비지만, 오후가 되면 하릴없이 앉아 있거나 스마트폰 게임을 하는 사람이 대부분이다. 길바닥에 누워 자는 사람도 있다.

두 인력시장은 첨단 도시 선전의 어두운 이면을 드러낸다. 파견 노동자를 비공식적 경로로 고용하려는 이들에 의해 운용되며, 불법 일자리 중개업자, 공장에서 나온 채용관리자, 노점상, 폭력배, 성매매 여성 등이 모여 있다. 그리고 건물 주위로 방 하나에 10~20명이 투숙하는 허름하고 지저분한 여관방들이 있다. 불과 5위안(825원)이면 열 시간을 보낼 수 있는 불법 PC방도 많다.

2015년부터 인터넷에서 유행하기 시작한 '싼허다선(三和大神)'은 이곳 인력시장 주위를 맴돌며 살아가는 가난하고 젊은 농민공을 가리킨다. 인터넷 용어로 '다선(大神)'은 게임 고수를 뜻하지만, 실력은 없으면서 허풍 떠는 플레이어에 대한 조롱과 자조의 뉘앙스를 더 많이 갖고 있다. 대부분 채무에 시달리는 불명확한 신분 상태이며, 고향의 가족과 왕래를 끊고 산다. 심지어 신분증도 매매한다.

이들은 고향을 떠나 선전에서 필사적으로 일하지만 극심한 실업난과 저임금으로 하루 벌어 하루 먹고사는 생활을 반복한다. 외자(外資) 기업이 빠지고 제조업 상황이 어려워지면서 일용직이나 임시직 일자리를 찾아 돈을 버는 수밖에 없다. 하루 100~150위안의 돈을 벌고 한 끼 정도의 식사를 한다. 일하지 않을 땐 온종일 PC방에서 게임을 하고, 저녁이 되면 15위안(9,750원)짜리 쪽방에서 잠을 잔다. 어쩌다 며칠에 걸쳐 파견직으로 일해 몇백 위안의 돈을 벌면 슬롯머신이나 모바일 도박으로 탕진하기도 한다.

최근 당국의 개입으로 어느 정도 나아졌다고 하지만, 한때 이 일대 노동시장은 매우 혼란스러웠다. 만약 한 공장에서 일당 200위안짜리 일용직을 구한다고 치자. 인사관리자가 일부 떼어먹은 뒤 중개업자에게 150위안짜리 임시공을 요청한다. 그러면 중개업자는 인력시장에서 노동자를 구해 100위안을 주는 식이다. 실제 임금의 절반이 중간 착복으로 사라진다.

새벽 5시 30분이 되면 노동자들은 PC방과 여관방을 나서 인력시장으로 향한다. 일자리를 구하기 위해서다. 일자리는 대개 제조업 공장이지만 건설 현장이나 물류센터도 적지 않다. 그렇게 번 하루 일당을 우리 돈으로 환산하면 1만 7,000원 정도다.

대부분 바링허우와 지우링허우 농민공인 이들은 2000년대 이후 중국 개혁개방의 모순을 폭발적인 노동 분쟁의 물결로 드러냈다. 임금이 상당히 올랐지만 지위와 생활 조건이 나아졌다고 말하기 어렵다. 오히려 '싼허다셴'이라는 말이 가리키듯, 자조 혹은 멸시의 대상이 되고 있다. 사회안전망 경계 밖으로 추락하지 않았더라도 '희망 없음'을 드러내는 다양한 신호가 감지되고 있다. 홍콩을 기반으로 한 중화권 심층취재 언론 〈단전매〉가 3명의 신세대 농민공을 인터뷰한 적 있다. 농민공들은 작업장의 억압이 불만스러우면 일터를 떠날 뿐 어떤 희망도 품지 않는다고 말했다.

2018년 5월, 일본 국영방송 〈NHK〉 역시 싼허다셴에 관한 다큐멘터리를 제작했다. 영상 속 농민공들은 쓴웃음을 지으며 "현재의 삶에 더 이상 아무런 기대도 꿈도 없다"고 말한다. 이전에는 하고 싶은 일이 있었고 희망이 있었지만 이제는 그렇지 않다고. 그렇다고 해서 고향 마을로 돌아갈 수도 없다.

광둥성에 사는 한 청년이 제작한 다큐멘터리 〈싼허에는 사람이 있다(人在三和)〉에서 그 슬픈 절망을 목격할 수 있다. 모아놓은 돈이나 집이 없어 싼허인력시장 인근을 떠돌며 살아가는 신세대 농민공 탄형은 온종일 뼈 빠지게 일한다. 건설 현장에서 일하다 못에 찔려도 치료받기 어렵고 온갖 억울함을 호소해도 들어줄 이 없는 도시에서 그가 기댈 곳은 싼허에 있는 허름한 PC방뿐이다. 그런 그에게 작은 소원이 하나 있다면 "그냥 보통 사람들처럼 사는 것"이다. 자립할 수 있을 정도의 돈을 벌어 남을 돕는 자비로운 사람이 되는 게 이 고독한 청년 농민공의 꿈이다.

저항이 사라진 자리

이튿날 해질 무렵 도심 한복판의 시민광장(市民广场)을 찾았다. 북으로 시정부청사, 남으로 대형 쇼핑몰을 마주한 이 광장은 어두운 면을 쓸어버린 선전의 또 다른 상징이다. 여러 대도시의 광장을 가봤지만 선전시민광장처럼 휘황찬란하고 화려한 조명으로 장식한 곳은 없었다. 광장 한 켠에 최신 케이팝을 틀어놓고 춤추는 10대 청소년들이 보였고, 산책하러 나온 사람들이 있었다.

이 화려한 조명 속에 1,350만 선전 인구의 상당수를 차지하는 신노동자는 보이지 않는다. 그들은 야간 근무로 밤을 지새우거나 허름한 여관방, 불법 PC방에서 밤을 보낼 것이다. 불과 5개월 전인 2018년 8월, 이곳 선전에서 희망을 만들고자 했던 노동자들과 청년들은 지금 감옥에 있다. 그들은 너무나 당연한 이야기를 지나치게 '사람답게' 했다는 이유로 감옥에 갔다. 그것은 어떤 기준에서는 무모했지만, 동시에 지극히 상식적이었다.

머릿속이 복잡해졌다. 시스템이 만든 절망적 사회에 맞서 '저항하는 나', '새로운 나'로 거듭나는 주체화의 경로가 사라질 때 어떤 행동양식과 마음의 짐을 품고 사는지 보여주는 것 같았다. 이 거대한 공장은 공장 문 앞에 '흑악 세력을 믿지 말라'는 현수막을 내걸고, 임금 체불을 당하거나 낮은 임금으로는 생활이 어려워 공회를 만들려고 하면 죄다 체포하는 사회가 되어버렸다. 이곳에서 우리는 어떻게 인간다움을 지키거나 좇을 수 있을까? 인간다움을 어떻게 회복할 수 있을까? 신노동자를 인간 이하의 삶으로 내모는 이는 누구일까?

2014년 9월 30일 새벽, 폭스콘에서 일하던 청년 노동자이자 시인인 쉬리즈(許立志)가 숙소 건물에서 투신해 즉사했다. 6주기를 맞은 얼마 전 한 평론가는 "비인간의 죽음"으로 규정했다. 수년 동안 그가 폭스콘의 신노동자로서 써온 시들이 지닌 성격 때문이었다. 2010년 봄, 동료 노동자들이 연달아 죽어갈 때 쉬리즈는 자신의 웨이보 계정에 〈망연히 사방을 둘러보다(茫然四顾)〉라는 시를 남겼다. 당시엔 냉혹한 현실을 고발하는

것처럼 여겨졌지만, 어쩌면 여전히 바뀌지 않을 모순 속에서
살아갈 자신의 미래를 예언한 것인지도 모르겠다.

몇 해 전 그는
배낭 멘 채
이곳을 밟았다
이 번화한 도시를

의기양양하게

몇 해 뒤 그는
자신의 유골을 움켜쥐었다
이 도시의
네거리에 서서

— 〈망연히 사방을 둘러보다〉 중에서

폭풍전야

마지막 관문은 홍콩이다. 닷새 정도 이곳저곳 구경하고 서울로 돌아갈 계획이었다. 지난 1년의 경로를 그리면, 봄에는 북쪽에서 서쪽으로 기차를 타고 베이징-시안-시닝을 다녀왔고, 여름에는 남서부 윈난성과 구이저우성의 도시들을 돌았다. 가을엔 북쪽의 산시성과 허베이성 여행을 다녀왔으며, 마지막 여정은 남부의 광둥성과 홍콩이었다. 중국을 한 바퀴 돈 셈이다.

선전에서 홍콩으로 가는 방법은 버스, 페리선, 지하철 등 다양하다. 선전에 가기 4개월 전인 2018년 9월 말, 베이징-광저우-선전-홍콩 간 고속철도(京广深港高速铁路)가 완전히 개통됐다. 푸톈(福田)역에서 단 15분이면 홍콩사이까우룽(West Kowloon)역에 도착한다. 나는 고속철도를 택했다.

홍콩은 중화인민공화국 영토지만 '경외 지역'으로 분류된다. 1997년 홍콩이 영국 식민지에서 중국으로 귀환한 이후 일국양제를 유지하고 있다. 일국양제는 '한 나라 안 두 개의 시스템'을 가리킨다. 1982~1984년 영국 정부와 반환 협상 당시 덩샤오핑은 대처 정부 및 홍콩 내 서구 자본을 안심시킴과 동시에 홍콩 엘리트의 정치적 불안감을 불식시켜야 했다. 대륙의 창구 구실을 해온 홍콩이 여전히 필요했기 때문이다. 이제 막 포문을 연 개혁개방 정책의 사활이 걸린 문제였다. 일국양제는 식민지 시기 홍콩 엘리트 자본과 중국공산당이 맺은 역사적 타협의 결과라 할 수 있다. 2000년대 이후 홍콩의 금융시장이 급성장하면서 새로운 부흥기를 맞이하자 많은 이가 일국양제를 격찬했다. 하지만 그로부터 10여 년 만에 다시 확인했듯, 어쩌면 이는 역사적 모순의 누적을 뭉개고 감춘 거대한 연극에 지나지 않았는지 모른다.

홍콩에 도착한 2019년 1월 말, 일국양제는 역사적인 위기를 목전에 두고 있었다. 2014년 홍콩 시민들은 이른바 우산운동(雨傘運動)*을 통해 홍콩이라는 도시와 시민의 삶이 안고 있는 모순을 보여주었다. 한동안 이 운동은 완전한 실패로 평가되곤 했다. 수개월에 걸쳐 격렬한 거리 시위가 일어났지만 아무것도 이루지 못했고, 홍콩의 운동 진영은 분열했기 때문이다. 투쟁 목표였던 중등교육에서 보통화 의무교육 방침 철회는 이뤄내지 못했고, 우산운동 이후 펼쳐진 선거에서 민주파

---

* 경찰의 최루액 난사에 대응하기 위해 등장한 노란색 우산은 2014년 홍콩에서 벌어진 대중 시위의 상징이었다. 미디어는 이를 '우산혁명', 때로는 '우산운동'이라고 불렀다. 하지만 혁명의 사전적 의미가 '권력이나 조직 구조를 근본적으로 변화시키는 것'이라는 점에 동의한다면, 2014년 시위를 '혁명'이라 지칭하긴 어렵다.

(民主派)*는 좋은 결과를 얻어내지 못했다.

사이까우룽역에서 입국 심사를 받고 바깥으로 나오자 홍콩의 야경이 펼쳐졌다. 내지**와 확연히 다른 풍경 탓에 제3국에 온 것 같았다. 교통이나 지불 방식, 언어(광동화와 보통화는 서로 통하지 않는다) 등이 달라서 홍콩의 정치적 지위 역시 중국에 속한다는 점을 쉽게 잊어버렸다. 150년간 다른 역사를 거쳐온 이 도시가 외형적으로 다른 풍경을 갖게 된 건 당연하다. 게스트하우스 주인은 보통화를 전혀 알아듣지 못했다. 심지어 "할 줄 아세요?"라는 질문에 기분 나쁜 기색을 내비쳤다. 보통화에 대한 반감이 높아지고 있다는 사실을 익히 알고 있었지만, 1년 내내 보통화만 쓰다 온 터라 조심 또 조심해야 했다.

타지에서 온 관광객이 센트럴이나 침사추이 같은 도심에서 쇼핑몰이나 맛집 이외의 여백을 찾는 일은 쉽지 않다. 어떤 도시든 시간에 구애받지 않고 이리저리 헤맬 때 비로소 보이는 것들이 있다. 나는 한참을 헤매며 오래된 서점이나 박물관을 찾아다녔다. 그러다 스타페리를 타고 침사추이로 건너가거나 몽콕에 있는 서언서실(序言書室: Hong Kong Readers) 같은 허름한 서점에 가서야 비로소 편안함을 느꼈다. 서언서실엔 우산운동, 권위주의, 사회운동, 정치철학에 관한 책들이 많았다.

---

* 홍콩 사회운동은 크게 '민주파'로 불린다. 민주파의 대척점에 서 있는 사회 세력을 '건제파(建制派)' 또는 '친중파'라 부른다. 시민사회 전체가 둘로 양분되어 있다고 해도 과언이 아니다. 민주파는 단일하지 않아서 전통적 민주파와 본토파, 좌익 등 그들 사이에 해소하기 어려운 쟁점이 있다.

** 중국에서는 홍콩, 마카오, 대만을 제외한 대륙 전체를 '내지'라고 부른다.

아마도 홍콩에서 사회운동에 관심 있는 시민이 즐겨 찾는 서점 같았다. 서점 안 곳곳에 불온한 기운이 물씬 풍겼다.

킹스로드(King's Road: 英皇道)의 오래된 빌딩 지하에 있는 삼키서점(Sam Kee Bookstore: 森記圖書)이나 프린스에드워드역 인근에 있는 중고서점 아적서방(我的書房)도 인상에 남는다. 문을 연 지 40년 됐다는 삼키서점엔 마오쩌둥 가족사와 같은 온갖 잡다한 반중 서적들이 먼지처럼 쌓여 있었다. 하지만 그보다는 수십 마리의 길고양이가 서점 운영의 진짜 목적처럼 보였다. 미로처럼 설계된 아적서방에서 한참을 헤매다 영국의 노동정책학자가 쓴 사회주의적 사회정책에 관한 책을 샀다. 비행기에서 몇 쪽 펼쳐본 뒤 지금껏 한 줄도 보지 못했다. 영국에서 온 중고서적이 많다는 점도 홍콩의 어떤 역사를 보여주는 것 같다.

2014년 이 도시를 들썩이게 했던 우산운동은 대중운동의 가능성을 보여주었으며, 동시에 홍콩이 안고 있는 모순을 적나라하게 드러냈다. 가령 베이징에서 만난 한 젊은 연구자는 우산운동이 중산층 중심으로 시작된 "색깔혁명"일 뿐 농민공과 저소득층이 함께하는 "아래로부터 저항"의 성격은 거의 갖지 못한다고 말했다. 그에 따르면, 우산운동이 침체기에 접어들 무렵 시위가 주로 벌어진 지역 상인들의 반감이 커졌는데, 이런 추세는 우산운동의 한계를 보여준다. 또한 우산운동은 대륙에서 온 중국인 혐오 정서를 크게 증폭시켰다. 일국양제라는 허술한 약속에 대한 배신감이 인종주의라는 반정치적 불만으로 폭발한 것이다. 물론 홍콩인 모두가 인종주의적 반감

홍콩 센트럴 거리를 걷다가 마주친 한 여성 이주노동자. 홍콩에는 40만 명의 동남아시아 출신 이주노동자가 가사 노동에 종사하고 있다.

을 갖고 있다고 말할 순 없다. 하지만 식민지로 회귀나 중국적인 것으로 복속이 아닌 '홍콩만의 대안' 찾기는 아직 성공하지 못하고 있다.

이처럼 강력한 독립주의 또는 지역민족주의 경향을 띤 사람을 홍콩에서는 본토파(本土派) 또는 지역주의자(Localist)라 부른다. 이들은 우산운동을 경과하며 급성장했다. '홍콩민족'의 발명과 이주민 배제 등 다소 우익 포퓰리즘적인 언술로 '홍콩'이라는 새로운 국민국가의 필요성을 강조한다. 굳이 예를 들자면 싱가포르가 모델이 아닐까 싶다. 이들은 대륙 출신 농민공*은 물론이거니와 홍콩에 있는 40만 명가량의 이주노동자의 현실에 아무런 관심이 없다. 외국에서는 이들을 민주파로 분류하곤 한다. 현실의 저항에서 한데 섞여 있긴 하지만, 전통적인 민주파와 이들 본토파가 공유하는 영역은 그리 많지 않다. 지향하는 사회상이 다르고 운동 전략도 다르다.

어쨌든 스쳐 지나가는 이방인의 눈에 비친 2019년 2월의 홍콩은 깊숙이 침체된 것처럼 보였다. 누구도 4개월 뒤 이 도시에서 200만 명이라는 역사상 최다 규모의 저항이 폭발하리라고는 예상하지 못했을 것이다. 오히려 나는 이 도시의 침체가 단지 우산운동으로부터 기인하는지, 그것 너머의 도시적 모순 때문인지 궁금할 따름이었다.

* 2010년 말 기준 홍콩에 체류 중인 농민공은 약 62만 명이다. 역사적으로 홍콩은 이민자의 도시지만, 1997년 반환 이후 이주민의 법적 지위는 많이 달라졌다. 부유층이 아닌 농민공의 주거권은 기존 홍콩 시민보다 훨씬 불안정하며, 7년이 지나야 비로소 영구적인 거류권을 얻을 수 있다.

시민이 배제된 역사

홍콩 청년은 취업난과 저임금 노동시장, 부동산 버블 등 3중고에 고통받고 있다. 그 정도가 심각할 뿐 한국이나 일본과 많이 닮았다. 이는 역사적으로 축적된 모순이 경제 체제에 반영된 것이다. 갈등의 표면은 항상 정치·사회적 논란으로 드러나지만 내면은 훨씬 중층적이다.

반환 당시 홍콩에는 이미 강력한 자본가 집단이 있었다. 이들은 1970~1980년대 경제 부흥으로 만들어진 중산층과 영국 식민지 시기의 과두정치 시스템을 활용해 홍콩 사회를 장악하기 시작했으며, 제조업과 부동산으로 막대한 부를 쌓았다. 홍콩의 이러한 정치·경제적 현실은 당-국가 시스템을 통해 통치 구조를 구축한 내지와 상당히 달랐다. 당시 중국공산당에게 홍콩을 내지와 똑같은 체제로 통일한다는 것은 아주 많은 실리의 포기를 뜻했다. 홍콩은 이른바 '화교 자본'이 대륙으로 유입되는 창구였고, 아시아 무역과 금융의 중심지였다. 개혁개방 선언만 했지 1980년대 내내 이렇다 할 성과를 내지 못하고 있던 중국은 이미 세계 자본주의 시스템의 중핵으로 자리 잡은 홍콩을 충분히 활용해야 했다. 중앙정부는 애초 홍콩 경제의 이익 배분 구조를 바꾸려는 시도조차 하지 않았다. 오히려 이를 더욱 공고히 보강했다.

2014년 우산운동이 끝날 무렵, 사회학자 뤼다러(呂大樂)는 '급냉홍콩'이라는 개념을 제시했다. 이는 중-영 협상이 이뤄진 1980년대 당시 홍콩인은 반환에 아무 신뢰가 없었다는 해석을 전제로 한다. 꽤 설득력이 있다. 앞서 언급했듯 당시 덩샤오핑을 비롯한 중국공산당 고위층은 홍콩 반환이 이뤄지더라도 국기를 갈아치우는 것 말고 다른 모든 것은 그대로 유지하려 했다. 홍콩인이 그들의 일상에서 조금도 변화된 느낌을 갖지 않도록 하는 게 국익에 부합한다고 여겼다. 이것이 "말은 계속 달릴 것이고, 춤도 계속될 것이다(马照跑, 舞照跳)"와 "50년간 변하지 않을 것(50年不變)"이란 말이 나온 시대 배경이다. "말은 계속 달릴 것"이란 무슨 뜻일까? 당시 홍콩인에게 경마는 오락이나 도박이 아닌 생활의 일부였다. 경마는 1875년 시작돼 122년의 역사를 갖고 있었다. 1997년 당시 홍콩 인구의 10퍼센트인 60만 명이 하루 평균 1,800억 원의 돈을 경마에 쏟아 부었다. 덩샤오핑의 '경마론'은 홍콩인을 안심시키기 위한 일종의 약속이자 타협책이었다.

사실 대다수 평범한 시민은 반환 협상에서 무슨 말이 오가는지 알지 못했고, 안다고 해도 개입할 힘이 없었다. 1967년 봉기* 이후 홍콩의 사회운동은 거의 와해되다시피 했다. 따라서 덩샤오핑이 홍콩을 향해 던진 멘트는 사회운동이나 일반 시민보다는 엘리트 계급이 과녁이었다고 봐야 한다. 상층 엘리트가 정치적 격변을 우려해 돈을 해외로 옮기거나 홍콩을 떠나게 하고 싶지 않았다. 이렇게 해서 중국공산당은 홍콩의

---

* 1967년 3월부터 10월 사이 홍콩의 좌파 청년과 지식인, 노동자가 영국 식민지 당국에 맞서 펼친 격렬한 대중 시위를 말한다. 주류 미디어는 여전히 '67폭동'이라 부르고, 일부는 '67봉기'라 부른다. 나는 '폭동(riot)'은 주관적인 평가에 기반한 부정적인 인식을 남기고, '봉기(uprising)'는 대중운동이 지닌 있는 그대로의 성격만을 드러낸다는 점에서 '봉기'라는 표현에 동의한다.

안정적 반환을 성취할 수 있었다. 당시 많은 외신이 홍콩 반환의 놀랍도록 조용한 풍경을 묘사한 것만 봐도 알 수 있다. 특히 홍콩의 수반인 행정장관은 영국 식민지 시절 총독이 영국 왕실에 의해 임명됐듯 사실상 중국 중앙정부에 의해 무난히 '임명'됐다. 입법회 역시 식민제도의 틀을 그대로 물려받았다.

통치 시스템의 내막을 살펴보면, 홍콩에서 행정장관을 포함한 정치인은 부동산 대자본으로부터 어느 정도 지지나 인정을 받아야 한다. 부동산 재벌을 포함한 자본가는 특별선거위원회와 입법회 직능 선거구에 제도적으로 상당한 영향력을 행사할 수 있어서 정치인은 노골적으로 자본가 계급의 정치적 대리인 역할을 자임한다. 나아가 재계 엘리트는 공직뿐 아니라 지역의 도시 곳곳을 장악하고 있다.

홍콩에 대한 중앙정부의 중대 결정 역시 홍콩 부동산 재벌의 자문을 통과해 이뤄진다. 베이징은 항상 리카싱(李嘉誠) 같은 부동산 재벌을 초청해 대화를 나누고, 재벌들 역시 오랫동안 대륙의 정치 엘리트와 인맥을 유지하고 있다. 예를 들어 홍콩의 4대 부동산 재벌 중 한 명인 쳉위퉁(郑裕彤)은 과거 원자바오(溫家寶) 총리나 리위안차오(李源潮) 등 슈퍼 고위층과 긴밀한 관계를 유지했다. 이런 이유로 부동산 재벌은 행정장관인 캐리 람보다 사실상 더 높은 권력을 갖고 있다. 전화 한 통이면 해결할 수 있는데 뭐 하러 행정장관-연락사무소를 거쳐 이야기하겠는가? 홍콩의 정치인은 부동산 재벌의 기득권에 전혀 손 댈 수 없다. 따라서 중국 주류 지식인의 홍콩 문제에 대한 정치·경제·사회학적 비판은 실패의 책임을 고스란히 홍콩에 떠넘긴다는 점에서 무책임하다. 더구나 홍콩의 친중 정치가는 홍콩 사회를 개혁할 힘이 없다. 다시 말해 캐리 람 행정장관은 "꼭두각시일 뿐"이라는 비난을 극복하기 어려운 구조적인 모순 속에서 행정장관 노릇을 해왔다. 그러니 캐리 람이 시진핑의 꼭두각시라는 규정은 절반만 맞다. 그는 부동산 재벌의 꼭두각시이기도 하다.

더구나 시민의 삶은 지독하게 양분되어 있다. 1997년 동아시아에 외환 위기가 폭발했을 때 홍콩 경제 역시 만만치 않은 타격을 입었다. 반환 이후 홍콩 경제는 6년 넘게 침체 일로를 걸었다. 1997~2002년에 부동산 가격이 60퍼센트 이상 하락하는 등 디플레이션이 지속됐고, 2005년 기준 국민총생산이 1997년 21만 홍콩달러보다 떨어진 19.9만 홍콩달러를 기록했다. 불평등은 크게 심화됐다. 1993년 최고소득층의 소득이 최저소득층의 13배였다가 2005년에 23.3배로 늘었다. 저소득층의 인구 비중은 1996년 15퍼센트에서 2005년 17.8퍼센트로 증가했다. 그렇게 구조적인 모순이 심화되던 중 균열이 터지고 말았다. 사스(SARS)가 발생해 관광업과 소매업이 큰 타격을 입었다. 특구 정부는 당초 3퍼센트로 목표했던 경제성장률을 1.5퍼센트로 하향 조정해야 했다.

2003년 7월에 벌어진 대중 시위는 이 같은 경제 위기를 배경으로 한다. 2002년 9월, 홍콩 정부는 홍콩특별행정구기본법 23조의 구체적인 시행령과 형벌 등에 대한 규정을 정리하고 발효를 예고한다. 이것이 우리가 흔히 말하는 '홍콩판 국가보안법'이다. 이 조항은 "홍콩특별행정구는 자체적으로 법을

홍콩의 어느 거리에서 마주친 시민. 쪼그려 앉아 신문을 본다.

제정해, 국가를 배반하고 국가를 분열시키며 반동을 선동하고 중앙 인민정부를 전복하며 국가 기밀을 절취하는 행위를 금지해야 하며, 외국의 정치 조직 또는 단체가 홍콩특별행정구에서 정치 활동하는 것을 금지하고, 홍콩특별행정구의 정치 조직 또는 단체가 외국의 정치 조직 또는 단체와 관계 구축하는 것을 금지한다"고 못박았다. 문제는 '국가 분열'과 '전복'이라는 단어다. 이는 1988년 기본법 논의가 촉발된 이래 항상 논란거리였다. 입안은 됐으나 효력 없는 상태가 지속되었다.

2002년 12월 15일에 시작된 6만 명 규모의 거리 시위는 일국양제와 국가보안법이란 쟁점을 사이에 둔 싸움의 서막이었다. 크리스마스이브에 19만 명 규모의 대규모 집회가 열렸고, 이듬해 2월 친중 성향의 제임스 티엔(田北俊) 입법회 의원이 국가안전조례초안(國家安全條例草案)을 발표하자 시민의 분노가 폭발했다. 자유를 지나치게 침해하고, 범죄로 규정하는 범위가 광범하며, 정치적으로 민주파를 겨냥한다는 비판이 쏟아졌다. 2003년 7월 1일, 경찰 추산 67만 5,000명이 참가한 이날 집회에서 시민들은 '애국애항(나라를 사랑하고 홍콩을 사랑한다)'이란 구호를 외치며 국가보안법 시행을 비판했다. 이날 집회는 1989년 톈안먼항쟁 연대 시위 이후 가장 큰 규모의 집회였다. 하지만 그 배경엔 사스와 부동산 버블 붕괴가 가져온 경제 위기에 대한 불만이 깔려 있었다.

이 전례 없는 시위는 정부가 국가보안법 시행을 포기하게 만들었다. 하지만 모순이 해결된 것은 아니었다. 2014년 우산 운동에서도, 2019년 6월 폭발한 범죄인송환조례 반대운동에서도 모순은 심화되었다. 그리고 우리가 알다시피 이 운동은 2020년 5월 말 완전한 종결을 고한다.

부자의 영광, 빈자의 비참

2003년 여름의 대중 시위에 놀란 중국 정부는 홍콩과 CEPA(포괄적경제동반자협정)를 체결해 경기 부흥을 꾀한다. 금융시장 선진화와 중국인의 금융 투자 환경 개선을 위한 제도적 장치를 마련하고 내지로부터 개인 관광을 허용한다. 또한 고부가가치 산업에 대한 세금 감면 등 지원 정책을 펼친다. 그 결과 2003년 이후 홍콩 경제는 크게 성장한다. 2003년 대비 2019년 GDP는 거의 3배, 1인당 GDP는 2배로 증가했다. 이런 급성장으로 홍콩의 1인당 GDP는 일본을 앞질러 2018년 기준 아시아 최고 수준에 등극했다. 1997~2003년에 지지부진하던 홍콩 경제는 2004~2017년에 급격한 성장가도를 달렸고, 런던과 뉴욕에 이은 국제적인 금융허브로 우뚝 섰다. 자본에 친화적인 언론들은 부동산 호황과 '금융 르네상스'를 주목하며 "완벽한 경제 자유와 선진적인 금융제도가 이런 호황을 이끌고 있다"고 격찬했다.

홍콩에 대한 우리의 시선 역시 이런 고정관념에서 그다지 자유롭지 않다. 홍콩을 이야기할 때 흔히 '부자 도시'라는 전제를 기정사실로 삼고 그 안의 모순은 자세히 들여다보지 않는다. 홍콩을 영광스러운 '동양의 진주'로 대상화하지만 내막은 골병뿐이다.

홍콩은 현재 경제 불평등이 매우 심각하다. 지니계수는 0.54를 기록하고 있고, 극빈층은 전체 인구의 7분의 1을 차지한다. 이는 세계의 여느 대도시들보다 높은 수준이다. 오늘날 홍콩은 "세계에서 가장 불평등한 도시"라는 불명예를 안고 있다. 월 소득별 분포를 살펴보면, 2018년 기준 중위소득이 2만 7,000홍콩달러의 50퍼센트에 미치지 못하는 시민이 전체의 50퍼센트를 넘었다. 같은 해 한국의 20.4퍼센트보다 훨씬 심각하다. 홍콩 출신의 사회학자 홍호평(孔誥烽) 존스홉킨스대학 교수는 "홍콩 청년의 정치적 불만의 근저에는 불평등에 대한 불만과 공포가 있다"고 평했다.

양극화의 극단적 양태를 보여주는 지표가 바로 악명 높은 주거 빈곤이다. 최근 10년간 홍콩의 집값과 임대료는 급격하게 올랐다. 2010년대 중반을 지나면서 주택 보유자 비중이 50퍼센트 미만으로 떨어졌는데, 이는 한국에 비해 10퍼센트 이상 낮은 수치다. 까우룽반도 변두리 주택가만 가도 홍콩의 주거 모순이 얼마나 심각한지 알 수 있다. 통퐁(劏房)이라 불리는 초소형 아파트가 즐비하다. 여기서 한자 '劏(tong)'은 '도살'을 뜻한다. 평균 면적 9.3제곱미터(2.8평)짜리 집의 월세가 우리 돈 62만 원 정도다. 700만 인구의 도시에서 통퐁 거주자만 21만 명에 달하고, 가구 수 역시 10만에 근접한다.

집값은 뉴욕, 런던, 샌프란시스코의 2배에 달할 정도로 비싸다. 평균 주택 가격 720만 홍콩달러(11억 원)를 놓고 봤을 때, 직장인 중위소득이 34만 3,000홍콩달러(5,230만 원)이므로 월급 한 푼 쓰지 않고 모아도 21년이 걸린다. 부동산 버블의 악

영향은 가계소득 대비 집값 비중을 봐도 알 수 있다. 밴쿠버 (10.3퍼센트), 샌프란시스코(9.2퍼센트), 서울(8.8퍼센트), 런던(7.3 퍼센트), 뉴욕(6.2퍼센트) 등 세계의 악명 높은 도시들의 추종을 불허하는 수준(14.9퍼센트)이다. 이에 반해 면적은 이 도시들의 절반에 미치지 못한다. 뉴욕의 주차 공간 면적이 14.2제곱미터 인데 반해 통퐁은 3분의 1에도 못 미치는 4.5제곱미터에 불과 하다.

가사노동의 국제분업

서점을 돌아다니다 코즈웨이베이 쪽에서 생경한 모습과 맞닥 뜨렸다. 해변 쪽으로 이어진 육교 아래에 수십 명이 돗자리를 깔고 모여앉아 수다를 떨고 있었다. 노골적으로 쳐다보면 안 된다고 생각했지만 궁금해서 이리저리 오가며 관찰했다. 그때 부터 보이지 않던 모습이 도심 곳곳에서 목격됐다. 어디든 그 늘진 곳이나 광장에 가면 동남아시아 사람들이 보였다. 육교 아래 모인 사람들은 죄다 인도네시아어를 쓰고 있었다. 모두 여성이었다. 관광객처럼 보이지 않아서 의아했다.

얼마 뒤 알게 된 사실이지만, 이들은 동남아시아 출신의 이 주노동자였다. 여성 노동자들만 있는 까닭은 홍콩의 독특한 가사노동자 비자제도 때문이다. 홍콩특구 정부는 필리핀과 인 도네시아, 태국 등 동남아시아 국가와 체결한 협정에 따라 가 사 서비스 노동에 한정해 노동력을 수입하고 있다.

이 제도는 1970년대 후반과 1980년대 초반 홍콩의 경기 부홍과 동시에 만들어졌다. 중국 개혁개방 이후 홍콩의 자본가는 노동집약형 공장은 광둥성의 제조 도시들로 옮기고, 금융이나 서비스업 등 부가가치가 높은 산업은 도시 안에서 증진시켰다. 이는 여성 노동자의 사회 진출과, 맞벌이 가정에 가사노동을 제공할 값싼 노동력 수요를 낳았다. 홍콩의 중산층 이상 가구는 브로커를 통해 주로 필리핀으로부터 가사노동자를 들여왔으며, 1980년대 내내 그 수가 급증했다. 2018년 기준 홍콩의 동남아 출신 가사노동자는 40만 명을 넘어섰다. 홍콩 상주인구의 6퍼센트를 차지한다.

영국 식민지 시기 부유한 영국인 가정은 종종 무급 혹은 저임금으로 중국 대륙 출신의 여성 가사노동자를 데려와 노예처럼 부렸다. 제국의 식민통치가 가져온 이런 자본주의적 착취 사슬이 오늘날에도 반복되고 있다. 40만 명 가운데 필리핀과 인도네시아 출신이 45퍼센트 정도씩 비슷하고, 나머지는 태국 등에서 왔다. 평일엔 고용주 집에서 온종일 일하고, 일요일엔 도심 거리 한곳에 모여 쉰다. 이들은 보통 일요일 늦은 9시까지 거리에 있다가 일터로 돌아간다.

이들이 겪는 고통은 단지 열악한 주거 조건만이 아니다. 일하면서 겪는 학대와 욕설, 성폭력, 임금 체불, 과로(약 16시간)는 다반사다. 임금은 월 평균 4,410홍콩달러(66만 5,000원)로 홍콩 정부가 규정한 법정 최저임금보다 절반 가까이 낮다. 홍콩의 높은 물가를 고려하면, 이주 가사노동자가 홍콩에서 인간다운 삶을 영위하기란 거의 불가능하다. 게다가 이들은 아주 적은 생활비를 제외하고 나머지를 본국의 가족에게 송금해야 하는 처지다.

듣자하니 이 심각한 이주노동자 문제를 극복하기 위한 국제연대가 활발하다고 한다. 일하면서 겪는 성폭력 문제 해결을 위해 집단적인 항의 시위를 조직하는가 하면, 최저임금을 55홍콩달러로 인상하기 위한 캠페인을 펼친다. 이주노동자의 집단적인 힘을 모으기 위한 활동도 많다. 외국인가사노동자(FDW), 아시아가사노동조합연맹(FADWU), 이주노동자미션(MFMW) 등이 가사노동자 인권을 위해 싸우는 단체이다. 이들은 '강제 노동이나 인신매매를 척결하기 위한 포괄적인 입법 및 정책 채택', '임금 인상' 등을 요구해왔다.

경제 호황기 국제도시 홍콩은 다양한 인종이 어우러져 사는 아름다운 도시처럼 묘사됐다. 나 역시 그런 선입견을 갖고 홍콩에 왔다. 하지만 어떤 풍경들은 이 도시의 발전과 저항 모두 인종적으로 분열된 채 지속되어왔음을 느끼게 한다. 이런 분할은 홍콩에 남아 있는 식민지 잔재에 대한 깊은 이해를 방해한다. 완전하지 못한 탈식민지화의 후과를 7분의 1에 달하는 극빈층, 홍콩 밑바닥에서 살아가는 동남아 출신 여성·이주·가사 노동자가 떠안은 것 같다. 특히 모국의 성차별과 불평등, 빈곤으로 고향을 떠나야 했던 여성이 홍콩의 모순을 온전히 떠안고 있다. 이주노동을 연구해온 라셀 파르레냐스(Rhacel Parreñas)는 홍콩의 이 같은 현실을 빗대어 "재생산 노동의 국제적 분업"이라 묘사했다. "이민 송출국과 유입국 모두에서 대부분의 여성은 성평등한 가사노동 분업 환경에 놓여 있지 않다. 대신 이들은 자신의 인종적·계급적 특권을 사용해 자신이 책임지게 될 재생산 노동을 무권리 상태의 여성에게 전가했다."같은 이민 유입국인 한국 사회가 진지하게 받아들여야 하는 비판일지 모른다.

저항을 준비하는 사람들

셋째 날까지 나는 이 작은 도시에서 너무 많은 시간을 머무르는 건 아닐까 생각했다. 어쩌면 향수병이 도졌는지 모르겠다. 하지만 하룻밤을 남긴 넷째 날, 저녁 퇴근시간이 가까울 무렵 거리의 어떤 모습을 보고 갑자기 아쉬운 마음이 들었다. 센트럴 쪽의 어느 서점에 들렀다 미리 봐둔 유명 맥주바로 가던 길, 뭔가 익숙한 공기와 맞닥뜨렸다.

도심 선전전이었다. 대여섯 명의 활동가가 역할을 분담해 시민을 상대로 연설하고 있었다. 어떤 이들은 끊임없이 유인물을 나누어주었고, 다른 사람은 가판대에서 서명을 받았다. 사회민주연선(社會民主連線)이란 정치 조직이었다. 단체 로고가 붉은색 배경에 장미 그림인 걸 보니 좌파 정치단체가 분명해 보였다. 난 기자라도 된 듯 사진을 찍었다. 나중에 알고 보니, 마이크를 잡고 연설하는 사람이 사회민주연선의 에이버리 응(吳文遠) 주석이었다. 그 옆은 시민들에게 '장발'로 통하는 렁쿽훙(梁國雄)이었다. 렁쿽훙은 몇 차례 입법회 의원을 지내면서 항상 장발을 유지하고 거리 시위에 앞장서는 입지전적인 좌파 활동가다.

홍콩에는 사회민주연선 외에 많은 사회운동 좌파가 있다.

337

홍콩 도심 거리에서 마주친 사회민주연선의 거리 캠페인. 몇 달 후 이들은 거대한 항쟁의 한복판에 서게 된다. 이 단체를 만든 홍콩 사회운동의 오랜 리더 링쿽홍은 현재 국가보안법 위반 혐의로 구속됐다.

대표적으로 한국의 민주노총과 같은 직공맹은 민주파 경향의 노동자운동을 대변한다. 실제 한국 노동운동과 많은 교류를 가졌다. 2019년 12월 홍콩을 다시 찾았을 때 저녁식사를 했던 리척얀(李卓人) 선생님은 홍콩 노동운동을 대표하는 인사 중 하나다. 젊은 시절 톈안먼항쟁에 연대하기 위해 직접 베이징을 찾았으며, 쉬지 않고 노동조합운동과 사회운동에 헌신했다. 이런 좌파들과 견해를 달리하지만, 2020년 12월 구속된 조슈아 웡(黃之鋒)이 활동하는 데모시스토(Demosistō: 香港眾志)도 홍콩 사회운동을 대표하는 여러 그룹 중 하나다.

이 도심 캠페인에서 사회민주연선 활동가들이 비판한 정부 법안은 홍콩 정부가 막 추진 의사를 밝힌 범죄인송환조례였다. 이 법안은 2019년 홍콩항쟁을 촉발한 직접적 계기다. 2018년 2월 17일 타이베이에서 일어난 챈퉁카이(陳同佳)의 여자 친구 살인 사건을 빌미로, 홍콩 바깥에서 형사 범죄를 저지르고 돌아온 시민을 해당 국가로 송환할 수 있도록 법을 바꾸겠다는 것이 취지였다.

캐리 람의 갑작스러운 조례 입안 시도에 시민사회는 즉각 반발했다. 정부가 근거로 삼은 제도 공백은 얼마든지 기존의 절차로 처리할 수 있었다. 이 조례가 실시되면 시민사회운동이 정치적으로 크게 위축될 게 뻔했다. 홍콩의 사회운동 활동가는 때때로 중국의 노동자운동을 지원하거나 중국 정부를 정면에서 비판한다. 이것은 홍콩 바깥인 내지 법률 위반에 해당한다. 조례 제정이 이뤄지려면 입법회석에서 세 번의 '심사(讀)'를 거쳐야 한다. 2019년 6월 12일은 그 두 번째 심사가 예고된 날이었다. 홍콩 시민들은 벼랑 끝에 선 심정으로 시위에 참가했다. 이것이 6월 9일 103만 명 규모의 시위가 이뤄진 배경이다.

범죄자를 해당 지역으로 송환할 수 있도록 하는 조치에 대해 홍콩 시민이 두려움을 느끼는 데는 여러 이유가 있다. 그중 가장 많이 언급되는 사건은 2015년 10월과 12월에 일어난 코즈웨이베이서점 실종 사건이다. 당시 이 서점의 관계자들은 내지의 각종 부정적 소문과 중국공산당 고위관료의 추문을 모아 책으로 발간했는데, 이는 중국 당국에 눈엣가시였다. 공안은 서점 관계자 5명을 납치해 내지로 압송했고, 몇 개월이 지나 풀어주었다. 수개월 동안 알려지지 않던 이 사건이 한 당사자의 폭로로 세간에 알려졌다. 더는 홍콩이 정치적으로 안전하지 않을 수도 있다는 불안감, '자유도시'는 끝날지도 모른다는 두려움이 시민들의 머릿속을 지배하기 시작했다. 물론 자유도시라는 미망 역시 빈곤층에겐 신기루에 불과했지만.

시민사회운동은 2월 이후 본격적으로 범죄인송환조례를 막기 위한 행동에 나섰다. 50여 개 시민사회단체와 대학 학생회, 노동조합 등으로 이루어진 민간인권진선(民間人權陣線)은 2019년 4월 28일 첫 반대 집회를 열었다. 시민 13만 명이 참가했다. 그리고 6월이 되자 거대한 저항으로 폭발했다. 6월 9일 103만 명 시위 이후 홍콩은 전쟁터를 방불케 하는 저항의 나날을 보냈다. 경찰에 따르면 10개월이 지난 2020년 4월까지 최루탄 16,191발, 스펀지탄 1,880발, 포대탄 2,033발, 고무탄 10,100발, 실탄 19발, 페퍼스프레이 1,491통, 최루제 107통,

후추볼 40통이 발사됐다. 시위대를 진압하기 위해 물대포차와 장갑차가 출동한 날도 각각 65일, 68일에 달했다.

나 역시 2019년 하반기 내내 홍콩에 촉각을 곤두세웠다. 한번 꽂히면 전력질주하듯 내달리는 스타일이다 보니 1년 내내 홍콩 공부만 했다. '홍콩은 민주주의, 중국은 공산주의'라는 식의 편협한 도식으로 너무 쉽게 사안의 복잡성을 재단하려는 편견에 도전했고, 이 도시에서 벌어지고 있는 일들이 그리 단순명료한 인과 관계를 갖지 않는다는 점을 언론 지면이나 강연 등에서 이야기했다. 12월에는 다른 시민단체 활동가들과 함께 직접 홍콩을 방문했다. 베이징에 처음 가면서 먼 꿈으로 여겼던 동아시아 국제연대를 사소하게나마 시작한 셈이다.

회색 코뿔소

베이징을 떠나 광저우로 향할 즈음, 중국공산당 중앙당교가 소집한 '지방과 중앙 핵심 지도자 및 간부 세미나' 연설에서 시진핑 국가주석은 "정치, 이데올로기, 경제, 과학기술, 사회, 외부 환경, 당 건설 모든 면에서 중국은 위험에 직면했다"며 '검은 백조'와 '회색 코뿔소'의 위험을 경고했다. '검은 백조'는 예외적이어서 도저히 발생 가능성이 없어 보이지만 일단 발생하면 엄청난 충격과 파급 효과를 유발하는 사건을, '회색 코뿔소'는 지속적인 경고로 사회가 인지하고 충분히 예상할 수 있지만 쉽게 간과하는 위험 요인을 가리킨다. 중국의 고위 엘리트에게 2003년 이후 홍콩 사회의 저항은 "색깔혁명의 위험"으로 판정됐고, 언제나 회색 코뿔소로 여겨졌다.

하지만 홍콩 청년들의 불만은 언론 자유와 결사의 자유에 대한 억압만이 아니라, 신자유주의 시스템이 낳은 극심한 불평등과 빈곤을 바탕에 두고 있다. 국가자본주의 체제의 억압과 착취에 저항해 더욱 나은 사회를 만들고자 하는 사람들에게 시진핑 집권 시기의 강도 높은 노동자운동 탄압과 제국주의적 대외정책은 사회운동에 대한 회색 코뿔소에 다름 아니다.

2019년 11월 29일 미국의 좌파 미디어 〈디센트(Dissent)〉에 실린 인터뷰에서 사회민주연선의 에이버리 응은 중국공산당을 "극우-국가자본주의 정권"으로 규정했다. 그러면서 "사실 홍콩과 중국은 신자유주의의 오류를 영속시키고 있을 뿐"이라며 중국공산당을 비판했다. 아마 이는 사회민주연선과 같은 홍콩 좌파가 맞닥뜨리는 잘못된 좌우 구도를 깨뜨리기 위한 노력일 것이다. 2021년 1월 〈주간경향〉 인터뷰에서, 항쟁이 촉발된 이래 1년 7개월의 숨 가쁜 시간을 거친 뒤에도 그는 스스로를 "신중한 낙관론자"라 규정한다. 절망적인 상황에서도 오늘날 홍콩이 안고 있는 역사적 모순이 무엇에서 기인하는지를 계속해서 알리려 노력하는 이런 활동가가 있기에 절망하지 않을 수 있는 게 아닐까.

홍콩을 떠나 서울로 오자마자 맞은 첫 일정은 중국대사관 앞에서 열린, 중국 정부의 노동자 및 학생 활동가 탄압 규탄 기자회견이었다. 자스커지 투쟁과 관련해 2019년 1월에만 학생 15명과 NGO 활동가 5명이 체포됐다. 이로써 체포 또는 가택연금된 활동가는 118명이 됐다. 그나마 몰래 연락을 취하던 학생들과 연결이 어려워지기 시작했다. 사소한 연대라도 하지 않을 수 없었다.

자스커지 투쟁 탄압과 관련해 홍콩의 사회운동에서 활발한 연대가 이루어졌다. 홍콩 센트럴에서 마주친 사회민주연선, 몇 달 뒤 다시 찾은 홍콩에서 만난 직공맹 활동가들이 그 주축이다. 아마도 중국의 사회운동은 꽤 오래 암흑기를 걸을 것 같다. 홍콩 사회운동의 몇 차례 기자회견이 별 도움이 되지 않겠지만, 골리앗의 공격에 쓰러진 다윗에겐 희박한 희망의 근거이다.

청산이 있는데 땔감을 걱정하랴

2019년 1월부터 중국 노동운동에 대한 탄압은 정점을 찍었다. 그 신호탄은 베이징대학 마르크스주의학회 학생들의 구속이었다. 학생 4명이 한꺼번에 체포됐다. 비슷한 시기 광둥성에서는 노동운동단체 활동가 5명과 전직 활동가 5명이 한꺼번에 체포됐다. 그들은 공장 폐쇄로 일자리를 잃을 위기에 놓인 노동자에게 법률 자문을 제공하고 사측과 교섭하기 위한 권리를 가르쳤다. 농민공 출신의 헌신적 활동가 우구이쥔(吳貴軍), 단체교섭의 리더 허위안청(何远程), 춘펑노동쟁의상담소의 송자후이(宋佳慧)·장즈루(张治儒)·지엔후이(简辉) 등이 체포됐다. 우구이쥔과 장즈루는 다큐멘터리 영화 〈흉년지반(凶年之畔)〉에 나온다. 몇 달 뒤 나는 이 영화의 한글 자막을 만들어 한국에서 여러 차례 상영회를 가졌다. 영화를 볼 때마다 영화 속 노동운동가들이 여전히 감옥에 갇혀 있다는 사실이 떠올랐다.

〈신세대(新生代)〉의 젊은 활동가 3명도 잡혀갔다. 대학 시절부터 오랫동안 노동운동을 해온 젊은 활동가 양정쥔은 2008

년 코카콜라 공장 노동자의 실태를 알리기 위해 위장 취업해 함께 싸웠다. 웨이즈리(危志立)와 커청빙 역시 대학 시절부터 노동운동에 관심을 갖고 농민공을 조직해온 30대 초반의 젊은 활동가들이다. 양정쿤은 1월에, 다른 둘은 3월 20일에 체포됐다. 2018년 이들은 후난성 출신의 진폐병 산업재해 피해자들과 함께 싸웠다.

내가 몇 번 만난 천커신도 2월 16일 오전에 체포됐다. 커신은 우한에서 신광협회 선배 활동가 우자웨이(吳家伟)와 함께 있다가 갑자기 들이닥친 공안에 끌려갔다. 커신은 6개월 전인 2018년 8월 24일부터 한 달간 가택연금을 당한 적 있다. 둘은 지금껏 풀려나지 못하고 있다. 3월 초 셴위쉔은 딱 한 번 천커신을 면회할 수 있었다. 그에 따르면, 커신의 눈에 다크서클이 무겁게 내려앉고 눈꺼풀은 떨리고 있었다고 한다. 산소 부족을 느끼는 게 아닐까 싶었다고(셴위쉔은 의대생이다). 얼굴엔 전에 없이 두려움이 가득했고 건강도 좋지 않아 보였다. 심장이 떨리고 혈압이 높아 잠을 제대로 잘 수 없는 상태라고 했다.

2월 말 기준, 체포되지 않고 남아 있는 학생들은 대부분 1~2학년이었다. 학내 활동을 완전히 제약당한 상태에서 일부 학생은 온라인에서 국제연대를 요청하는 익명의 활동을 펼쳤다. 그러던 중 경찰은 남아 있는 학생들을 불러 어떤 영상을 보여주었다. 바로 지난 11월에 체포된 선배 활동가들의 '자백 영상'이었다. 몇 달간 고통스럽게 취조를 받던 청년들이 정신적으로 완전히 무너지자 카메라에 대고 자신의 죄를 자백하라고 강요한 것이다.

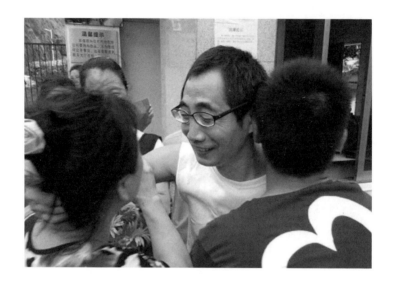

2019년 1월 자택에 있다가 체포된 중국 광둥성의 저명한 노동운동가 우구이쥔(출처: 중국노공통신).

영상 속에서 칭잉사회복지센터의 허평차오는 자신이 어떻게 해서 학생운동을 시작했는지 털어놓고, 졸업 이후 왜 광둥성으로 내려가 노동자운동에 가담하기로 결심했는지 이야기한다. 그러면서 2017년 11월 광저우에서 체포된 장원판 사건에 대해 "사실은 국가 전복 책동을 모의했지만, '사회주의 국가에서 마르크스주의를 배웠다는 이유로 탄압당했다'고 중국공산당의 마르크스주의 탄압을 폭로함으로써 중국공산당을 궁지로 몰아넣었다"고 말했다. "프롤레타리아를 위해 봉사한다는 명분을 내세웠지만, 돌이켜보니 사심이 섞여 있다는 것을 깨달았다"고 반성했다.

심지어 그는 자스커지 투쟁이 시작된 계기에 대해서도 자백한다. 그에 따르면, 이 투쟁이 기획된 것은 무려 2016년 8월이다. 당시 선전 지역 노동자운동에 가담하고 있던 그는 운동 확산을 위해 자스커지 공장을 선정하고, 조직에서 선발한 저우리핑(邹丽萍) 등을 공장에 취직시켜 공회를 만들자고 제안했다. 1년 8개월 동안 공장에서 일하던 이 활동가들은 2018년 4월, 현장에서 조직한 다른 노동자들과 함께 공회 조직을 시도했고, 그렇게 자스커지 투쟁이 시작됐다.*

경찰이 자백 영상을 찍어 후배들에게 보여준 목적은 분명했다. 선배 활동가들이 완전히 무너졌다는 것을 인식시키고

---

* 한참 뒤 알려진 사실이지만, 정부 당국은 자스커지성원단에 "사회 질서를 어지럽히고 정부 전복을 꾀했다"는 혐의를 적용해 허평차오에게 5년의 징역형, 그의 배우자이자 동지인 왕상이(王相宜)에게도 비슷한 형량을 부과했다.

베이징대학 의과학원 4학년 션위셴. 그는 베이징대학 마르크스주의학회와 자스커지노동자성원단을 이끈 주역 중 한 명이었다(출처: 자스커지노동자성원단).

학생운동을 뿌리 뽑기 위해서였다. 그런데 자스커지성원단의 이런 시도가 과연 비난 받아 마땅한 일일까? 지난 1980년대 한국의 학생운동가들 역시 한국 사회 변혁을 위해 대대적으로 공장에 취직했다. 그 수만 최소 3,000명에서 최대 1만 명에 다다랐다.

5월이 되자 남아 있던 션위쉔마저 체포됐다. 위험 신호는 4월 말부터 감지됐다. 4월 28일 오후 10시 반, 션위쉔과 친구는 베이징대학 의학도서관에서 공부하던 중 들이닥친 경찰과 학공, 보안원에게 구타당했다. 다음 날인 29일에는 베이징 이좡(亦庄)에서 북경대학 마르크스주의학회 소속 추잔쉬엔, 자오보롱(焦柏榕), 쑨자옌(孫嘉言), 리쯔이(李子怡), 왕한슈(王瀚枢) 등이 야간 알바를 마치고 퇴근하다 미행하던 경찰에 체포됐다. 그리고 5월에 션위쉔마저 끌려갔다. 끌려간 학생 중에는 입학한 지 채 1년이 되지 않은 신입생들도 있었다. 당국이 '학생운동가들의 싹을 자르겠다'고 결심한 것처럼 보였다. 불과 1년 전 베이징 시내 곳곳에서 마르크스 탄생 200주년 파티를 성대하게 열었던 그 정부다.

그 밖에도 대도시에서 농민공 공동체를 운영하던 활동가들, 진심으로 지역공회 일을 맡고 있던 관료들이 체포됐다. 광저우 투더우코뮌도 활동을 완전히 중단했다는 소식이 들렸다. 투더우코뮌의 아무개 편집장은 어느 날 갑자기 경찰에 연행됐다. 또 다른 주요 활동가는 멀리 서부의 작은 마을로 숨었다. 6만여 명이 구독하던 투더우코뮌 웹사이트는 현재 완전히 폐쇄됐다. 이렇게 하나둘씩 연락이 단절되기 시작했다. 연락이 끊길 때마다 남아 있는 다른 누군가가 내게 나쁜 소식을 알려줬다. 나는 계속 연락하는 게 두려웠다.

홍콩을 기반으로 중국 대륙의 사회운동가와 연대해 온 중국노동운동가지원그룹(中国工运人士关注组)에 따르면, 2018~2019년 자스커지에 연루되어 체포나 가택연금된 활동가는 132명에 달한다. 이들 중 상당수는 체포된 지 오랜 시간이 지난 지금까지 조사도 받지 못한 채 재판을 받거나, 이미 구류 제한 기간을 초과했는데 구금 시설에 있다. 가족은 이들의 재판 일정을 알지 못한다. 기본적인 정보권조차 박탈당한 상태다. 가족은 구속된 활동가들이 아무도 모르게 비밀 재판을 받을까 봐 걱정하고 있다.

신노동자를 주목하라

싼허다션의 현실로 돌아가 묻는다. 신세대 농민공은 왜 "미래가 보이지 않는다", "희망이 없다"고 말할까? 노동자운동이나 제도는 왜 신세대 농민공의 희망이 되지 못할까? 여기엔 교육과 문화, 복지 등 중국 사회·경제의 구조적 모순이 얽혀 있다. 개혁개방 이후 자본주의 체제로 이행하는 국가신자유주의(state neoliberalism) 개혁 과정에서 중국은 노동자를 극심한 착취의 늪에 빠뜨렸다. 동시에 중국 사회주의 역사가 남긴 집단성과 자기희생이라는 주체성은 착취를 감내케 하는 기제로 작동했다. 하지만 개혁개방 이후 한 세대가 지나 출현한 신세대 농민공에겐 기성세대가 지녔던 집단주의적 열정과 희생정신이 없다. 그들은 시장화된 사회의 거대한 사막 위에서 아무 보호막 없이 생존해야 한다.

한편 중국 정부는 내수시장 진작을 통해 경기를 부양하고 대외적 위협으로부터 체제를 안정시켜야 하는 과제를 안고 있다. 따라서 국가주의 이데올로기를 강화함과 동시에 인민의 소비문화를 장려해왔다. 이렇게 형성된 소비 욕망은 중산층에겐 '주말과 저녁이 있는 삶'으로 귀결됐지만, 신세대 농민공에겐 헐값의 빈약한 오락문화를 남겼을 뿐이다. 베이징노동자의집 연구원 뤼투는 신세대 농민공의 대중문화를 직시한다. 그는 신세대 농민공이 자신의 삶을 주체적으로 선택할 수 있는 자부심과 주체성을 갖고 있지 못하다며 안타까워했다. 양칭샹은 오늘날 중국 청년의 역사 허무주의가 일반적인 현상이 됐다고 본다. 그것은 스스로 허무를 선택했기 때문이 아니다. 자본의 이데올로기가 운용된 결과이자, 오랜 시간 동안 중국인 스스로 이데올로기를 말하지 않았기 때문이다.

억압받는 이들의 주체적 의지는 토론과 교육만이 아니라, 대중운동과 저항을 통과할 때 비로소 만들어진다. 집단 저항의 기억은 체제로부터 벌레로 취급받는 하층 계급에게 각성을 불러일으키는 매개다. 많은 이들이 2010년 혼다자동차 파업을 비롯한 연쇄 투쟁 행렬에 등장한 신세대 농민공을 주목한 이유다.

하지만 당-국가는 중국에서 벌어지는 노동 분쟁과 사회운동을 사회 안정을 위협하는 요소, 해결해야 하는 모순으로 바라본다. 노동 NGO가 계급의식 형성의 매개임을 인식한 당국은 농민공에 대한 NGO의 개입력을 축소시키기 위해 노력하고 있다. 통제 가능한 NGO는 지원하며, 통제되지 않는 NGO는 과감하게 청산·취소하는 게 중국 정부의 전략이다. 그리고 노동자 투쟁에 개입한 노동 NGO 활동가는 적극 체포한다.

2018년 자스커지 공회 설립 투쟁에 연대한 대학생들은 투철한 정치의식을 갖고 있었다. 당-국가는 이를 대중운동의 급진화 신호로, 자본가 계급은 자신의 근본적인 이익을 침해하는 위험 요소로 인식했다. 그래서 한편으로는 전방위적인 활동가 색출 작업을 펼치고, 다른 한편으로는 신세대 농민공을 국가 대리기구나 다름없는 전총이 조직하도록 강력하게 추동했다. 그 결과 신세대 농민공은 얼마간 국가신자유주의의 포로가 되었는지 모른다. 노동자운동은 국가기구의 강력한 통제와 탄압으로 자신의 길을 만들기 어려운 상태다.

'신노동자'라는 이름으로 등장한 노동자 계급은 중국이 잊으려 했던 혁명의 역사와 무관하지 않음을, 중국 사회가 잘못된 길로 가고 있음을 증명해왔다. 한동안 우리는 싼허다셴을 통해 중국 노동자 계급의 현재를 봐야 할지 모른다. 하지만 그들이 신노동자로 드러나든, 혹은 싼허다셴으로 드러나든 존재 자체로 이 거대한 시스템의 지울 수 없는 얼룩이다.

2010년을 기점으로 폭발적으로 성장한 중국 노동자운동은 신세대 농민공, 즉 신노동자가 세계 자본주의 체제에 도전장을 내민 사건으로 평가된다. 그러나 노동 NGO에 대한 중국 정부의 전방위적인 통제와 탄압으로 노동자운동은 중대한 기점에 놓여 있다. 한편으로는 정치의식의 결여로 대안 사회의 전망을 제시하는 대중 투쟁으로 나아가지 못하고 있고, 다른 한편으로는 그렇게 할 수 있는 기회조차 찾지 못하고 있다. 전총은 건설업·제조업 농민공을 대상으로 한 공회 조직화 전략을 강화하면서 신세대 농민공을 포섭하고 있다.

모든 반항에는 이유가 있다

이런 상황에서 급진 이념과 사상을 토대로 하는 지식·교육 운동의 발전은 자생적인 노동자운동이 놓치고 있는 것을 보충하는 충분조건이다. 하지만 이 역시 극심한 탄압으로 난관에 부딪혔다. 옥중에는 여전히 젊은 활동가 수십 명이 구속돼 있고, 진보적 청년들로부터 가장 호응이 컸던 좌파 독립매체는 활동이 중단됐다. 활발한 농민공 문화·교육운동의 실천기지로 주목받았던 베이징노동자의집 역시 관의 통제와 내부 갈등으로 힘든 상태다. 이와 같은 운동의 악조건에서는 한동안 미래를 기약하기 어렵지 않겠느냐는 비관론이 팽배하다.

물론 국가 권력의 탄압이 극심할지언정 좌파의 생존과 발전이 불가능한 것은 아니다. 탄압에도 불구하고 언제든 암약할 수 있는 기회가 있으며, 곳곳에서 현실의 곪은 상처가 터지고 있다. 2021년에도 플랫폼 노동자들의 산발적 저항이 이어지고 있다. 지난봄에는 IT업계의 장시간 노동 착취가 '996 폐지 캠페인'을 통해 폭발적으로 터져 나왔다. 현재 중국은 홍콩 청년의 저항, 미국과 관세 전쟁, 소비 침체와 고용 불안의 위협 등 여러 사회적 모순을 노출하고 있다. 마오쩌둥이 엥겔스와

안순시의 한 지하상가 보도에 있는 경비실.

레닌의 말을 인용해 말했듯 "억압이 있는 곳에 저항이 있고, 모든 반항에는 이유가 있다(造反有理)." 활동가 스스로 지난 운동의 성과와 한계를 냉정하게 평가하고 미래를 차분하게 기획해야 한다.

어쩌면 노동자 계급의 힘은 싼허다션처럼 절망의 맨 밑바닥에 가닿은 것 같으면서도 어느 순간 다시 일어나 절망에 반항(反抗絶望)하는 태도에 있는지 모르겠다. 존재하는 모순은 극복되지 않는 이상 분출될 수밖에 없다. 몇 달 전, 활동이 어려워졌다는 C그룹 활동가에게 내가 우려의 말을 전하자 그는 이렇게 대답했다.

"중국엔 이런 말이 있어. 청산이 있는데 땔감을 걱정하랴(留得青山在, 不怕沒柴燒)."

2020년 여름 나는 허베이성에서 온 중국인 공학도를 광화문역에서 만났다. 중국의 한 운동 그룹에 관여하는 활동가였다. 그는 한국 전화번호가 없었고, 우리는 안면이 없었기 때문에 옷차림으로 서로를 확인해야 했다.

"저는 검정색 티셔츠를 입고 있을 거예요. 앞면에 '우리 함께 어두운 밤 속을 떠다녀요. 그리고 맹렬한 불길에 잡아먹혀요(我们一起游荡在黑夜中然后被烈火舌噬)'라고 적혀 있어요."

그는 나보다 훨씬 가난했다. 서울이라는 소비 대도시에서 85만 원으로 3개월을 버텨야 했다. 나는 베이징의 친구들로부터 받은 호의를 생각하며 그에게 식사와 커피, 유심카드를 사주었다. 우리는 서울 곳곳에서 저항하는 사람들의 현장을 찾아다녔고, 나는 그에게 한국 사회운동 상황을 자세히 설명했다. 나는 이것이 책임이라고 여겼다.

사라진 나의 중국인 친구들은 여전히 감감 무소식이다. 공학도의 티셔츠에 적힌 문구처럼 "어두운 밤"이 계속되고 있다. 하지만 오랜 침묵에도 불구하고 그와 같은 사람들은 계속 나타날 것이다. 루쉰이 말했듯 "중국에는 머리를 꼬라박고 일에 몰두하는 사람이 있고, 죽기 살기로 악을 쓰는 사람이 있으며, 인민의 생명을 보호하고 고통을 덜어 달라 비는 사람이 있고, 진리를 위해 몸을 돌보지 않는 사람이 있"다. 한국이나 동아시아의 다른 도시들에도 그런 송곳 같은 사람들이 숨어 있다.

베이징에서 만난 어느 익명의 활동가는 '지구전을 논하다'라는 긴 글에서 이렇게 이야기했다. "인간의 길에는 창상(滄桑: 노련하고 침착하게 행동하는 것)이 필요하고, 역사는 탄탄대로가 없다. 보기에 가장 용이한 경로는 왕왕 막다른 골목을 마주하게 된다. 굴곡이 많아 보이는 길이 지름길이다." 동아시아 송곳들의 지구전이 이제 시작됐다.

참고문헌

구해근, 신광영 역, 《한국 노동계급의 형성》, 창작과비평사

김모두, '위로부터의 동아시아 말고 아래로부터의 연대를', 〈오늘보다〉
33호

님 웨일즈·김산, 송영인 역, 《아리랑》, 동녘

다큐멘터리 〈三和人材市場~中国·日給1500円の若者たち~〉, NHK

려도, 정규식·연광석·정성조·박다짐 역, 《중국 신노동자의 미래―변
화하는 농민공의 문화와 운명》, 나름북스

려도, 정규식·연광석·정성조·박다짐 역, 《중국 신노동자의 형성》, 나
름북스

루쉰, 김시준 역, 《루쉰 소설 전집》, 을유문화사

리민치, 류현 역, 《중국의 부상과 자본주의 세계경제의 종말》, 돌베개

리타 홍 핀처, 윤승리 역, 《빅브라더에 맞서는 중국 여성들》, 산지니

미셸 부커, 이주만 역, 《회색 코뿔소가 온다―보이지 않는 위기를 포착
하는 힘》, 비즈니스북스

박인성, 〈중국 특색 농촌 문제의 연원과 신형도시화〉, 성균차이나브리
프 Vol.2, 2014

백승욱, 《중국 노동자의 기억의 정치》, 폴리테이아

백승욱·조문영·장영석, '사회로 확장되는 중국 공회(노동조합)―광둥성
공회의 체제 개혁을 중심으로', 〈한국사회학〉 51호, 2017

백우열, '현대 중국의 부동산 개발 사회불안정 신형도시화', 〈한국정치
학회보〉 48호, 2014

비버리 J 실버, 백승욱 역, 《노동의 힘》, 그린비

성균중국연구소, '중국의 '신형 도시화' 전략: '개발'에서 '거주'로, 〈성균
차이나포커스〉

아우구스또 보알, 민혜숙 역, 《민중연극론》, 창비

양칭샹, 김태성 역, 《바링허우, 사회주의 국가에서 태어나 자본주의를

살아가다》, 미래의창

왕칸, '중국 노동자의 의식 변화와 단체행동: 2010년 자동차산업의 파업 및 그 영향력', 〈국제노동브리프〉 2010년 9월호

이기현, '중국 지방정부 불법토지개발 현상에 대한 원인 분석: 개혁기 중앙정부의 이익과 토지제도설계', 〈국제정치논총〉 49호, 2009년 9월

이남주, 《중국 시민사회의 형성과 특징: NGO의 발전을 중심으로》, 폴리테이아

이창휘·박민희, 《중국을 인터뷰하다: 새로운 중국을 만들어가는 사람들》, 창비

장영석, '난하이혼다 파업과 중국 노동운동에 대한 함의', 〈중소연구〉 33호

장영석, '중국의 신세대 농민공의 계급 형성—난하이 혼다자동차 파업 분석', 〈동아시아 브리프〉 2010년 8월

장영석, 《지구화시대 중국의 노동관계》, 폴리테이아

정규식, 《노동으로 보는 중국》, 나름북스

조성재 외, 《글로벌 생산네트워크와 동아시아의 일자리 변동》, 한국노동연구원

첸리췬, 김영문 역, 《내 정신의 자서전: 나에게 묻는다, 지식인이란 무엇인가》, 글항아리

투더우코뮌 여공의 목소리 지원팀, 김모두 역, '중국에서 여성 노동자 미투 운동이 시작될 때', 〈레디앙〉

허쉐펑, 김도경 역, 《탈향과 귀향 사이에서》, 돌베개

헨리 토러 엮음, 김미혜 역, 《아우구스또 보알: 억압받는 자들의 연극》, 열화당

Alvin So & Yin-Wah Chu, 이윤수 역, '국가 신자유주의—자본주의로 가는 중국의 도정에 대한 전망', 〈아시아리뷰〉 10호, 2016년

懷火, 〈對話陳敬慈: 佳士運動與進廠學生應重新調整步伐〉, 2019年5月30日

懷火, 〈潘毅回應佳士運動相關批評: 不要讓犧牲沒有意義〉, 2019年5月16日

佳士工友支持,〈佳士建会工人代表刘鹏华演讲视频〉, https://youtu.be/gvioROWPvIk

女工发声助力小组,〈女工米兔进行时让反性骚扰这场大火在工业区里越烧越旺〉, 土逗公社

胡令丰,〈卖掉身份证后, 我成为了三和大神〉, 看客

张建利,〈北航: 教授陈小武存在性骚扰行为取消其教师资格〉环球网, 2018年01月11日

〈三和市场的日与夜〉, 新京报, 2018年08月19日

〈习近平: 开创我国工运事业和工会工作新局面〉, 新华社, 2018年10月29日

〈深圳佳士科技公司工友刘鹏华, 米久平等因组建工会被解职暴打, 现如今更多工友声援〉 https://www.youtube.com/watch?v=tTTKO5ZZX0o, https://www.youtube.com/watch?v=ZGfCicq-IY4

王东明,〈以习近平新时代中国特色社会主义思想为指导 团结动员亿万职工为决胜全面建成小康社会夺取新时代中国特色社会主义伟大胜利而奋斗—在中国工会第十七次全国代表大会上的报告〉, 工人日报, 2018年10月29日

杨中依,〈在三和玩游戏的人们〉, 触乐, 2017年05月03日

〈中共中央, 国务院关于表彰改革开放杰出贡献人员的决定〉, 中共中央国务院

〈中共中央关于制定国民经济和社会发展第十三个五年规划的建议〉, 中国共产党中央委员会

〈中国工会第十七次全国代表大会关于中华全国总工会第十六届执行委员会报告的决议〉, 工人日报, 2018年10月29日

王和岩·张榕潇,〈中大教授性骚扰学生被处理 沈阳张康之案尚无结论〉, 财新网, 2018年07月11日

〈中山大学性骚扰教授张鹏 , 要发动绝地反扑了?〉, 中国大学教育, 2018年07月17日

〈迟到的"Me too": 北航事件打破"学术性骚扰"集体沉默〉, 三联生活周刊, 2018年01月08日

王凡,〈尘封往事再提"米兔"中国再下一城〉, 德国之声中文网, 2018年07月04日

《领风者》, 未名文化传媒天津动漫堂

《马克思是对的》，CCTV

《新时期产业工人队伍建设改革方案》，中共中央·国务院

《中国流动儿童教育发展报告(2016)》

〈2019年，进步青年向何处去?—红色中国网工作组致青年马列毛左派积极分子
　　的建议书〉，红色中国网，2019年12月14日

〈2019年农民工监测调查报告〉，国家统计局，2020年4月30日

古正华，〈指责佳士工人被"境外势力"利用 党媒的立场何在〉，深圳建会工人声援
　　团媒体小组，2018年9月19日

何桂蓝，〈实名举报导师的北航女博士罗茜茜: 我必须站出来〉，BBC中文网

蔡晓颖，〈北航教授陈小武被撤职 中国#MeToo反性骚扰运动初尝胜利?〉，BBC
　　中文网

何桂蓝·蔡晓颖，〈北航女博士举报教授性骚扰 能推动中国的#MeToo运动吗?〉，
　　BBC中文网

汪宜青，〈北大"沈阳事件": 中国高校的"扑火"与"追责"〉，BBC中文网

赫海威，〈北大高岩事件助推中国"我也是"运动〉，纽约时报中文网

〈中大教授性骚扰学生被处理 沈阳张康之案尚无结论〉，财新网

〈尘封往事再提"米兔"中国再下一城〉，德国之声中文网

〈迟到的"Me too": 北航事件打破"学术性骚扰"集体沉默〉，三联生活周刊

陈伟斌·李玲玲，〈另一个"罗茜茜"自述: 那晚我如何躲过老师性骚扰〉，钱江晚报

梁波，〈女博士举报北航教授性骚扰: 迟到12年晚做比不做好〉，大洋网

管昕·杨卓琼，〈北航性骚扰事件受害者: 站出来是不想其他女生受害〉，中央广电
　　总台中国之声

〈北航: 教授陈小武存在性骚扰行为 取消其教师资格〉，环球网

〈中山大学性骚扰教授张鹏，要发动绝地反扑了?〉，中国大学教育

凝炼·王凡，〈女权人士黄雪琴取保获释 之前被拘3月〉，德国之声中文网

黄雪琴，〈中国"#Me Too"一周年: 历程·成绩与限制〉，FT中文网

周健，〈Me Too运动与公益组织管理的个人化危机〉，FT中文网，2018年8月5日

周政华·刘子倩，〈直击南海本田"停工门"事件〉，2010年06月06日

洛崇，〈井冈山今何在?——论佳士工人斗争与革命复兴的前景〉，2018年08月

04日

洛崇，〈纪念恩格斯逝世及《炮打司令部》发表：长夜难明，百年魔怪，支持工友〉

潘毅，〈佳士工友抗争，中国工人政治斗争新篇章〉，BBC中文版

〈社会震荡青年派对|我们找了36个年轻人聊聊这个世界的正在发生的变化〉

〈与一个年轻韩国工人活动家的谈话zz〉

深圳市统计局，〈深圳市2019年国民经济和社会发展统计公报〉，2020年04月
15日

国家统计局，〈2019年农民工监测调查报告〉，2020年04月30日

于建嵘，〈新生代农民工的社会诉求与社会稳定研究〉

来福，〈打工新生代：当下，只能在"不好"和"非常不好"之中做出选择〉，端傳媒

李舵，〈关于许立志之死的一场推理游戏─兼论从"打工文学"到"工人文学"的可
能〉，哈札尔学会

许立志，〈茫然四顾〉

吕大樂，〈終於需要面對未來：香港回歸及其設計上的錯誤〉，《思想》第19期

〈2019年农民工监测调查报告〉，国家统计局，2020年4月30日

〈中共中央关于制定国民经济和社会发展第十三个五年规划的建议〉，中国共产党
中央委员会

中国国家统计局，〈2010年农民工监测调查报告〉

中国国家统计局，〈2015年农民工监测调查报告〉

中国国家统计局，〈2018年农民工监测调查报告〉

〈新时期产业工人队伍建设改革方案〉，中共中央·国务院

〈习近平：开创我国工运事业和工会工作新局面〉，新华社

〈中国工会第十七次全国代表大会关于中华全国总工会第十六届执行委员会报告
的决议〉，工人日报

李玉赋，〈在全国工会推进货车司机等群体入会工作现场经验交流会上的讲话〉，
工人日报

张云帆，〈我给人民的自白书〉

张耀祖，〈我们可以妥协，但我们绝不屈从！─声援广州八青年〉，2018年1月22日

潘毅，〈深圳佳士工人维权的两大意义〉，BBC中文版，2018年8月17日

익명,〈要奋斗,就要有牺牲〉,2018年8月26日

九十老兵丑牛,〈从"八青年"到"佳士"欢呼"90"后的崛起〉,2018年12月13日

區龍宇,〈做煙花 還是做鴨子—論佳士工潮〉,香港獨立媒體

李星,〈适应节奏很重要"—佳士事件短评〉,2018年9月16日

秋火,〈佳士事件19条看法〉

秋火,〈佳士斗争事件声援者需要调整策略重新发展广泛社会舆论打一场工运活动保卫战,新生代〉

秋火,〈潘毅及其朋友应反思佳士运动唯心主义幻想的错误〉

清道工,〈佳士运动教训备忘录〉

青年先锋,〈"甩脱尾巴很重要"—佳士事件短评〉,2018年12月20日

青年先锋,〈佳士运动的争论与反思〉,2018年11月26日

〈2019年,进步青年向何处去?—红色中国网工作组致青年马列毛左派积极分子的建议书〉,红色中国网,2019年12月14日

远航一号,〈佳士工人和佳士声援团斗争失败的教训必须总结〉,2019年01月04日

远航一号,〈严元章同志与"八青年关注团"的斗争经验〉,2019年01月05日

远航一号,〈关于"八青年关注团"斗争中的"投案"问题〉,2019年2月3日

〈论左翼持久战—纪念毛主席125周年诞辰〉,激流网,2018年12月26日

水边,〈中国工人运动的下一个十年〉,2019年1月4日

陳敬慈,〈韓國80年代工運引發的蝴蝶效應,會在中國發生嗎?〉,端傳媒

〈佳士建会工人代表刘鹏华演讲视频!!〉https://youtu.be/gvioROWPvIk

〈深圳佳士科技公司工友刘鹏华,米久平等因组建工会被解职暴打,现如今更多工友声援〉https://youtu.be/tTTKO5ZZX0o

地火狂飙,〈又放大招! 一大波社会声援来袭!〉

草鱼子,〈从乌有之乡到红色中国—中国左派当下困境〉,2013年11月05日

周道登,〈论左翼社团的发展方向,清华大学求是学会〉,2017年01月01日

张耀祖〈我们可以妥协,但我们绝不屈从!—声援广州八青年〉,2018年01月22日

필자 미상,〈2010年本田罢工事件〉,东风

Reuters Staff,〈Huge statue of Marx, a gift from China, erected at his German birthplace⟩, Reuters, APRIL 14, 2018

⟨China-donated statue of Karl Marx unveiled in Germany's Trier⟩, Xinhua, 2018-05-06

⟨Karl Marx statue erected in Trier for 200th birthday celebrations⟩, Deutsche Welle, 2018-04-18

Cary Huang, ⟨Would Karl Marx recognise China's new communism?⟩, SCMP

Jessica Chen Weiss, ⟨Cornell University suspended two exchange programs with China's Renmin University. Here's why⟩, The Washington Post, 2018-11-01

Yuan Yang, ⟨Noam Chomsky joins academics boycotting China Marxism conferences⟩, Financial Times, 2018-11-27

Slavoj Zizek, ⟨The mysterious case of disappearing Chinese Marxists shows what happens when state ideology goes badly wrong⟩, INDEPENDENT, 2018-11-29

Sonali Jain-Chandra; Niny Khor; Rui Mano; Johanna Schauer; Philippe Wingender; Juzhong Zhuang, ⟪Inequality in China–Trends, Drivers and Policy Remedies⟫, IMF, 2018

Rhacel Salazar Parreñas, ⟪Servants of Globalization–Women, Migration, and Domestic Work⟫, Stanford Univ Press, 2002

⟨Labour activist Liu Shaoming marks four years in jail as crackdown continues⟩, China Labour Bulletin, 2019-05-28

⟨The state of labour relations in China, 2018⟩, China Labour Bulletin, 2019-01-09

⟨Well-known labour activists detained by Shenzhen police⟩, China Labour Bulletin, 2019-01-22

Lily Kuo, ⟨50 student activists missing in China after police raid⟩, The Guardian, 2018-08-24

⟨Weekend catch-up: Huawei's wolf culture and more⟩, THE INTERPRETER, 2018-06-30

사라진 나의 중국 친구에게

1판 1쇄 발행 2021년 8월 16일 | **1판 3쇄 발행** 2021년 10월 26일
지은이 홍명교 | **일러스트** 황지희 | **펴낸이** 임중혁
펴낸곳 빨간소금 | **등록** 2016년 11월 21일 (제2016-000036호)
주소 (01021) 서울시 강북구 삼각산로 47, 나동 402호 | **전화** 02-916-4038
팩스 0505-320-4038 | **전자우편** redsaltbooks@gmail.com
ISBN 979-11-91383-06-5(03910)

• 책값은 뒤표지에 있습니다.